Alexandros Tagaras

WEG DER INNEREN NAHRUNG

Im Einklang mit dem Universum
oder einfach nur Nicht-Esser?

Alexandros Tagaras

WEG DER INNEREN NAHRUNG

Im Einklang mit dem Universum oder einfach nur Nicht-Esser?

Rediroma-Verlag

Bibliografische Information der Deutschen Nationalbibliothek:
Die Deutsche Nationalbibliothek verzeichnet diese Publikation in der Deutschen Nationalbibliografie; detaillierte bibliografische Daten sind im Internet über http://dnb.ddb.de abrufbar.

ISBN 978-3-86870-910-0

www.rediroma-verlag.de
16,95 Euro (D)

INHALT

GLOSSAR

• *Mehrgenerationenhaus:* ein Ort, an dem Menschen verschiedener Generationen gemeinsam leben.

• *Wildnispädagogik:* eine Pädagogik, die den Menschen wieder mit der Natur verbindet und bei der Lernen spielerisch durch Fragenstellen passiert.

• *Wildnisjahr:* ein Wildniskurs, bei dem Menschen im Rahmen eines geleiteten Programms als Clan für ein Jahr in der freien Natur leben.

• *Clan:* eine Gruppe von Menschen, die als Gemeinschaft, ähnlich einem Stamm, zusammenleben.

• *Wildniscamp:* ein Ort, an dem Menschen gemeinsam in Einfachheit in der Natur leben.

• *Krafttier:* ein geistiges Sinnbild, das Aspekte und Qualitäten eines bestimmten Tieres repräsentiert.

• *Schwitzhütte:* Natursauna, in der heilige Zeremonien stattfinden, so dass ein Mensch auf einfache Weise in den Zustand kommen kann, mit seiner inneren Wahrheit in Verbindung zu treten.

• *Männerkreis:* ein Redekreis, an dem normalerweise nur Männer teilnehmen und sich nacheinander austauschen.

• *Biwaksack:* ein nahezu wasserdichter, doch luftdurchlässiger Schlafsacküberzug.

• *Jurte:* ein traditionelles Nomadenzelt, das leicht ab- und wieder aufzubauen ist. Durch seine runde Form schafft es eine besonders schöne Wohnatmosphäre.

• *Paläoernährung* bzw. Steinzeiternährung: eine Ernährungsweise, die viele Naturvölker und Jäger-Sammler-Kulturen haben. Sie basiert weniger auf Kohlehydraten und mehr auf Fettkalorien.

• *Ashram:* ein Ort, ähnlich einem Kloster, an dem Menschen bewusst ihren Fokus auf das Innere richten und ihr Leben einem übergeordneten bzw. unpersönlichen Sinn widmen.

• *Guru:* ein spiritueller Lehrer, welcher einen hohen Grad an Lebenserkenntnis hat und Menschen durch seine Inspiration auf ihrem spirituellen Wachstumsweg begleitet.

• *Satsang:* bedeutet frei übersetzt „Begegnung mit der Wahrheit“ und ist eine Art Zwiegespräch zwischen einem spirituellen Lehrer und spirituell Suchenden.

• *Retreat:* übersetzt aus dem Englischen bedeutet es „Rückzug“. Ein bestimmter Zeitraum, in dem Menschen bewusst den Fokus auf ihr Innenleben richten.

• *Cranio-Sacral-Behandlung:* eine alternativmedizinische Behandlungsform, die sich aus der Osteopathie entwickelt hat. Die therapeutische Wirksamkeit liegt hierbei zusätzlich auf energetischer Ebene.

• *Jasmuheen:* Australierin, welche erstmalig einer breiteren Öffentlichkeit Lichtnahrung zugänglich machte und selbst seit vielen Jahren pranisch lebt.

• *Resonanz:* wenn ein äußeres Ereignis auf eigene innere Anziehung stößt, so dass man den Geschehnissen weiter nachgehen möchte.

• *Prana:* pure Lebensenergie oder auch die göttliche Energie, welche alle Dinge zusammenhält.

• *Channeln:* die Verbindung mit der dem Menschen innewohnenden Wahrheit, so dass Botschaften und Visionen erhalten werden können: „Zum göttlichen Kommunikationskanal werden“

• *Affirmation:* bewusst eingesetzte Aussagen, welche dazu dienen, sich mit einer positiven, lebensbejahenden Einstellung zu programmieren.

• *Atemsession:* ein Zeitraum, in dem ein Mensch ganz bewusst atmet und dabei den Fokus nach innen richtet.

• *Ayahuasca:* eine halluzinogene Medizinpflanze, welche normalerweise für Zeremonien verwendet wird. Dabei besteht die Möglichkeit, einen tieferen Einblick in die Wahrheit hinter den weltlichen Dingen zu bekommen.

• *Casita:* ein auf Stelzen gebautes Dschungelhäuschen, welches nach einer oder mehreren Seiten offen, also ohne Wand ist.

DANKSAGUNG

Ich möchte ganz besonders dem Leben selbst danken. Dafür, dass ich immer mehr das Vertrauen in mir trage, dass alle Dinge und Ereignisse ihre sinnvolle Relevanz haben.

Danke an alle Menschen und anderen Geschöpfe, die bereits auf diesem Planeten gelebt und gewirkt haben. Nur durch sie stehen wir an dem heutigen Punkt der Erdengeschichte und haben so viele Möglichkeiten, über uns selbst hinauszuwachsen.

Danke für die Chance, mein wahres Selbst zu erkennen und Stück für Stück mein unendliches Bewusstsein wieder zu erfahren.

Einen großen Dank auch an alle Menschen, welche mich auf verschiedenste Weise dabei unterstützten, dieses Buch zu formen und real werden zu lassen.

Danke, dass alles so ist, wie es ist!

ALEXANDROS

EINFÜHRUNG

ESSEN ODER NICHT-ESSEN, IST DAS HIER DIE FRAGE ?

Ja, das ist die Frage, die sich wohl jeder früher oder später stellt, wenn er davon hört, dass es möglich ist, ohne feste Nahrungsmittel zu leben. Diejenigen, welche dem Thema auf Anhieb zugeneigt sind, werden mit ihrem rationalen Verstand wahrscheinlich sehr schnell an ganz praktische Vorteile denken. Man spart Zeit und vor allem Geld. „Hey, stell dir vor, ich hätte nicht mehr all die Nahrungsmittelkosten! Das sind so und so viel Euro pro Monat, ich würde jede Menge sparen! Und ich hätte auch mehr Zeit für dies und das! Kein Kochen, kein Abspülen, kein Einkaufen, das ist ja super – das möchte ich!" Wiederum andere werden dem Thema vielleicht auf Anhieb abgeneigt sein. „Was, nie wieder essen? Das ist doch absurd, essen ist doch so was Tolles! Außerdem koche ich doch so gerne, und vor allem das Zusammensein beim Essen mit den anderen möchte ich auf gar keinen Fall missen. Ich meine, wofür haben wir denn Zähne, Kaumuskeln und einen endlos langen Darm bekommen? So ein Quatsch!"

Auf jeden Fall beobachte ich, seit ich Menschen bei ihrer Erstkonfrontation mit dem Thema erlebe, hauptsächlich zwei Reaktionen. Entweder Zuneigung, offene strahlende Augen und sofortiges Interesse, mehr darüber zu erfahren, oder aber Abneigung, Widerstand, sofortige Kritik oder Wegrationalisieren dieser Möglichkeit.
Da die meisten von uns es gewohnt sind, alles Neue und Unbekannte sehr schnell mit dem Verstand zu beurteilen und in eine Schublade zu stecken, sehen wir natürlich zuerst die oberflächlichen Vor- oder Nachteile. Je nachdem, was wir dabei zuerst empfinden. Und genau bei dem Stichwort *empfinden* möchte ich einhaken. Wenn wir das Wort „Lichtnahrung" nämlich zum ersten Mal hören, wird definitiv bei den meisten etwas im Innern ausgelöst. Ich behaupte, dass, wenn man diesen Gefühlen tiefer auf den Grund geht, alle Empfindungen am Ende in einem dieser beiden Dinge wurzeln: **Sehnsucht** oder **Angst**.

Und auf der Grundlage dieser Empfindungen reagieren wir mit rationalen Argumenten. An dieser Stelle möchte ich zudem die Frage in den Raum stellen „Welche Stimme spricht da eigentlich in unserem Inneren?“ Gibt es vielleicht eine Instanz in uns, welche über unsere Gefühle mit uns kommuniziert? Eine Art Navigator, der uns auf bestimmte Dinge in unserem Leben aufmerksam machen möchte? Jeder kennt vielleicht die Situation, im Auto zu sitzen, sich verfahren zu haben und auf einmal ist da so ein Gefühl, nach rechts fahren zu wollen. Und schwups ist man irgendwie am Ziel angelangt. Ist es das, was man gemeinhin als Intuition bezeichnet? Doch, wenn der logische Verstand nicht wissen konnte, dass es nach rechts ging, woher weiß es dann diese Intuition?
Ich behaupte des Weiteren, dass es tief in uns etwas gibt, das uns stets führt und uns in aller Liebe gut gesonnen ist. Leider sind wir bloß allzu oft so beschäftigt, gestresst und unruhig, dass wir diese sanfte, aber klare Kommunikation nicht hören können. Und da die wenigsten Menschen sich heutzutage freiwillig bewusst der Stille und Ruhe widmen, kommen aus meiner Sicht ab und zu auch mal ein paar Krankheiten, Unfälle oder andere unangenehme Vorfälle in unser Leben. Ich habe selbst oft genug erlebt, wie einfach, angenehm und fließend mein Leben sein kann, wenn ich auf meine innere Stimme horche, und wie beschwerlich und frustrierend, wenn ich sie missachte. Ohne meinen inneren Navigator als ständigen Wegbegleiter ende ich aus meiner Erfahrung immer wieder in dem Gefühl, ein Opfer des Lebens zu sein – ausgeliefert! Andersherum erfahre ich immer wieder das, was manche Leute vielleicht als Glück oder Gnade bezeichnen würden.

Um wieder auf die üblichen Reaktionen *Angst* und *Sehnsucht* bezüglich dem Lichtnahrungsthema zurückzukommen, möchte ich nun einen Schritt weg von der rationalen Reaktion aufgrund dieser Empfindungen machen. Dafür näher beleuchten, was unsere innere Stimme – ich nenne ihren Ursprung höheres oder wahres Selbst – damit zu tun haben könnte. Dieser geniale Navigator wusste in meinem Leben bisher immer ganz genau, was gerade der richtige und wichtige nächste Schritt für mich war. Ob ich immer darauf gehört habe? Nein, aber wenn ich es getan hätte, hätte mir das vielleicht so manches erspart! Doch als ich zum ersten Mal von der Möglichkeit, „von Licht zu leben“, hörte, war ich wie vom Blitz getroffen, hatte sperrangelweit geöffnete Augen und war ganz Ohr. Ich wollte gleich mehr wissen und hatte interessanterweise nicht eine Sekunde lang Zweifel, dass das möglich sein könnte. Ich spürte also sofortige Resonanz in mir. Erst später wurde mir klar, dass meine innere Stimme mir damit sagen wollte, dass das Lichtnahrungsthema bereits ein Teil meines spirituellen Wachstumsweges sein könnte. Auch ich reagierte erst einmal mit den typischen Verstandesargumenten Geld, Zeit usw., doch spürte ich in mir auch eine Art aufregendes Glücksgefühl, das ich damals noch nicht so recht zu deuten wusste. Ganz unabhängig davon, ob ich je den Lichtnahrungsprozess verwirklichen würde, gab es da wohl irgendetwas an dem Thema, das erforscht, angesehen und erfahren werden wollte. Irgendetwas, das größer ist als die Frage „Essen oder Nicht-Essen?“. Und seither ließ das mich auch nicht mehr los.

Heute kann ich auch besser nachvollziehen, wieso sich manche Leute von dem Thema sofort wieder abwenden oder gleich Widerstand zeigen. Wenn die innere Stimme einfach ein klares Signal gibt, dass das Lichtnahrungsthema momentan nicht von Relevanz ist, dann würde es an ihrer Stelle wohl auch keinen Sinn machen, dem jetzt nachzugehen. Vielleicht an anderer Stelle in ihrem Leben, aber eventuell auch gar nicht, wer weiß?
Prinzipiell bin ich davon überzeugt, dass jeder Mensch mehr oder weniger ausgeprägt die Sehnsucht nach dem Zustand, von innen heraus genährt zu sein, in sich trägt. Warum das? Ganz einfach, weil ich glaube, dass sich jeder Mensch nach einem friedvollen und lebendigen Seinszustand sehnt. Ich bin davon überzeugt, dass jeder Mensch sich nach dieser besonderen Quelle sehnt, die manche Gott, universelle Lebenskraft oder anders nennen. Natürlich gibt es unzählige Wege, sich dieser Quelle zu nähern – manche tun das ganz bewusst und andere wiederum eher unbewusst auf Umwegen. Doch bleibt in meinen Augen die Richtung die gleiche – der Fluss fließt zum Meer! Und da es so viele Wege zum Meer gibt, klingelt die innere Stimme bei einigen einfach, wenn sie vom Leben von Licht hören. Genauso wie es bei anderen nicht klingelt, da sie entweder ganz bewusst auf einem anderen Weg gehen, welcher sie stetig ein Stück erfüllter macht und sie bereits so eine ähnliche Lebenserweiterung erfahren wie die, die man auf dem *Weg der inneren Nahrung* erfahren kann. Dies sind wahrscheinlich die wenigsten. Oder es klingelt nicht, da der angstvolle Verstand und weltliche Geschäftigkeit die innere Kommunikation so sehr unterbinden, dass gar kein Raum für diesen Wachstumsweg da ist. Dies wird wahrscheinlich die Mehrheit sein.

Ich möchte an dieser Stelle ganz klar betonen, dass ich nicht glaube, dass die Lichtnahrung ein notwendiger Prozess ist, um glücklich zu sein oder etwa Gott näher zu kommen. Doch möchte ich mit diesem Buch die Geschenke teilen, welche ich durch dieses Werkzeug beziehungsweise diesen Weg bereits bekommen habe.
Ich möchte dich einladen, das Thema der Lichtnahrung einmal unabhängig vom Essen oder Nicht-Essen zu betrachten und anhand meines Lebensweges mit der Inneren Nahrung ein Gefühl dafür zu bekommen, um was es dabei noch geht. Im Laufe meiner Erfahrungen damit durfte ich nämlich feststellen, dass ich durch meine Sehnsucht und Resonanz mit der Lichtnahrung auf eine Wachstumsreise kam, welche mit so vielen anderen interessanten und wichtigen Lebensthemen zusammenhängt, wie ich es anfangs nicht im entferntesten erwartet hätte.

Ich wünsche dir von Herzen eine gute Reise durch dieses Buch und, dass du deinen aufkommenden Empfindungen mit Offenheit, Mut und vor allem Ehrlichkeit dir selbst gegenüber begegnen kannst.

Mit Freude, Alexandros

WUNDERSAMES LEBEN

Damit du verschiedene Dinge, über die ich in diesem Buch spreche, besser verstehen kannst, möchte ich im Folgenden noch zwei von mir geschaffene Begrifflichkeiten vorstellen. In meinen Augen sind es Wunder, und vielleicht erkennst du ja, wovon ich spreche, und hast deine eigenen Begriffe dafür.

DIE MAGIE DES LEBENS

Im Laufe meines Weges lernte ich immer mehr auf die – in der Einführung angesprochene – innere Stimme zu hören. Was dadurch bereits alles in meinem Leben passiert ist, kann ich aus heutiger Sicht nur als Wunder bezeichnen. Was bezeichnen wir eigentlich im Volksmund als *Wunder*? Meist sind es Dinge wie dass einer von den Toten aufersteht, jemand über Wasser geht oder Deutschland Weltmeister wird. Doch das meine ich nicht. Folgende Definition fand ich bislang *wunder*schön:
„Wunder sind keine außergewöhnlichen Dinge, sondern normale Dinge, welche als außergewöhnlich betrachtet werden!" (Sri Vast)

Ich habe selbst erleben dürfen, wie meine Sichtweise auf dieses Leben mir so viele Wunder beschert hat und welch große Rolle Dankbarkeit dabei spielte! Denn meist dann, wenn ich meiner inneren Stimme lauschte, was der nächste richtige und wichtige Schritt für mich sein sollte, nahm ich bestimmte Dinge wahr und begann sie nach besten Kräften umzusetzen. Dazu galt es meist auch, einiges in die Wege zu leiten oder zu organisieren, wie beispielsweise bei einer anstehenden Reise oder ähnlichem. Der Verstand ist dabei ein nützlicher Begleiter, und so versuchte ich stets, die innere Kommunikation so präzise wie möglich durch meinen Verstand zu interpretieren. Dann machte ich mich auf den Weg, den mein Inneres mir vorgab. Auch dann, wenn ein Vorhaben etwas unlogisch, absurd, rational nicht verständlich oder auch etwas riskant schien. Und was ich dabei immer wieder erlebte, war, dass mir Unterstützung und Hilfestellung wie aus dem Nichts zukam! Also Dinge, welche ich im Voraus mit meinem Verstand gar nicht hätte einplanen können und die mir dann den Weg erleichterten oder versüßten. Lange Zeit verstand ich den Begriff Gnade nicht so recht und hatte schnell ein Bild im Kopf, in dem ein Bittender *gnädigerweise* etwas von einem anderen bekommt. Auch bei dem Begriff *Glück* war ich mir lange unschlüssig, denn die allgemein übliche Sicht, dass Glück dasselbe wie ein *freudiger Zufall* ist, ging mit mir nie so recht in Resonanz!

Heute verstehe ich Gnade und Glück folgendermaßen: ein Segen, der sich über den Menschen ergießt, wenn der den Weg seines Herzens geht. Und genau das meine ich, wenn ich auf den folgenden Seiten von Wundern oder der *Magie des Lebens* spreche. Und da ich an eine unsichtbare Welt hinter der uns sichtbaren Welt glaube, sehe ich die *Magie des Lebens* als die Geschicke der in dieser spirituellen Welt existierenden Energien, mit denen jeder Mensch unweigerlich in Verbindung steht und die ein Teil dieses Menschen sind. Diese Energien sehe ich, wie in vielen alten Kulturen und spirituellen Kreisen üblich, nicht als vom Menschen getrennte Wesen. Vielmehr nehme ich wahr, dass es mein innerster Kern, meine tiefste Seins-Wahrheit ist, welche, jenseits meines Verstandes, versteht.

DIE LEERE DES SEINS

Immer wieder erfuhr ich in meinem Leben einen Zustand des inneren Mangels, als ob mir etwas fehlte. Eine Unruhe machte sich dann in mir breit, und das fühlte sich unangenehm an. Meistens projizierte ich diese Unruhe schnell auf äußere Ereignisse, um rationale Gründe für meine unangenehmen Gefühle zu haben. Gefühle, die ich nicht haben wollte. Klar, wer will das schon!

Und um diese Gefühle nicht zu spüren oder zumindest erträglicher zu machen, habe ich schon in frühen Jahren viele Möglichkeiten erforscht, mich in eine Art *falschen Komfort* zu betten. Möglichkeiten, wie ich diese Unannehmlichkeit wegkonsumieren, betäuben oder zudecken konnte. Und ich muss ganz ohne Stolz feststellen, dass ich in diesem Verdrängen eine Zeitlang ganz schön gut war! Und was ich nicht alles ausprobierte, nur um festzustellen, dass meine Versuche immer nur vorübergehend halfen und diese komischen Gefühle dadurch nicht ganz verschwanden. Im Gegenteil, sie wurden auf längere Sicht sogar intensiver und noch unerträglicher. Fast schon depressionsartig – und an einem bestimmten Punkt in meinem Leben fühlte ich solch eine *Leere* in mir und konnte es einfach nicht mehr ertragen, *da zu sein.*

Auch dieses Phänomen betrachte ich mittlerweile als ein Wunder, denn es ist imstande, aus dem Nichts heraus in meinem Inneren zu entstehen und auf wundersame Weise möchte es mich an etwas erinnern. An was? Darüber spreche ich bald ausführlicher, und für diese immer wieder anklopfende Leere in meinem Leben schuf ich die Bezeichnung *Leere des Seins*.

INSEKTEN AUF DER FENSTERSCHEIBE

Eine Kurzgeschichte aus meinem Leben. Ich schrieb sie in einem nachdenklichen und ruhigen Gemütszustand auf:
Ich liege in meinem Bett und starre zum Fenster hinaus. Dabei fallen mir immer wieder Insekten auf, die es durch das gekippte Fenster in mein Zimmer geschafft haben. Nach einer gewissen Zeit scheint es hier jedoch nicht mehr interessant genug zu sein, was ich verstehen kann, und sie wollen wieder nach draußen.
So fliegen sie auf direktem Wege, mit Selbstverständlichkeit, in Richtung Fensterscheibe. Schließlich sieht man ja die Bäume und Felder und erkennt seine Heimat. Doch plötzlich müssen sie einen Nothalt machen, da die Fensterscheibe sie davon abhält, heimzukehren. Wild beginnen sie nun die Scheibe auf und ab zu laufen oder fliegen nochmals in den Raum, um noch einmal Anlauf zu nehmen… um erneut an die Scheibe zu knallen!
Immer wieder kommt ein Insekt auch an den hölzernen Rahmen des Fensters. Die meisten kehren sofort um, einige krabbeln ein paar Schritte weiter – nur um dann festzustellen: „Dies kann nicht der Weg nach Hause sein, man sieht ja nicht einmal mehr die Bäume und Felder!"
Das konnte ich natürlich nicht länger mit ansehen und rief den nächsten Kleintieren am Rahmen zu: „Das Fenster ist gekippt, geh nur ein paar Schritte weiter, dann bist du wieder frei!" Vergebens… sie hören mich nicht, oder wollen mich nicht hören, und kehren alle wieder zurück zur Illusion der Freiheit – der Fensterscheibe.
Die meisten laufen sich so die Füße wund, dass sie nach ein paar Stunden, die Beine gen Zimmerdecke gerichtet, auf meiner Fensterbank liegen. Manche sterben sogar an ihrer Erschöpfung oder laufen nur noch kränklich umher.
Wenn sie doch wüssten, dass ihre Freiheit nur vier Zentimeter jenseits der hölzernen, undurchsichtigen Begrenzung liegt!

Aus diesen Beobachtungen habe ich gelernt, mich jeden Tag aufs Neue zu fragen: *„Wie sieht meine Fensterscheibe aus? Wo geht es hier zum Rahmen? Und ruft da nicht jemand und weist mir den Weg?"*

TEIL I – Die Reise zur inneren Nahrung

VORGESCHICHTE

Von Kindheit an war Essen der Komfort Nummer eins in meiner Familie – und somit auch für mich. Manchmal ging ich einfach nur zum Kühlschrank, um all die Dinge anzusehen, welche dort gelagert waren, und schloss ihn danach befriedigt wieder. Wie in den meisten gutbürgerlichen Familien gab es bei uns dreimal am Tag ordentlich zu essen, und dazwischen wurde nach Belieben „gesnackt". Mit meiner Mutter einmal pro Woche zum Einkaufen zu fahren, war stets ein Highlight für mich, und allein schon der Anblick und all die Auswahl so vieler Lebensmittel in bunten Verpackungen bereitete mir eine bestimmte Art von Freude. Ich war zwar nicht dick, jedoch während meiner Kindertage etwas rundlicher, und mein Körper spiegelte so ziemlich meine Zuneigung zum Essen. Interessant finde ich jedoch, dass ich zunächst einmal eigentlich kein Fleisch essen wollte. Doch wurde es mir immer wieder schmackhaft gemacht, und schließlich gelang es meiner Familie, mich zu überzeugen, indem sie mir erzählten, was sie mir vorsetzten, sei Dinosaurierfleisch. Da ich damals so fasziniert war von diesen urzeitlichen Erdenbewohnern, gefiel mir wahrscheinlich der Gedanke, das Fleisch sei von ihnen.
Im großen und ganzen würde ich sagen, dass ich ein recht fröhliches Kind war, ich wusste mich gut selbst zu beschäftigen, hatte viele Freunde, erfuhr relativ wenig emotionalen Schmerz und wuchs in einer sehr fürsorglichen Familie auf. Doch wehe, ich hatte Hunger! Dann war der Ofen aus, ich ließ die Backen hängen und wurde lustlos. Kaum setzte man mir wieder ein feines Gericht vor, war ich schon wieder fröhlich beziehungsweise genährt, noch bevor ich den ersten Bissen nahm! War das wirklich physischer Hunger, den ich da empfand? Oder vielleicht doch emotionaler Hunger? Oder sank einfach nur mein Blutzuckerspiegel? Damals konnte ich ja noch nicht wissen, dass ich eine andere Art von Hunger empfand als den physischen Hunger, der von meiner Familie stets gut gestillt wurde, und so haute ich genüsslich rein! Aber was war das nur für eine Instanz in mir, welche über den körperlichen Hunger hinaus befriedigt werden wollte?

In den Jugendjahren schoss ich dann in die Höhe, und mein Kindheitsspeck verschwand vorerst. Mit dreizehn oder vierzehn Jahren änderte sich mein Wesen, und neue Interessen kamen in mein Leben. Ich war recht lebendig und versuchte auch, ganz jugendlich *cool* zu sein. Auch wenn ich nach wie vor das Essen gerne hatte, sollten es nun andere Dinge werden, welche mir über meine körperlichen Bedürfnisse hinaus Befriedigung verschafften. So fing ich bald an, alkoholische Getränke zu probieren und ab und zu mal eine Zigarette zu rauchen. Jegliche Art von Rausch-Mitteln, also Substanzen, welche ich mir zuführen konnte, um den Rausch des Lebens zu erfahren, zogen mich magisch an. Bald schon trank und rauchte ich mehr und immer öfter. Ebenso war es mit meiner Sexualität, welche ich bald überreizte. Egal wobei, ich suchte stets nach einem sehr intensiven Erlebnis. Am lediglich mäßigen Genuss dieser Dinge war ich gar nicht erst interessiert! Auch missbrauchte ich meinen Körper bald wieder mit übermäßigem Essen, und als ich achtzehn Jahre alt war, erlebte ich mich selbst in einem taub gewordenen, depressionsartigen Zustand. Mit vielen Dingen hatte ich es übertrieben, und kleine, genussvolle Stimulierungen langweilten mich bloß. Alles musste groß und intensiv sein!
Aus heutiger Reflektion wirkte hier die gleiche Instanz, welche mich schon in meiner Kindheit irgendwo im Außen nach Befriedigung hatte suchen lassen. Wer oder was war es bloß, das hier in mir genährt werden wollte?

Doch schaffte ich es Anfang meiner Zwanziger irgendwie aus dieser Tiefphase und beendete Stück für Stück das Rauchen, Trinken und den Rausch. Ich fühlte mich wieder ein Stück normaler und nahm auch wieder ab. Dann waren es nur noch – beziehungsweise wieder – das Essen und die Sexualität, die sich mir aufdrängten, wenn die *Leere des Seins* aufkam, das Gefühl, dass ich nun irgendetwas brauchte, um mich gut zu fühlen. Vorerst war ich damit auch zufrieden, denn dies war immerhin ein wesentlich besserer Zustand als noch kurz zuvor.
Dann änderte sich mein Wesen zwischen einundzwanzig und dreiundzwanzig erneut grundlegend und ich begann, bewusster mit verschiedenen Dingen umzugehen. Bald ernährte ich mich sogar biologisch – wofür ich meine Mutter in Jugendjahren belächelt hatte, – begann, spirituelle Bücher zu lesen, und entdeckte wieder einen Bezug zur Natur. Ich machte auch wieder Sport, was meinem Körper gut tat, und bemerkte erstaunt, doch damals trotzdem nur am Rande, dass ich jedes

Mal nach dem Joggen so zufrieden war, dass diese innere Instanz, welche am liebsten ständig etwas von außen gehabt hätte, erfüllt war – das war super! Also ging ich fünf- bis sechsmal die Woche joggen, nur um irgendwann zu merken, dass man es auch damit übertreiben kann!

Durch meine Ausbildung zum Wildnispädagogen nahm mein Leben eine neue Richtung an, und das Sein in und mit der Natur gewann einen großen Stellenwert für mich. Mittlerweile war ich von zuhause ausgezogen, und ich erforschte meinen eigenen Rhythmus des täglichen Lebens. Ich begann nun auch zu meditieren, kochte und aß bewusster, gab meinem Körper Bewegung und wurde bald ganz von selbst zum Vegetarier. Zu jener Zeit befriedigte ich jedoch diese Instanz, die *Leere des Seins*, immer noch mit stark stimulierender sexueller Überreizung. Dies quälte mich, denn ich konnte es schon längst nicht mehr gutheißen, ich war jedoch wie ein Drogenabhängiger und kam vorerst nicht so leicht davon los. Es war ein längerer Prozess über mehrere Monate, denn schon seit einigen Jahren hatte ich keinen gesunden Umgang mehr mit meiner Sexualität gepflegt. Nach verschiedenen Phasen des sowohl erfolgreichen als auch erfolglosen Verzichts auf diese kurzweilige Befriedigung kam jedoch eine klare Entscheidung.

HEILUNG

Bei einem Wildnisfestival war ein Indianer als Gast angekündigt, und dieser sollte sogar Schwitzhütten leiten. Ich ließ es mir nicht nehmen, daran teilzunehmen, und schrieb mich sofort auf der Liste ein! Meine Absicht war ganz klar: Ich wollte weg von der Triebhaftigkeit, hin zu wahrer Liebe und mein Verhältnis zu Frauen beziehungsweise zu meiner eigenen Weiblichkeit heilen! Zu sehr hatte ich mich in Vergangenheit selbst missbraucht. Was dann geschah, hätte ich nicht im Entferntesten erwartet!

Es war erst meine zweite Schwitzhütte, doch sollte es eine werden, an die ich mich immer erinnern würde. Nachdem der freundliche und weise scheinende Indianer einführende Worte gesprochen und erklärt hatte, dass dies ganz speziell eine Visions- und Heilungshütte werden sollte, machte mich dies nur noch entschlossener. „Die Tür steht offen, ich muss nur noch den Mut haben, hindurchzugehen", dachte ich mir, und mit dieser klaren Absicht krabbelte ich auch in die dunkle Gebärmutter von Mutter Erde. Wir saßen zweireihig, und vierzig Leute schwitzten an diesem Tag gemeinsam für ihre Heilung. Doch bevor die Klappe zur ersten Runde zufiel, sprach der Indianer noch einmal zu uns allen:

„Wenn du in die Schwitzhütte gehst, kannst du gerne dein Ego draußen vor der Türe abstellen…", lud er uns freundlich ein und setzte dann fort *„...wenn du am Ende hinausgehst, kannst du dir überlegen, ob du es wieder mitnehmen oder einfach stehen lassen möchtest."*

Ich saß vorne bei den Steinen und hatte damals noch den Anspruch an mich, so lange wie mir möglich war aufrecht zu sitzen. Obwohl sich oben die größte Hitze sammelt – oder wollte ich es vielleicht gerade deshalb? Stark sein, um jeden Preis! Die erste Runde galt der körperlichen Reinigung, es war ziemlich warm, doch hielt ich das noch gut aus. Zwischen den Runden wurde gelüftet, und der Indianer erzählte Witze oder kleine Geschichten. Alles in allem hatte er eine sanfte Art, diese Schwitzhütte zu leiten, und gepaart mit dem Selbstvertrauen seiner Erfahrung fühlte ich mich auf jeden Fall gut aufgehoben und in einem geschützten Raum. Dann begann die zweite Runde, emotionale Reinigung. In dieser Runde war die Schwitzhütte überaus heiß, und es fiel mir nicht mehr ganz leicht, aufrecht sitzenzubleiben, doch stand für mich fest, dass ich, solange mein Körper irgendwie mitmachte, sitzen würde.

Heute würde ich keine Notwendigkeit mehr darin sehen, mir irgendetwas beweisen zu wollen – doch so lernt jeder im Laufe des Lebens dazu, nicht wahr?

Nach der zweiten Runde trug ich folgende Frage in mir: „Wie kann ich wieder einen respektvollen Umgang mit den Frauen bekommen?" Dazu muss ich sagen, dass ich damals mehr Interesse am Körper einer Frau hatte als an dem Menschen, der in diesem Körper steckte. Selbst dann noch, als ich es gar nicht mehr wollte, und das war das Schlimmste für mich! Ich fasste gerade Mut, zwischen den Fragen der anderen Leute in der Schwitzhütte meine Frage zu stellen, da holte der Indianer aus, um uns eine Geschichte zu erzählen, von der ich nur noch die wichtigsten Teile wiederzugeben weiß:
„Stell dir vor, du bist ein Büffel und lebst in einer Büffelherde. Dann kannst du entweder der Kuhherde hinterherblicken oder hinauf zum Adler", sagte er, und ich erinnerte mich an die Treue der Adler. *„...sei wie der Adler!"* hallen noch heute seine Worte in mir wider, und ich erinnere mich gerne an diesen schönen Moment. Mit dem Sinnbild des Adlers wollte er nicht etwa Werbung für Monogamie machen, falls du das nun denkst! Vielmehr daran erinnern, dass man die Verbindung zu den Menschen aufgrund ihrer inneren Werte suchen soll. „Sei wie der Adler", dies gefiel mir! Das passte auch hervorragend zu dem, was der Indianer am Tag zuvor im Männerkreis über das Verhältnis von uns Männern zu den Frauen gesagt hatte:
„Wenn du eine Frau siehst, dann begegne ihr zuerst so, als ob sie deine Schwester wäre. Später kann sie vielleicht zu deiner Liebe werden!"

Mit diesen Mut machenden Worten gingen wir in die dritte Runde, bei der es um geistige Reinigung ging. Jene Runde war etwas milder als die zuvor, doch glühte mein Kopf bereits. Jedoch hielt ich ihn immer noch oben. Kurz bevor die vierte Runde beginnen sollte, erklärte der Indianer, dass die kommende Runde eine *starke Medizin*, also intensiv werden könnte. Und ich war auf alles vorbereitet, doch nicht auf das, was dann geschah. Obwohl die Hitze in der Schwitzhütte nicht ganz so arg war wie noch während der zweiten Runde, spürte ich, dass mein Körper nun nachgab. Es wurde grenzwertig, den Kopf oben zu behalten, und mir wurde bewusst, dass ich nun entweder nachgeben musste oder bald ohnmächtig werden würde. Ich gab endlich auf und schickte mein Ego nach draußen. Bald lag ich dann wie ein hilfloses Kind auf dem Rücken und mein Herz begann wild zu klopfen. Die ruhige Stimme des Indianers führte uns nun auf eine imaginäre spirituelle Reise, und er erzählte: *„Stell dir vor, du und ich stehen auf einem Hügel. Es ist Nacht und der Sternenhimmel ist klar. Ich nehme dich an der Hand und wir gehen gemeinsam ein Stück durch einen Wald. Bald erreichen wir einen weiteren Hügel und steigen diesen bis zu einem kleinen Plateau hinauf. Oben auf dem Plateau stehen wir nun vor einer Höhle. Ich lasse nun deine Hand los und du gehst allein weiter in die Höhle. Am Ende der Höhle erkennst du Licht an der Wand und eine Abbiegung, von der das Licht herkommt."*

Dann hörte er auf zu sprechen und begann zu trommeln. Ich konnte mich kaum beruhigen und war an der Schwelle, das Bewusstsein zu verlieren, doch dann spürte ich einen angenehmen Impuls in mir, der mich aufforderte, meinen Herzschlag dem der Natur anzupassen. Langsam tat ich, wie mir geheißen wurde, und mein Atem beruhigte sich wieder. Nun ergab ich mich dem, was dann passierte.

Ich ging in die Höhle hinein, und wie ich es erwartet hatte, erblickte ich ein Lagerfeuer, als ich um die Biegung lief. An dem Feuer saß ein schlanker Indianer mit Lendenshorts und dunklen, langen Haaren. Er blickte ins Feuer und ich setzte mich zu ihm. Kaum saß ich am Feuer, nahm der Mann meine Hand. Im nächsten Moment sah ich auf der anderen Seite des Feuers Frauen sitzen. Sie waren alle nebeneinander, und es waren so viele, dass ich sie gar nicht zählen konnte. Plötzlich kamen einige von ihnen links und rechts ums Lagerfeuer herum und schlugen wild auf mich ein.

In der Schwitzhütte liegend, schlug auch mein Herz wie wild, und ich musste meinen Atem kontrollieren, um bei vollem Bewusstsein zu bleiben.

Ich entschuldigte mich bei den Frauen so oft und intensiv, wie ich konnte. Langsam ließen sie von mir ab, und kurz darauf saßen wieder alle auf der anderen Seite des Feuers. Alle waren sie nackt! Ich sah viele Frauen, junge und etwas ältere. Und nun erkannte ich auch, dass sie bluteten und Schmerzen hatten. Ihre läuternden Blicke ließen mich erkennen, was ich ihnen in den vergangenen Jahren angetan hatte, und eine tiefe Demut kam über mich.

Dann ging ich auf allen vieren links am Feuer entlang und krabbelte an den Frauen vorbei. Die erste Frau in der Reihe berührte mich sanft, kurz darauf erteilte mir eine andere einen halbherzigen Schlag. Sie war jung, und ich spürte Verzweiflung, so, als ob sie nicht wüsste, ob sie mir je verzeihen könnte! Und so kroch ich an allen vorbei und erfuhr überwiegend Berührungen und Streicheleinheiten, welche der Vergebung galten.

Am Ende der Reihe kam ich zu einer Frau, welche wie die Älteste und Erfahrenste von allen aussah. Aus einem mir unerklärlichen Grund wusste ich, dass sie die Natur repräsentierte. Sie hatte gelocktes, halblanges, schwarzes Haar und ihr Gesicht war nur schemenhaft zu erkennen. Wieder spürte ich, wie mein Herz heftig schlug. Sanft, mit aller Liebe und Vergebung, streichelte sie mich und sagte, dass ich mich beruhigen solle. Jeder Schlag meines Herzens solle ab diesem Tag der Natur gelten, und erneut wurde ich liebevoll aufgefordert, meinen Herzschlag dem ihren anzugleichen!

Ohne Worte erkannte ich, dass ich in all den Jahren meiner sexuellen Überreizung nicht nur mir, sondern auch den Frauen geschadet hatte. Dies war mir eine große Lehrstunde, und ich war traurig und beschämt. Während dieser inneren Reise erfuhr ich grenzenloses Mitgefühl und war einfach überwältigt! Kurz darauf saß ich auch schon wieder neben dem Mann am Lagerfeuer. Erneut nahm er meine Hand. Es war Zeit zu gehen, und ich bedankte mich vielmals bei den Frauen für die grenzenlose Vergebung. Dann sah ich mich bereits wieder zum Höhlenausgang laufen und wurde bei der Hälfte des Weges von dem schwitzhütten-leitenden Indianer abgeholt. Er sagte, ich solle seine Hand nehmen, und führte mich hinaus. Draußen angekommen, standen wir am Rande der steinigen Hügel und bemerkten, dass es den Weg, den wir hinaufgekommen waren, nicht mehr gab. Über uns flog ein großer Adler, und ich hatte den Eindruck, dass der Indianer ihn gerufen hatte. Wir stiegen auf den Rücken des Adlers und wurden in den Wald hinuntergeflogen. Dann lag ich lange auf dem Waldboden und bewegte mich keinen Zentimeter... Ich erinnerte mich an die Worte der weisen Frau in der Höhle und ließ jeden meiner Herzschläge zu Ehren der Natur geschehen.

Die Reise ging zu Ende und damit auch die letzte Runde der Schwitzhütte. Ich blieb noch eine ganze Weile schwach am Boden liegen und ging als einer der Letzten hinaus. Draußen war es bereits dunkel geworden, und die Schwitzhüttenteilnehmer sammelten sich um das heilige Feuer. Ich war noch wackelig auf den Beinen und trank Wasser, um meinen Kreislauf zu stabilisieren. Dann sah ich auf der anderen Seite des Feuers eine junge Frau und als ich in einem Bruchteil einer Sekunde auf ihre Beine und Po blickte, schoss mir ein Schmerz in die Herzregion, als ob mir jemand ein Messer hineingestoßen hätte. Ich erkannte meine Wunde und spürte sie deutlich. Mir wurde bewusster denn je zuvor, dass es Zeit war, Heilung zu finden. Als ich entkräftet, nachdenklich und etwas traurig zu meinem Kleiderhaufen ging, um mich wieder anzuziehen, blickte ich einem Impuls folgend ins Gebüsch. Dort stand ein kleines Ahornbäumchen in meiner Größe, und eines seiner großen

Blätter hatte drei große Löcher. Dadurch wirkte es exakt wie ein Gesicht, das mich strahlend anlächelte! Ich interpretierte auch diese Botschaft sofort und war dem Leben so dankbar für meine Erlebnisse und dass es mich daran erinnerte, dass ich niemals das Lächeln verlieren sollte. „Wir dürfen sogenannte Fehler machen, doch sollte auch die Zeit kommen, da wir bereit sind, aus ihnen zu lernen und neue Pfade einzuschlagen", erkannte ich demütig und entschlossen.

Die innere Kraft, welche durch dieses Erlebnis entstand, war so groß, dass ich in den kommenden Wochen und Monaten ein gesünderes Verhältnis zu meinem Sexualleben entwickelte. Ich lernte Frauen mehr zu schätzen und heilte vor allem den weiblichen Anteil in mir. Bis heute sind dies mit die größten Geschenke, welche ich in meinem Leben bislang erfahren durfte! Auch wenn die Reise im Sinne von „Zwei Schritte vor, ein Schritt zurück" weiterging, so transformierte ich doch immer mehr.
Bislang hatte ich diese Geschichte nur mit wenigen Männern geteilt. Jedes Mal unter Tränen, und diese steigen mir auch jetzt wieder auf. Nun ist es an der Zeit, sie in diesem Buch zu teilen und dazu einzuladen, Heilung in dein Sexualleben zu bringen und auch Heilung mit dem anderen Geschlecht zu erfahren – beginnend in dir!

LEBE DEINE TRÄUME

Während meiner Ausbildung zum Wildnispädagogen, welche in mehreren Wochenendblocks über ein Jahr verteilt stattfand, beobachtete ich erstaunt, dass mein Wildnislehrer gar nicht mit uns zusammen beim Essen saß. Ich sah ihn währenddessen meist herumwerkeln oder mit einem beladenen Bollerwagen an uns vorbeifahren. „Wie der sich wohl ernährt?“ fragte ich mich, denn aus meiner damaligen Sicht empfand ich ihn als dünn. „Wahrscheinlich…“, so dachte ich weiter „…ist er Rohköstler und isst einfach ein paar rohe Früchte und Gemüse in seinem Bauwagen!?“ Doch wollte ich meine Vermutungen nicht einfach stehen lassen und wartete auf den Moment, da wir endlich mal alleine waren. Ich erklärte ihm meine Neugierde und Beobachtung, dass er nicht mit uns aß: „Das ist ja fast wie bei einem indischen Höhlenyogi, der gar nichts zu essen braucht“, sagte ich scherzend. Doch mein Wildnislehrer blickte mich mit strahlenden Augen an und sagte „Ja“. Mich durchfuhr es wie ein Blitz, und interessanterweise zweifelte ich keine Sekunde daran, dass er die Wahrheit sagte! Irgendetwas in mir schien sich zu erinnern, dass das tatsächlich möglich sein könnte, und ich begann, noch weitere Fragen zu stellen. Bei dem Gedanken, nicht mehr essen zu müssen, überkam mich ein Gefühl der Grenzenlosigkeit. Eine neue Sehnsucht war in mir geboren!
Ich erfuhr, dass er sogar ein Buch darüber geschrieben hatte (siehe Anhang) und zeigte sofort Interesse. Er schenkte es mir, und zu Hause begann ich, ohne zu zögern, begeistert zu lesen. Als ich dann ein, zwei anderen Menschen, welche mir nahestanden, davon erzählte, dass es möglich sei, nicht zu essen, erntete ich kaum Verständnis, und sehr schnell fiel das Wort „unmöglich!“ Ich konnte im ersten Moment gar nicht verstehen, warum sie so reagierten, denn in mir hatte diese Nachricht etwas ganz anderes ausgelöst! Dadurch wurde ich vorsichtiger, doch dies änderte nichts an meinem neuen Traum!

Beim Lesen des Lichtnahrungsbuches meines Wildnislehrers schaltete sich jedoch der Zweifler in meinem Kopf ein und sagte „Diesen Prozess kann man nur machen, wenn man reif und alt genug ist. Vielleicht, wenn du 50 Jahre alt bist oder so, vorher nicht.“ Ich hatte diese Blockade im Kopf, da mein Wildnislehrer in den Fünfzigern und eben mein einziger Bezugspunkt war. Dann las ich am Schluss seines Buches Berichte von anderen Leuten, welche den Lichtnahrungsprozess gemacht hatten.

Die meisten davon eben wesentlich älter als ich – doch dann sah ich den Erfahrungsbericht eines 23-jährigen. Ich stand plötzlich im Bett, und eine Welle der Euphorie kam über mich! Der war sogar jünger als ich – und „Wenn der das kann, dann kann ich das auch!" blitzte es in meinem Kopf! Die Blockade war gesprengt. Heute muss ich aufgrund meiner Beobachtungen darüber lachen, wie schnelle Vorurteile uns Menschen daran hindern können, uns mehr zuzutrauen als was die anderen und wir selber von uns erwarten!

In den folgenden Wochen las ich auch Jasmuheens erstes Buch über Lichtnahrung und drang tiefer in eine mir neue Welt ein. Ich begann zudem, zum ersten Mal in meinem Leben regelmäßig zu meditieren, und wie von selbst änderte sich meine Ernährung ganz fließend von vegetarisch zu vegan. Und das, obwohl ich Käse so sehr liebte – doch in mir stellte sich etwas um, das ohne Mühe den nächsten Schritt einleitete. Auch probierte ich die ersten Male aus, wie es ist, einen Tag ohne feste Nahrung zu verbringen.

Dies war eine magische Zeit in meinem Leben, und ich fand auf allen Ebenen heraus, dass das tägliche Leben so viel mehr sein kann als das, was ich bisher kannte. Ich fragte mich auch, warum in unserer Gesellschaft so wenig über diese Dinge berichtet und gesprochen wird? „Warum sagt einem keiner, dass es mehr gibt als Arbeiten, Essen, Schlafen und einem Hobby hinterherlaufen?" dachte ich.

Ein paar Wochen später war ich im Sommer auf einem spirituellen Festival und besuchte dort verschiedene Vorträge und Workshops. Die Vortragenden waren inspirierend und hämmerten mir geradezu ein, dass ich *jetzt* lebe und nicht irgendwann. Auch, wie wichtig es sei, das zu leben, wonach man sich wirklich von ganzem Herzen sehnt. Wahrscheinlich lag es auch an meiner Offenheit, dass vieles aus mir herausplatzte und ich schließlich weinend in der Wiese saß. Ich wusste nämlich, dass ich das, was ich zu diesem Zeitpunkt lebte, nicht von ganzem Herzen tat. Also fasste ich den Entschluss, mein Studium „erfolgreich abzubrechen" und meinen Traum zu realisieren: ein Jahr in der nördlichen Wildnis Amerikas zu leben! Während meiner Wildnisausbildung in Deutschland hatte ich meinen Wildnislehrer nämlich auch gefragt, ob es nicht irgendwo die Möglichkeit gäbe, so richtig draußen zu leben, eine Art Vollzeitausbildung? Und mit seiner Bestätigung, dass auch dies möglich war, brannte erneut ein Feuer in mir! Also brach ich alle Zelte ab, kündigte mein WG-Zimmer, exmatrikulierte mich freudig von

meinem Studium und schockte manche aus meiner Familie mit meinen neuen Plänen. Doch war ich entschlossen genug, den Ängsten standzuhalten. Und dies ist etwas, was ich nur jedem raten kann.
Es ist wichtig und gut, sich die Meinungen und Sichtweisen anderer anzuhören. Und zur gleichen Zeit sollte die eigene innere Stimme nicht geleugnet werden! Denn, bei allen logischen Einwänden, was vernünftig wäre, kann niemand anderer außer mir selbst das empfinden, was in meiner Brust brennt. Diese Instanz, welche über den Verstand hinaus weiß, was gut und richtig für mich und meine Entwicklung ist. Natürlich sollte man auch vorsichtig sein bei der Interpretation der eigenen Empfindungen und genau abwägen, was bloß Euphorie und Ego ist und was aus den Tiefen des Herzens stammt. Jedoch empfinde ich es als mindestens genauso fatal, den inneren und äußeren Ängsten zu verfallen und nicht seinen Traum zu leben!
Auf der einen Seite möchtest du deinen nächsten Menschen alles erzählen, und auf der anderen erinnerst du dich an das unangenehme Gefühl, das du hattest, wenn sie nicht nur ihre ehrliche Kritik äußern, sondern auch all ihre Sorgen und Ängste über dir ausschütten. Gute Kritik empfinde ich als sehr hilfreich. Doch wenn sie in Ängste eingepackt ist, fällt es mir ehrlich gesagt schwerer, sie gut annehmen zu können. Es gelingt mir auch hier immer besser, die Wahrheit einer Person zu hören, nämlich den Inhalt, statt mich von den Emotionen des anderen beeindrucken zu lassen. Wahrscheinlich erlebt das jeder mehr oder weniger mit nahestehenden Menschen. Ach, wie gut sie uns doch ver*sorgen*! Ein ernster Spaß mit Augenzwinkern, denn auch ich freue mich schon heute darauf, irgendwann einmal in der Ver-Sorger-Rolle zu sein und zu fühlen, was es heißt, wenn die Kinder ihre eigenen Erfahrungen machen und ich zusehen darf, wie sie hier und da gegen die Wand laufen… oder vielleicht neue Sphären erreichen, welche mir durch meine Ängste bislang verborgen geblieben sind – wer weiß!

Kurz vor meinem Lebenswandel, von der Zivilisation in die Wildnis, hatte ich mich jedoch entschlossen, in meinem Bauernhof-WG-Zimmer den 21-Tage-Lichtnahrungsprozess zu machen. Doch dies musste nun warten, denn ich zog für ein paar Monate in ein Mehrgenerationenhaus, wo ich das erste Mal in Gemeinschaft lebte. Dies brachte so viele andere Themen mit sich, und ich sah den Platz nicht mehr als geeignet an, um dort den Prozess zu erfahren. Naja, aufgeschoben war nicht aufgehoben!
Im Zusammenleben mit anderen Menschen fiel ich in alte Muster zu-

rück, und mein Essverhalten wurde wieder unkontrollierter. Auch wenn ich immer noch vegan aß, tat ich es nicht mehr so bewusst und freudig. Das Meditieren blieb links liegen und ich erfuhr emotionalen Hunger. Immer wieder dieses Gefühl, dass mir etwas fehlte – und ich schlang größere Portionen in mich hinein. Da war sie wieder, die *Leere des Seins,* und ich wusste damals nicht, was ich hätte anders machen können. Dementsprechend fühlte ich mich nicht mehr so gut und leicht mit meiner veganen Ernährung wie noch im Sommer. Teils fühlte ich mich körperlich kalt und mangelernährt. Ich starrte immer öfter auf das fettige Fleisch oder Käse, den die anderen aßen, doch blieb ich standhaft. Auch über diese Starre muss ich heute lachen!

Über den Winter bereitete ich mich auf das Wildnisjahr vor. Viel Schriftverkehr musste erledigt werden, ich übte ein paar Survival-Fähigkeiten und stellte mich innerlich auf die bevorstehende Zeit ein. Doch traf ich nebenbei auch noch andere Vorbereitungen…

DER ERSTE VERSUCH

Noch vor dem Wildnisjahr räumte ich mir ein einmonatiges Zeitfenster ein. Ich plante, im Frühling den 21-Tage-Prozess zu machen. Innerlich fühlte ich mich zwar nicht so bereit wie noch im vergangenen Sommer, doch wollte ich endlich die Berührung mit dem Prozess! Ich wusste im Vorfeld, dass ich eine passende Unterkunft in ruhiger Lage dafür haben wollte.
Als ich eines Abends eine Freundin zum Bahnhof fuhr, lernte ich eine deutsche Frau kennen, die in Italien wohnte. Sie wollte sich gerade ein Ticket kaufen, und ich hörte ihr Reiseziel. Da ich sowieso gerade auf dem Weg dorthin war, fragte ich sie, ob sie mitfahren wollte. Sie sagte freudig ja und stieg ein. Wir hatten eine nette Unterhaltung und sie lud mich ein, in ihr Ferienhaus in die Toskana zu kommen. Und zack, da war die Möglichkeit! Ein paar Wochen später packte ich also all meine Sachen und fuhr noch in der morgendlichen Dunkelheit los. Ich erzählte niemandem von meinem eigentlichen Vorhaben. Erschöpft kam ich nach einer neunstündigen Fahrt im sonnigen Mittelitalien an. Die Frau lebte mit ihrer Familie im Erdgeschoss und ich bezog das Appartement im ersten Stock. Da gerade keine anderen Gäste zu Besuch waren, hatte ich Ruhe und jede Menge Raum für mich. Eigentlich wollte ich noch einen Tag länger warten, doch hielt ich es nicht aus und begann noch am selben Abend den klassischen 21-Tage-Prozess. Das letzte Glas Wasser für die kommenden sieben Tage stand vor mir, und mit Räuchern und Gebeten trank ich es zeremoniell. Interessanterweise spürte ich, wie mein Überbewusstsein bereits eine Ahnung vom Ausgang dieses Prozesses hatte, doch wollte ich es nicht gerne hören und machte einfach weiter. Es fühlte sich jedoch trotzdem richtig an, was ich tat. In meinen Gebeten und Bitten spiegelte sich mein Inneres wieder, und anstatt klare Ansagen zu machen wie „Ich wünsche mir einen von meinem Inneren gut geführten Prozess für meine Umstellung auf Lichtnahrung“ machte ich Aussagen wie „Ich bitte darum, dass mein Prozess gut geführt ist.“ Bemerkst du den Unterschied?

Die Ferienwohnung lag auf einem Weinberg. Dort hatte ich zwar eine schöne Aussicht und viel Ruhe, doch vermisste ich die üppige, grüne Natur ein wenig. Durch das Fasten geriet ich nämlich in einen körperlich und emotional schwachen Zustand. Und als ich auf meinem ersten Spaziergang bemerkte, dass die Hunde der Nachbarhäuser frei auf der

Straße herumliefen, hatte ich nicht mehr das Selbstvertrauen, meine geliebten und mir wertvollen Spaziergänge zu machen. Also meditierte ich, las viel und saß gefühlte Ewigkeiten in der Abendsonne. Ab und zu spielte ich mit dem fünfjährigen Jungen meiner Gastgeberfamilie und lehnte dankend deren Einladungen zu gemeinsamen Grillabenden ab. Es war das erste Mal für mich, ganz ohne Wasser zu sein, und außer meiner Schwäche fühlte ich mich gut und gesund. Doch spätestens ab dem dritten Tag begann ich die *Leere des Seins* zu spüren, und wünschte mir, ich wäre in Gesellschaft von jemandem, den ich gut kannte. Vom dritten auf den vierten Tag schlief ich im Garten unter freiem Sternenhimmel, das war wunderschön. Ich stellte mich darauf ein, wie in Jasmuheens Buch beschrieben, dass in dieser Nacht die *Umstellung* passieren würde. Als ich dann am nächsten Morgen erwachte, bemerkte ich… nichts Besonderes. Nur, dass ich mich noch mehr alleine fühlte als am Tag zuvor und nicht einmal das Trinken hatte, geschweige denn Essen, um dieses Gefühl zu überdecken. So ging auch dieser Tag in einer endlosen Ewigkeit dahin, ich hatte keine Konzentration mehr, um zu meditieren, und suchte nach irgendetwas, um mich abzulenken. Es tobten intensive Gefühle in mir und ich wollte sie nicht spüren! Das Nicht-Trinken bereitete mir in körperlicher Hinsicht erstaunlich wenig Probleme, ich hatte zwar einen trockenen Mund, doch badete ich täglich mit Genuss und hatte noch nicht einmal Kopfweh, wie ich es von den medizinischen Lehrbüchern her kannte. Vier Tage ohne Wasser und ich war alles andere als tot, wie ich mit einem Lächeln feststellen durfte. Als ich dann am Abend des vierten Tages noch einmal zu meditieren versuchte, kamen Gefühle über mich, bei denen ich dachte, die Hölle wäre über mir ausgebrochen. „Ich werd´ wahnsinnig!“ dachte ich, und wusste gar nicht wohin mit mir. Ähnlich einem Drogen-Junkie durchlebte ich einen heftigen Entzugsschub. Und nach einer quälenden Stunde war ich dann soweit:

Ich kapitulierte und wollte mir endlich irgendwie diese Gefühle fern halten. Körperlich ging es mir nach wie vor gut, daran erinnere ich mich ganz genau, ich war eben nur ein wenig schwach. Mit Tränen im ganzen Gesicht saß ich nun am Tisch vor einem Glas Wasser. Ich wusste, es war vorbei, doch kostete ich den Moment noch etwas aus. Es war kein Versagen, das spürte ich ganz deutlich. Auch wenn mein Verstand mir das ab und zu einzureden versuchte. Wie ich es gewollt hatte, war ich mit dem Prozess in Berührung und erlebte sage und schreibe vier Tage und vier Stunden ohne Flüssigkeit. Dann trank ich und bedankte mich so sehr wie nie zuvor in meinem Leben für die Gaben der Natur. Alles andere als selbstverständlich kam es mir vor, dass ich das Privileg hatte, jeden Tag in solch einer Fülle leben zu dürfen. Und dann tat ich, was ich schon von mir kannte: Keine Achtsamkeit bezüglich eines langsamen Ein- oder Ausfastens. Ich trank gleich eine ganze Flasche Bananensaft – und ich hatte Geschmack noch nie so intensiv erlebt wie jetzt. Es war einfach köstlich, und in mir war eine klare Entscheidung, dass ich all die Geschenke der Erde unbedingt essen wollte, ich war glücklich mit meiner Entscheidung und legte mich schlafen. Am nächsten Morgen feierte ich ein Fest, und mit diesem persönlichen Vier-Tage-Prozess schmiss ich auch gleich das Vegan-Sein über Bord! Ich kaufte frischen Parmaschinken, reifen Käse, Tomaten vom Markt, Oliven und einige andere Köstlichkeiten. Die Sonne schien, und zudem kam ein paar Tage später eine Freundin und besuchte mich in der Toskana. Damit überdeckte ich mehr als erfolgreich das Gefühl des Alleinseins.

Was ich in dieser Zeit erlebte, kann man gewiss aus verschiedenen Perspektiven sehen. Habe ich, wie der Drogenabhängige, nur die Freude erlebt, welche mir meine Drogen – Trinken, Essen, Gesellschaft – gaben, oder habe ich die Freude am Genuss des Lebens erlebt, welche wir Menschen doch erleben sollen und auf die wir sogar ein Recht haben? Tiefere Reflektionen darüber an anderer Stelle dieses Buches.
Während der vier Tage meines Prozesses blickte ich paradoxerweise immer auf ein Bild in meinem Zimmer, auf dem ein leerer Teller, eine Gabel und ein Messer so abgebildet waren, wie man sie auf einem gedeckten Esstisch vorfinden würde. Darunter stand „Enjoy your meal“, also *Genieße dein Mahl.* Ich fühlte mich vom Leben behandelt wie jemand, mit dem gerade ein Scherz gemacht wurde. Am Tag nach dem Fasten saß ich abends auf meinem Bett, fühlte mich wieder stark und hatte plötzlich Eingebungen zum Thema Essen, welche in etwa so waren: „*Es kommt nicht darauf an, was ich esse, sondern ob ich es in Dankbarkeit zu mir nehme und was ich dann mit der mir gegebenen Energie mache!*“ Ich spürte solch eine Klarheit und Präsenz in mir, und mein Essensthema ging somit in die nächste Runde. In den kommenden Tagen genoss ich dann Pizza, italienisches Eis und weitere Spezialitäten des Landes. Ich lernte Leute kennen und genoss vor allem meine innere Ruhe. Ich fühlte mich wieder auf allen Ebenen genährt.

In den letzten Wochen vor dem Wildnisjahr war ich noch einmal in der Sauna und erfreute mich an der Wärme in meinem Körper. Ich persönlich nutze Saunagänge meist, um mich zu entspannen, zu reflektieren und zu beten. Und als ich nach einer 90-Grad-Sauna mit geschlossenen Augen eine Weile auf einer Entspannungsliege lag, erschien mir im Dunkel meines Geistes ein Tier: Ganz deutlich erkannte ich die Fledermaus! Die Erscheinung kam zusammen mit diesem bestimmten Gefühl, dass dieses Geistbild eine Botschaft für mich bereit hielt, und da ich gerade erst ein Krafttierbuch geschenkt bekommen hatte, sah ich zu Hause auch gleich nach. Das, was ich dort las, sollte bereits eine klare Ansage dafür sein, was ich im kommenden Wildnisjahr erleben würde.

Hier meine Zusammenfassung, was ich damals als Botschaft wahrnahm:
Die Fledermaus führt dich in den tieferen Sinn des Lebens ein. Nimm dir nun Zeit für Zurückgezogenheit und erforsche die Wege der Dunkelheit, also lasse dich in das Dunkel deiner Unbewusstheit führen. Lerne auch, Dunkelheit von Finsternis zu unterscheiden, und lüfte den Schleier der scheinbaren Dinge.
Sie lehrt dich, wie du dich schützt und abgrenzt, damit du mehr zu dir finden kannst. Befreie dich aus den Fesseln der Welt und löse dich aus unausgesprochenen Abhängigkeiten. Es ist an der Zeit, vorgegebene Muster zu durchbrechen und ungewöhnliche Wege zu gehen. Dadurch wirst du neue Erkenntnisse erlangen und unentdeckte innere Schätze und Talente kennenlernen. Zudem wird dich die Fledermaus mit unangenehmen Gewohnheiten wie Neid/Eifersucht, Heuchelei und Melancholie konfrontieren. Auch das „nichts von der Welt wissen wollen“ wird von ihr in Frage gestellt. Sie deutet auf deine Geheimnisse hin, die du mit niemandem teilen möchtest, da du glaubst, nicht verstanden zu werden.

HUNGER AUF ALLEN EBENEN

Das Familienwildnisjahr. Meine Reise würde bald starten, doch worum ging es dabei eigentlich? Im Rahmen eines geleiteten Wildnisprogramms einer Wildnisschule kamen 25 Erwachsene und 17 Kinder zusammen, um in Amerikas Nordwäldern für fast ein Jahr ohne Zivilisation und Technik als Clan, ähnlich einem Naturvolk, zu leben. Dabei ging es weniger um klassisches Überlebenstraining als vielmehr darum, wieder zu lernen, in Gemeinschaft zu leben und offen und respektvoll zu kommunizieren. In den Wildnisprogrammjahren zuvor waren bloß Erwachsene als Teilnehmer in den Wäldern gewesen, doch das Besondere an diesem Jahr sollte werden, dass wir mit Familien lebten. Unsere jüngsten Kinder waren drei Jahre alt und der älteste fünfzehn.

Die amerikanische Wildnisschule empfahl uns, vor dem Jahr bereits drei Monate im Voraus unsere Ernährung auf eine sogenannte Paläo-Ernährung umzustellen. Diese beinhaltete in unserem Fall hauptsächlich Fleisch, Fisch, Eier, Tierfett, Gemüse und Wildkräuter, Wurzelgemüse, Wildreis, Nüsse und Früchte. Sowie alle möglichen Insekten oder sonstiges, was man im Wald an Essbarem finden oder fangen konnte. Bei dieser Ernährung werden bewusst viele Kohlehydrate weggelassen, also: kein Brot, keine Nudeln, Kartoffeln oder Reis. Man muss dazu sagen, dass Wildreis vergleichsweise wenig Kohlehydrate hat. Das war ganz schön taff für mich, da ich gerade ein paar Wochen zuvor, nach meinem 4-Tage-Prozess, in eine neue Essensfreiheit eingestiegen war und diese auch bis kurz vor dem Wildnisjahr in voller Fülle und Vielfalt auskostete. Obwohl ich davor, als Veganer, noch bewusst auf Verschiedenes verzichtet hatte, wollte ich mich nun gar nicht mehr auch nur irgendwie einschränken. Doch diese Ernährungsweise war Teil des Programms, und etwas anderes gab es nun mal nicht. Aber mal ganz ehrlich: Das Paläo-Essen, welches wir dann in Amerika hatten, schmeckte mir hervorragend. Was war dann mein Problem? Es war mir bei weitem zu wenig! Die Nahrungsmengen waren knapper bemessen als es die meisten in unserer Zivilisation gewohnt sind, und nicht nur das machte mir zu schaffen.
Wir standen mit dem ersten Licht auf, und jeder, der im Sommer mal darauf geachtet hat, wann das ist, weiß, dass dies selbst für Frühaufsteher eine Herausforderung sein kann. Zudem der neue Platz und all die neuen Menschen. Viele verschiedene Richtlinien mussten eingehal-

ten werden, damit wir mit einer gewissen Struktur überhaupt als Gemeinschaft leben konnten – ähnlich den einst an diesem Platz ansässigen Indianern. Was ich damit sagen will, ist, dass ich zu Beginn dieser Erfahrung von Kopf bis Fuß überfordert war und mich der emotionale Hunger sehr quälte. Ich wollte nichts von emotionalem Hunger wissen und rechtfertigte mit meinem Gewichtsverlust (den wir allerdings alle hatten), dass ich auch körperlich zu wenig bekam! Ach, hätte ich doch damals schon gewusst, wie sehr sich emotionale Leiden auf den Körper und das Gewicht auswirken können! Uns wurde sogar empfohlen, hin und wieder zu fasten, doch war mir das in jenem Jahr am allerfernsten. Ich verstand die Welt nicht mehr, denn einst hatte ich mich danach gesehnt, von Lichtnahrung zu leben, und nun hatte ich ständig das Gefühl, nicht genug zu essen zu bekommen.
Mit der Zeit fing ich mich zum Glück wieder und verstand im Laufe der Monate in den Wäldern, warum ich damals noch nicht bereit war, auf Lichtnahrung umzustellen. Ich war als Mensch emotional auf keinem Level, das stabil genug war, dass ich auch auf körperlicher Ebene ausreichend genährt gewesen wäre. Ich erkannte überhaupt das erste Mal in aller Tiefe, dass Genährtsein auf verschiedenen Ebenen stattfindet. Hatte ich das zuvor etwa überlesen, in all meinen spirituellen Büchern? Nein, doch musste ich es erst erfahren, anstatt es bloß mit dem Intellekt zu wissen, um es wirklich zu lernen! Dies verdeutlichte mir folgende Szene aus jenem Jahr:
Ich versuchte eine Clanfreundin, welche ziemlich diszipliniert war, davon zu überzeugen, dass mein Hunger echt war. Und das glaubte ich auch selbst, da ich jedes Mal direkt nach dem Essen wieder besser gelaunt war und Energie hatte. Dann erklärte sie mir, dass das noch gar nicht möglich sei, da es erst eine Weile dauert, bis die Nahrung im Körper tatsächlich verarbeitet ist und zur Verfügung steht. Es leuchtete mir zwar ein, was sie sagte, doch spürte ich nur zu deutlich den Unterschied an mir! Das gute, alte Emotionsgemüt…

Auch während dieses besonderen Jahres fiel ich wieder in alte Muster zurück, und die *Leere des Seins* wurde zu meinem täglichen Begleiter. Nicht, dass sie das nicht schon immer gewesen wäre, und dass sie nicht schon die ganze Zeit nach einer anderen Nahrung als der festen gefragt hätte, doch hatte ich im Wildnisjahr nichts, um das auf mich dämonisch wirkende Gefühl zu überdecken. Fast nichts, denn ich fand heraus, dass man sich mit dem Abschweifen in Fantasiewelten oder Zukunftsgedanken, welche noch lange nicht aktuell Thema waren, hervorragend ablenken konnte. Und wieder verfiel ich eine weitere Abhängigkeit und verträumte damit viele Tage. Doch besteht ein Unterschied zwischen Herumträumen, bei dem man der Gegenwart zu entfliehen versucht, und visionären Träumen, wie ich im Laufe meines späteren Lebens noch herausfinden sollte.

Auch das Thema Sexualität ging in die nächste Runde, denn durch meinen drastischen Gewichtsverlust verschwand auch jeglicher Trieb! Unschuldig wie in Kindertagen konnte ich nun die Frauen wieder beobachten! Im Zusammenleben als Großfamilie der Wälder hatten wir natürlich keine Scham, nackt voreinander zu sein, und Männer, Frauen und Kinder badeten alle gemeinsam im See. Dabei betrachtete ich die nackten Körper, sowohl von Frauen als auch von Männern, und sah endlich deren Schönheit wieder! Ich konnte ohne die Ablenkung durch den Trieb diese wunderbaren Schöpfungen ansehen, und das freute mich doch sehr! Das erste Mal seit meiner Pubertät befriedigte ich mich über einen längeren Zeitraum nicht mehr selbst, es war fast ein halbes Jahr. Als im Herbst mit den steigenden Nahrungsmengen auch der Trieb wieder etwas zurückkehrte, hatte sich bereits etwas in mir verändert, und ich fand nachhaltig ein Stück Heilung bei dem Thema der Sexualität.

Im Winter bekamen wir dann mehr zu essen, und das war auch gut so, denn die weiße Jahreszeit brachte Temperaturen von bis zu minus 30 Grad mit sich. Da konnte ich ordentlich Brennstoff gebrauchen. Natürlich nahm ich dann mehr zu mir, als mein Körper eigentlich brauchte. Wie ein Traumatisierter wollte ich einfach nur essen und nutzte die Gelegenheit, sobald wir mehr Fülle hatten. Dementsprechend nahm ich im Winter auch über mein Startgewicht von vor dem Wildnisjahr zu und die Wildnisjahrbegleiter empfahlen mir, sowie auch anderen Teilnehmern, mit dem Essen langsamer zu machen, wenn wir nicht aus dem Wildnisjahr hinauskugeln wollten. Ich hörte zwar zu, doch war das innere Kind in mir zu verletzt. Ich wollte einfach essen und konnte diesbezüglich nicht erwarten, dass das Jahr vorbeiging.
Aber ich hatte auch einige Glanzstunden während dieser einzigartigen Wildniserfahrung und lernte jede Menge über mich und von meinen Schattenseiten kennen. Diese kommen ja meist erst dann zum Vorschein, wenn wir außerhalb unserer Komfortzone sind. Ich lernte, was

es bedeutet, eng in einer Großfamilie zu leben und alles zu teilen. Ich erfuhr neue Wege, zu kommunizieren, und an meinen ungesunden Verhaltensmustern zu arbeiten. Ich bekam eine Art *Ausbildung zum Vater*, wie ich es nenne, beim natürlichen Begleiten unserer Kinder. Ich erfuhr, dass es gar nicht so romantisch ist, in der Natur zu leben und nicht stets allen gewünschten Komfort oder ein bestimmtes Komfortessen zur Verfügung zu haben. Ich durfte Abenteuer erleben, welche ich wohl noch meinen Urenkeln erzählen werde!
Wer mehr über die Erfahrungen und Erlebnisse des Familienwildnisjahres lesen und sehen möchte, dem kann ich mein erstes Buch **„Wildnisfamilie – Ein Jahr leben wie ein Naturvolk"** empfehlen. Darin beschreibe ich ausführlich die oben erwähnten Themen und wie ich einen transformativen Einjahresprozess erlebt habe, bei dem es hauptsächlich darum ging, in die eigene Kraft zu kommen! (siehe Anhang)

Auch die Qualitäten und Aspekte des Adlers lernte ich in diesem Jahr kennen. Auf einer mehrwöchigen Abenteuerreise erlebte ich einen Wendepunkt und kam endlich wieder mehr in meine Kraft. Der Adler begegnete mir sowohl in physischer Form als auch geistig, und ich fand meine erste große Adlerfeder. Ich wusste, dass des Adlers Sinnbild mich aufforderte, mein Leben mit neuer Inspiration zu leben, und das hieß, eine gewisse Opferbereitschaft zu zeigen. Der *Weg des Adlers* ist bestimmt nicht der einfachste, doch ein paar Monate später war ich bereit, bei einer Namens-Zeremonie den Namen *Sun Eagle* anzunehmen und mein Leben dieser – vom Adler repräsentierten – Absicht beziehungsweise Aufgabe zu widmen.

Hier eine Zusammenfassung meiner Wahrnehmungen bezüglich des Adlerweges:
Der Adler fordert dich auf, dich zu erheben, aufzurichten und zu deiner wahren Größe und deinem unbegrenzten, schöpferischem Potenzial ja zu sagen. Verwirkliche dieses kompromisslos und im Einklang mit deiner inneren Führung.
Der Adler verlangt Demut, Achtsamkeit, Opferbereitschaft, Verantwortung, höchsten Einsatz und weitblickendes Handeln.
Den Weg des Adlers zu gehen, bedeutet die Botschaften deines wahren Selbst in die Welt zu bringen und eine höhere Aufgabe im Dienste der Menschheit zu verwirklichen. Folge dem Weg deines Herzens, also deinem Innersten, und stehe für deinen Weg ein.

Und nach dem Wildnisjahr war es dann soweit... ich stand in einem dieser riesigen amerikanischen Supermärkte zwischen all den Supersize-Verpackungen und gab mir die erste Woche danach die volle Dröhnung. Ohne jegliche Achtsamkeit auf gesunde Ernährung oder angenehme Mengen für meinen Körper. Abends drückte der Gürtel, und es dauerte noch eine Zeit, bis ich wieder ein besseres Maß in meinem Essverhalten fand. Meine Sexualität blieb im großen und ganzen in Balance. Da ich mich nun wesentlich weniger selbst befriedigte als in vergangenen Jahren, war mein Körper endlich wieder sensibel genug, um zu spüren, dass ich bis zu zwei Tage nach einem Orgasmus weniger Energie hatte und mich etwas lustloser fühlte! Ich erkannte dadurch auch, dass ich früher insgesamt ein so niedriges Energielevel gehabt haben musste, dass ich solche Dinge nicht einmal wahrnahm! Erstaunlicherweise wirkte das Wildnisjahr aber noch nach, und ich war mehr in meiner Kraft denn je zuvor! Ich wurde wieder achtsamer mit dem, was ich mir in den Mund schob, und die Dinge, welche ich mir vorgenommen hatte, setzte ich mit guter Energie um. Mein Leben bekam einen neuen Drive und ich war inspiriert, weiter zu lernen und zu wachsen.

HERZENSÖFFNUNG

Nach dem Wildnisjahr schrieb ich mein erstes Buch und arbeitete, um Geld für meine nächste Reise zu verdienen. Ich spürte den inneren Ruf, für ein paar Monate nach Indien in einen Ashram zu gehen. Es handelte sich dabei um einen nicht-religiösen, aber dennoch spirituellen Ashram, der von einem Guru gegründet worden war. Und von diesem wurde auch noch behauptet, er sei ein erleuchteter Meister. Ich wunderte mich ein wenig über meine innere Resonanz mit diesem Ort, denn Gurugeschichten lagen mir fern! Nicht viel Gutes hatte ich bislang über sie gehört, doch als ich die natürliche Philosophie des Gurus las, spürte ich ganz klar, dass dies der nächste Ort für mein weiteres Wachstum sein sollte. Und bereits im Herbst begann die Reise in die tropischen Gebiete im Süden Indiens. Ähnlich wie beim Wildnisjahr ging ich nicht wegen des Landes auf Reisen, welches mich bis dahin gar nicht angezogen hatte, sondern lediglich wegen eines bestimmten Ortes – des Ashrams.

In den ersten Wochen waren nur sehr wenige Gäste dort; die Hauptsaison sollte erst noch beginnen. Auch der Guru war noch nicht da, und somit hatte ich jede Menge Zeit, im Ashram zu sein und zu reflektieren. In diesen Wochen wurde ich natürlich erneut mit einer Instanz in mir konfrontiert, welche bestimmte Dinge beziehungsweise Komfort brauchte, um befriedigt zu sein. Beispielsweise stand ich konsequent jeden Morgen um fünf Uhr auf. Doch das bereitete mir insofern nicht so viele Probleme, da ich es vom Wildnisjahr nun schon etwas gewohnt war und dementsprechend einfach früher schlafen ging. Doch auch hier entstand erneut die Konfrontation mit meinem Essensthema. Nach dem Wildnisjahr hatte ich mich wieder daran gewöhnt, dass ich jederzeit Nahrung zur Verfügung hatte, und zwar die, welche ich gerade wollte. Im Ashram war es dann auch so, dass es zu drei Zeiten am Tag – morgens, mittags, abends – Essen gab und ich mich trotzdem irgendwie wieder nicht ganz genährt fühlte. Mengenmäßig bekam ich diesmal zwar genug, doch hatte ich zwischendrin Hunger. Obwohl mein Körper definitiv genährt war! Also reflektierte ich die vergangenen Jahre und stellte fest, dass ich, als ich noch alleine wohnte, weniger Essen gebraucht hatte. Dies passierte damals ganz natürlich. Als ich dann im Mehrgenerationenhaus war, aß ich wieder mehr und unkontrollierter. Im Wildnisjahr hatte ich sowieso jede Menge Hunger, und nach dem Wildnisjahr, als ich wieder in meinen eigenen Essrhythmus zurückgefunden hatte, nahm ich automatisch wieder weniger zu mir, nämlich

immer mal wieder kleinere Portionen über den Tag verteilt. Nun, im Ashram, hatte ich wieder dieses unerträgliche Dauerhungergefühl. Also aß ich bei jeder Mahlzeit recht viel, da ich dachte, ich könnte somit die Zeiten zwischen den Mahlzeiten gut überbrücken. Paradoxerweise erzeugt viel Essen mehr Hunger und wenig Essen weniger Hunger! So viel weiß ich heute, vor allem, wenn man Essen auch aus der Sicht einer Droge betrachtet. Mit Betonung auf *auch*. Es wäre wahrscheinlich zu leicht, von einer überheblichen *Lichtnahrungswarte* aus zu sagen, dass Essen bloß eine weitere Droge ist. Doch mehr dazu im letzten Kapitel dieses Buches.
Ich spürte wieder meine Sucht und suchte des Öfteren am Nachmittag ein Dörfchen auf, in dem ich mir noch zusätzliche Snacks kaufte. Bereits während des Essens dieser Dinge fragte ich mich, was ich nur für ein spiritueller Kauz war? „Erst Beten und Meditieren und dann aber doch den alten Süchten verfallen", verurteilte ich mich. Zu dieser Zeit sah ich die Dinge manchmal noch schwarz-weiß und wusste nur teils zu ehren, dass ich auf dem Weg war und gerade einfach nur wieder den Rückwärtsschritt machte, um dann erneut zwei Schritte vorwärts zu gehen. Doch dies war auch die einzige meiner Abhängigkeiten, welche ich zu jener Zeit als außer Balance empfand. Eine weitere Frage in mir war auch, warum ich stets in Gemeinschaft mit Menschen mehr Hunger hatte als wenn ich alleine lebte? Ähnlich, so wie mich beim längeren Alleinsein die *Leere des Seins* überkam, erfuhr ich sie auch, wenn ich länger in Gemeinschaft lebte. Kennst du das: in Gesellschaft anderer mehr zu essen, als du es normalerweise tun würdest?

Kurz vor den Ashram-Retreats kam der Guru von seinen Reisen in den indischen Ashram zurück. Er löste in mir, so wie in vielen anderen Menschen, gleich jede Menge Gefühle aus. Und ich war wieder mit meiner inneren Guru-Resistenz konfrontiert. Mir gefiel einfach nicht, dass andere Leute einem Einzigen hinterhertanzten. Zur gleichen Zeit las ich sein Buch, und vieles davon ging wiederum in Resonanz mit mir! Es war keine leichte Zeit mit diesem inneren Konflikt, doch blieb ich im Ashram, denn meine innere Stimme sagte klar, dass es das Richtige für mich war. Als dann das erste Retreat begann, hatten wir zweimal am Tag einen Satsang. Bis dahin war ich mit meinem inneren Prozess so weit, dass ich mich einfach öffnete für das, was es dort zu lernen gab, und ich würde mich nach der Zeit im Ashram ja immer noch entscheiden können, was ich von dort mitnehmen wollte oder eben nicht!

Mehr als ich es erwartet hatte wurde ich durch die Worte des Gurus berührt. Und zwar tief in meinem Wesen wurden meine Sehnsüchte und Träume gekitzelt. Provokant, humorvoll und auch irgendwie sympathisch-manipulativ war er, und ich saugte bald die meisten seiner Ansichten zu etlichen Themen wie ein Schwamm auf. Das Schöne war auch, dass man ihm Fragen stellen konnte, ganz egal was es war, und ich erhielt auf viele Fragen, welche schon lange in mir kochten, sehr befriedigende Antworten. „Wer ist Gott?“, „Sinn des Lebens?“ und so weiter. Alles Mögliche fragte ich. Im Laufe meiner Zeit im Ashram wuchs ich ziemlich in die Gemeinschaft hinein, übernahm etwas Verantwortung und wurde teils sogar Schüler des Gurus. Ich erinnere mich an den Tag, als während eines Satsangs alle meine Chakren durchflutet wurden und ich für den Rest des Tages alles und jeden in einem goldenen Glanz sah. Es gab nichts, was mich hätte stören können, und alles war so wunderschön. *Om shanti shanti*, wo war die Erde? Ja, ich weiß! Doch passierte in diesen Wochen viel mit mir und ich beobachtete mich, wie ich zu den Zeiten des Retreats bloß fünf bis sechs Stunden schlief und von ganz alleine weniger Nahrung auf meinen Teller lud. Insgesamt einfach gut genährt war und neue Dimensionen meines Seins kennenlernen durfte. Ich entdeckte eine tiefere Liebe zu mir selbst und erkannte, wie wenig Sinn es macht, in einer Partnerschaft nach Liebe zu suchen, wie wenig ich fähig wäre, sie zu erhalten, solange ich mich selbst nicht richtig liebe! Ich entdeckte auch die Relevanz von Schönheit für unser menschliches Leben und erlebte bald ein tägliches Gefühl von meditativer Zufriedenheit. Zumindest mehr, als ich es bisher kannte. In dieser Zeit begriff ich zum ersten Mal tiefer, wer oder was Gott ist! Und vor allem verstand ich nun, warum man Gott niemandem beweisen kann! „Ein neuer Mensch“, dachte ich mir und fuhr beflügelt nach Hause.

Seit dem Wildnisjahr war der 21-Tage-Prozess ziemlich in die Ferne gerückt und ich dachte nur noch sporadisch daran. Doch schien ich das Thema auch irgendwie anzuziehen, denn mit einem der Schüler des Ashrams, welcher noch nicht allzu lange dort war, kam ich auf das Lichtnahrungsthema zu sprechen, und wir inspirierten gegenseitig unsere beiseitegeschobene Sehnsucht nach diesem Prozess! Ich erzählte ihm von meinem Wildnislehrer und er erzählte mir von weiteren Personen, welche schon seit Jahren von Prana lebten und von denen manche sogar um die Welt reisten und den Prozess in Gruppen be-

gleiteten. Ich spürte, dass ich genau das wollte, ich wollte nicht mehr alleine sein beim Lichtnahrungsprozess, sondern mit anderen Menschen gemeinsam und zudem an einem Ort, wo man im Grünen spazieren gehen konnte!
Außerdem erzählte mir der Ashramschüler von Prozessen, welche weniger als 21 Tage dauerten. Es erstaunte mich sehr, als ich erfuhr, dass es auch 14-Tage-, 8-Tage- und 7-Tage-Prozesse gab! „Wie soll das möglich sein?“ fragte mein innerer Kritiker. In meinem Gedankenkonstrukt war bereits verankert, dass es die sieben Tage ohne Wasser braucht, um solch einen tiefgreifenden Prozess zu verwirklichen. Es dauerte eine Weile, bis ich ganz offen geworden war gegenüber diesen neuen Möglichkeiten des Prozesses, und ich musste innerlich zugeben, dass ich eigentlich kaum Ahnung hatte, was den Prozess anging, denn außer etwas angelesenem Wissen und den vier Tagen, in denen ich am Pranier-Dasein ein wenig gekratzt hatte, wusste ich im Prinzip nichts aus eigener Erfahrung!
Als er mir dann auch noch von einem Mann auf Sri Lanka erzählte, welcher den 7-Tage-Prozess anbot, hatte ich den Wunsch, nach meinem Ashramaufenthalt dort hinzureisen. Schließlich liegt die Insel nicht weit von Südindien entfernt. Immer wieder versuchte ich, ihn über das Internet oder per Telefon zu erreichen, doch blieb ich erfolglos. Auch seine im Internet angegebenen Termine für den Prozess passten nicht so ganz mit meinen Planungen zusammen, und schon bald ließ ich die Sache wieder los. Zu jener Zeit hatte sich mein Bewusstsein bereits mehr transformiert und ich war freudiger in mir denn je zuvor. Mal von meiner Kindheit abgesehen. Ich fühlte mich ohnehin ziemlich glücklich, unabhängig vom Lichtnahrungsprozess. Damals war mir jedoch gar nicht so recht bewusst, dass dies eigentlich eine der besten Voraussetzungen für den Lichtnahrungsprozess ist! Und mit dem in mir neu gefundenen Schatz – einem offeneren Herzen – flog ich wieder nach Deutschland zurück.

DER PROZESS VOR DEM PROZESS

Nach der Zeit im Ashram bekam das Essensthema für mich geringere Bedeutung, und ich begann mit der von mir so benannten *No-Drama-Diet* – der undramatischen Ernährung. Zu diesem Zeitpunkt hatte ich bereits seit zweieinhalb Jahren keine eigene Unterkunft mehr und lebte, wenn ich denn in Deutschland war, bei Freunden oder meiner Familie. Ich aß, was ich bekam, und war einfach dankbar dafür. Viel wichtiger war mir nun, *wie* ich aß. Nicht zu überessen, Dankbarkeit zu spüren und auch nach dem Essen noch ein angenehmes Körpergefühl zu haben, waren die Eckpfeiler. Überhaupt aß ich weniger, doch süße Dinge sprachen mich verstärkt an. Ich nannte sie *outside joys*, also Freuden von außen, da ich mittlerweile tiefer erkannt hatte, dass wahre Freude von innen heraus entsteht. Auch diese äußerlichen Freuden dienten bestimmt der emotionalen Befriedigung und gingen immer noch über ein kleines Naschen, um die Sinnlichkeit des Geschmacks zu erleben, hinaus. Doch war ich von innen heraus ziemlich erfüllt, stand morgens früh auf und ging meinen Dingen nach. Besonders mein Blick auf diese Welt hatte sich verändert, und ich sah nun viel mehr noch als früher die Schönheit der Schöpfung. Zudem erforschte ich weiterhin ein intimes Verhältnis zu mir selbst, streichelte und wertschätzte mich immer wieder. Eigentlich alles Dinge, welche ich bis dahin bloß aus Partnerschaften kannte, und genau an dem Punkt, wo ich mir dachte „Eigentlich brauche ich keinen Partner mehr!“, empfand ich auch gleichzeitig, dass ich das erste Mal wirklich bereit war für solch eine Verbindung!
Die Herausforderung war nun, dieses neue Lebensgefühl auch in meinem alten Umfeld zu leben und zu erfahren. Die Art und Weise, wie ich mit Menschen umging und kommunizierte, hatte sich verändert, und sowohl meine Problemchen als auch die der anderen konnte ich mit mehr Gelassenheit betrachten. Und dann aus dieser eher objektiven Haltung handeln. Ich möchte diesen Zustand nicht überbewerten, denn auch ich war und bin immer noch am Lernen, Fehltritte machen und hin und wieder unverbunden, doch wachse ich auf meinem Weg immer mehr zu jener Person heran, bei der ich das Gefühl habe, dass ich es wirklich bin!

Da das Feuer für den Lichtnahrungsprozess wieder entfacht war, sah ich mich im Internet nach den kürzeren Prozessen um, über die ich in

Indien erfahren hatte. Da blieb ich beim 8-Tage-Prozess hängen, las die komplette Internetseite des Paares, welches den Prozess auf der Welt verteilt anbot, und sah mir Videos von ihnen an. Mein Herz begann höher zu schlagen, als ich sah, dass sie im September jenes Jahres einen 8-Tage-Prozess in Deutschland anbieten würden! Plötzlich wurde es wieder realistisch für mich – ich sah nach dem Preis, welcher nicht ganz ohne war, doch hatte eine höhere Instanz in mir sich eigentlich schon in Sekundenbruchteilen entschieden! Ich ließ es noch ein paar Tage sacken und dann überwies ich die Reservierungsgebühr.
Was dann geschah, können, soviel ich weiß, die meisten Pranier über ihre Vorbereitung auf den Prozess bestätigen: Der Prozess beginnt mit der Anmeldung beziehungsweise der klaren inneren Zusage dafür! Mein überbewusstes Innenleben begann ab da bereits in mir zu arbeiten und ich wunderte mich an manchen Tagen nur, wo diese Impulse herkamen! Automatisch begann ich weniger zu essen. Ab und zu ließ ich sogar Mahlzeiten ausfallen oder ersetzte sie durch Saft. Während des halben Jahres vor Beginn des Prozesses änderte sich mein ganzes Essverhalten bereits stark, und das, ohne dass ich mir auch nur irgendetwas vom Verstand her vorgenommen hatte. Natürlich verlor ich dadurch auch schon mal die ersten Kilos, und mein Umfeld war teils überrascht und teils auch nicht so begeistert, vor allem die Familie! Doch zeigte meine spirituelle Navigation ganz klar grünes Licht und mein Körpergefühl war nach wie vor gut. Ich sah einfach nur anders aus! Durch meinen 4-Tage-Prozess und vor allem durch die *schlanken Erfahrungen* während meiner Zeit im Wildnisjahr hatte ich das Selbstbewusstsein, meinen Körper abnehmen zu sehen, da ich mittlerweile wusste, wie schnell ich wieder an Masse zunehmen konnte, wenn ich das denn gewollt hätte. Nein, mit mehr essen hatte ich noch nie ein Problem gehabt, reinhauen ging immer! Mein innerer Drogenjunkie wartete ja geradezu darauf. Doch seit meinem Commitment für den Prozess war eine Entschlossenheit in mir, welche jenseits meines rationalen Verstandes lag. Klar kamen ab und zu immer noch ein paar Zweifel: „Geht das gut?" – „Wirst du dir schaden?" – „Was denken die anderen?" und und und...
Doch das bewusste Sich-auseinandersetzen mit diesen Gedanken, so erkenne ich heute, war Teil des Prozesses. Ich sehe den Lichtnahrungsprozess als eine Initiation, und wenn ich auf verschiedenste Initiationsprozesse der Natur und dieser Welt blicke, haben sie doch alle mehr oder weniger einen *Ungewissheitsfaktor* gemein. Die Konfrontation mit inneren Ängsten und die Notwendigkeit des *liebevollen Mutes*, um den

nächsten Schritt für das eigene Leben zu tun – sei es eine Mutter, welche ihr erstes Kind bekommt, oder die Führerscheinprüfung. Wir durchlaufen in unserem Leben immer wieder Initiationen und treten damit über eine Schwelle. Da diese Prozesse nicht immer nur angenehm sind, kann ich nachvollziehen, dass in unserer Gesellschaft auch so etwas wie eine Initiationsflucht beziehungsweise Wachstumsflucht herrscht. Denn mit jedem Reifer-Werden kommt auch neue Verantwortung auf einen zu! Aus meiner Erfahrung ist es das Beste und Wertvollste, genau hinzusehen, wo man im Leben steht, und ganz bewusst den nächsten Schritt zu gehen. Das kann unnötiges Leid ersparen und den Gesamtprozess sogar angenehmer machen. Und nach der Initiation, ganz klar, kommt auch die Zeit des Feierns und Genießens des neuen Zustandes. Es kehrt wieder mehr Leichtigkeit ein und die durchlebten Ereignisse geben einem Selbstvertrauen! In diesem Sinne: „Mensch, mein Lieber, gehe deinen Weg, lieber Mensch!"

Dann passierte wieder die *Magie des Lebens.* Die Mutter eines Grundschulkameraden, welche immer noch in demselben Dorf wohnt, in dem ich aufwuchs, hörte davon, dass ich ein Buch über meine Wildniserlebnisse geschrieben hatte. Sie knüpfte den Kontakt über meine Mutter, welche mir dann von der Frau ausrichten ließ, ob ich sie nicht einmal besuchen kommen wollte. Und das tat ich dann auch. Ich brachte ihr ein Buch mit und wir unterhielten uns über Gott und die Welt. Es war erfreulich für mich zu sehen, dass Spiritualität kein Fremdwort für sie war und auch sie bewusst auf ihrem Weg ging. So kamen wir vom einen ins andere, und plötzlich erwähnte sie, dass es ja auch Menschen gibt, welche keine Nahrung mehr zu sich nehmen müssen. Ich schmunzelte und erzählte ihr von meinem Wildnislehrer, doch nicht davon, dass ich gerade auf dem besten Wege zu diesem Zustand war. Das sollte vorerst keiner erfahren – zu heilig war es mir, als dass ich es all den Meinungen der anderen aussetzen wollte. Dann sprach sie von einer Frau, die bloß ein paar Kilometer weit vom Dorf entfernt wohnte. Diese hatte eine Praxis, machte Energiearbeit und lebte zu diesem Zeitpunkt bereits seit zwei Jahren als Pranierin. „Das ist ja genial", sagte ich mir innerlich und hatte sofort das Bedürfnis, sie kennenzulernen!
Ich erhielt ihre Visitenkarte und rief sie gleich am nächsten Tag an. Doch, wie ich nicht nur bei ihr, sondern auch bei vielen anderen Praniern feststellte, sind dies meist sehr beschäftigte Menschen, welche ihre Aufgabe im Leben gefunden haben und ihr Potenzial schöpferisch

verwirklichen. Also versuchte ich noch öfters, sie zu erreichen, was mir dann schließlich auch gelang, und ich machte einen Termin für einen Kennenlernspaziergang mit ihr aus. Als wir uns trafen, hatte ich von Anfang an das Gefühl, dass wir auf einer Welle schwangen. Sie war mir gleich vertraut und ich erzählte ihr meine bisherige Geschichte. Dann war *ich* neugierig, und sie erzählte mir von ihrem Prozess, wie gut es ihr heute mit dem pranischen Dasein ging und wie sich dies auf ihre Familie und das weitere Umfeld auswirkte. Sie zu hören, bestätigte mich nur noch mehr auf meinem Weg und gemeinsam sahen wir dem Glitzern der Sonne auf den Wassertropfen der Grashalme zu. „Kannst du dir vorstellen, dass nicht jeder diese Schönheit sehen kann, obwohl jeder dazu fähig wäre!?", sagten wir zueinander und waren uns einig, dass es bei dem Lichtnahrungsprozess um weit mehr ging als dem Nicht-Essen. Nämlich um eine Bewusstseinstransformation!
An dieser Stelle möchte ich schon einmal vorwegnehmen, dass Bewusstseinserweiterungen meiner Meinung nach unabhängig vom Lichtnahrungsprozess für jeden auf verschiedensten Wegen möglich sind. Und ob der Lichtnahrungsprozess zwingend jeden bewusster werden lässt, wage ich fast nicht zu beurteilen.
So verabschiedeten wir uns von Herzen, und sie teilte mir mit, dass sie ein gutes Gefühl bezüglich mir und meinem bevorstehenden Lichtnahrungsprozess hatte. Für mich war diese Begegnung damals ganz und gar kein Zufall, und meine innere Reise ging beschwingt weiter!

Dann ergab sich für mich an einem Workshop-Wochenende, dass ich die Kinderbetreuung während dieser Zeit übernehmen konnte. Ich sagte zu und fuhr mit einer Freundin zum Bodensee. Die Zeit mit den Kids dort war schön, doch der Grund, warum ich dies erzähle, ist folgendes Erlebnis: Während eines Nachmittags überkam mich Müdigkeit, und zum Glück hatte ich Unterstützung beim Begleiten der jungen Menschen. Also setzte ich für eine Stunde aus und legte mich etwas hin. Dabei döste ich ein und war tief in die Dimension der Träume geraten. Ein intensives Gefühl überflutete mich, und inmitten des Dunkels hörte ich plötzlich eine Stimme sehr deutlich zu mir sprechen: „*Wer durch den Tod geht, sieht das Licht!*" Mit Gänsehaut und leichtem Schock darüber, wie real das eben Erlebte war, erwachte ich. Der Satz hallte noch dutzende Male in mir nach, und ich musste meinen Verstand erst gar nicht einschalten, um zu verstehen, was damit gemeint war. Mein ganzes Sein hatte es erfasst, und ich wusste, dass der Lichtnahrungsprozess eine Art

Tod für mich sein würde, nur damit ich dann als jemand Neues wiedergeboren werden könne. Meine Gefühle waren auf positive Weise in alle Richtungen gewirbelt, und Vorfreude mischte sich mit der Verwunderung, was da bereits in mir geschah!

Der Ashram, den ich in Indien besucht hatte, hat noch einen weiteren Ashram in Schweden, und ich fuhr zu Beginn des Sommers für drei Wochen dort hin. Während dieser Wochen hatte ich keine solch berauschende Erfahrung wie noch in Indien und fand nicht alles so fein, was ich dort erlebte. Zudem verrichtete ich öfters Tätigkeiten, zu denen ich nicht voll inspiriert war, und lebte wieder in Gemeinschaft. Aus dieser unschlagbaren Dreierkombination ergab sich dementsprechend wieder erstklassiger emotionaler Hunger!
Also fing ich erneut an, mehr zu essen, und hatte quasi ständig Hunger. Doch brachte mich meine innere Führung trotzdem zur richtigen Zeit an genau den richtigen Ort, wie ich erst im Nachhinein verstand. Dinge sollten passieren, die ich selbst gar nicht hätte absehen können. Die Ashramleute waren nämlich gerade dabei, in den umliegenden Kleinstädten Flyer und Poster für eines ihrer für den Sommer geplanten Großevents zu verteilen. Dabei half ich fleißig mit und lernte dadurch Schweden am Rande kennen. Dann flog ich wieder zurück nach Deutschland und kümmerte mich um meine Geschäfte. Dazu gehörte das Erstellen eines Flyers für mein erstes Buch. Nun hatte ich in Schweden ja eine Inspiration zur Flyererstellung bekommen. Als die Blätter fertig waren, ging es nur noch darum, sie zu verteilen. Genau zu diesem Zeitpunkt fragte der Ashram mich, ob ich nicht mit ihnen in Deutschland bei einem spirituellen Festival Flyer verteilen wollte. Das sagte mir spontan zu und ich fuhr dorthin.
Aus meinem näheren Umfeld, welches teilweise nicht sonderlich vom Ashram begeistert war, kamen Stimmen wie „Statt deine eigenen Flyer zu verteilen, gibst du schon wieder deine Energie in die Ashramaktivitäten, ohne etwas dafür zu bekommen!“ Ja, auf logischer Ebene hatten sie recht, doch nicht auf tieferer, unlogischer Ebene! Also machten wir am Festival freudig Werbung. Es waren erstaunlich wenig Gäste da, doch das erste Geschenk, welches ich dort gleich zu Beginn erhielt, war, dass ich einen guten Freund und weitere liebe Bekannte traf. Allein diese Begegnungen waren bereits sehr schön. Dann entdeckte ich auf dem Programm, dass ein Vortrag über die Vermarktung von selbstgeschriebenen Büchern angeboten wurde und dies auch noch von einem

Großverlagschef, dem ich ein paar Wochen später mein Buch zusandte. Fast wäre aus der Großvermarktung auch etwas geworden, doch wollten sie das Buch so sehr ändern und neu schreiben, dass ich mich nicht mehr gut damit fühlte! Ich erinnerte mich an das Sprichwort eines Buchhändlers *„Sein Buchmanuskript in die Hände eines Verlages zu geben ist wie dem Teufel die Seele zu verkaufen!“* Ich fand das damals ziemlich hart, doch nun konnte ich zumindest nachvollziehen, was er meinte.

Dann kam wieder ein Moment, bei dem meine Augen riesengroß wurden: Jasmuheen war auf dem Festival und hielt zwei Vorträge! Mein Herz schlug höher und ich konnte diese Fügungen kaum fassen! Natürlich besuchte ich beide, und als sie einmal an unserem Stand vorbeilief, konnte ich nicht anders, als sie von tief innen heraus anzulächeln. Sie lächelte zurück, und es war, als ob mir mein Lichtnahrungstraum persönlich zugelächelt hätte! Jasmuheen verkörperte in diesem Moment genau das, wonach ich mich so sehr sehnte. Nach ihrem zweiten Vortrag ging ich wie ferngesteuert zu ihr vor. Ich hatte nicht einmal eine konkrete Frage, wie ich es sonst von mir kannte, wenn ich Kontakt zu einem Vortragenden oder Lehrer aufnahm. Irgendwie wollte ich sie einfach spüren, und bereits während des Vortrages erlebte ich so viel Freude und Inspiration in ihrem Sein. Kennst du das, wenn Menschen dich durch ihre bloße Anwesenheit berühren?

Mir ist heute klar, dass ich damals in ihr eigentlich mich selbst sah und einen freudvollen Aspekt meiner eigenen Person betrachtete. Denn auch Jasmuheen, so wie jeder inkarnierte Mensch, und sei er noch so erleuchtet, lebt nun mal in der Dualität. Wir können lernen, immer achtsamer zu werden, doch bedeutet das Sich-in-der-Materie-Fortbewegen aus meiner Sicht immer auch, *fehlerhaft* zu sein. Und dadurch gleichzeitig wiederum *genau richtig und perfekt!* Verstehst du, was ich sagen möchte? Ich glaube, es gibt in der Materie keine Unfehlbarkeit, jeder Schritt und jede Handlung lassen einen anderen Schritt und eine andere Handlung offen. Ständig treffen wir Entscheidungen und können nie zu einhundert Prozent genau wissen, ob es besser gewesen wäre, es anders zu machen. Doch das ist vollkommen in Ordnung!

Ich finde, wenn man das einmal erkannt hat und einfach stets bemüht ist, nach seinen Kräften das Beste zu geben, dann passiert automatisch das, warum wir auf der Erde sind: Wir fallen, stehen auf und wachsen. Ich glaube, dass nicht einmal der größte Großmeister sich im menschlichen

Körper dem entziehen kann. Mir fiel jedoch auf, dass ich sich ausgleichende Handlungen nacheinander tun kann und dadurch in Balance bleibe! Das hört sich jetzt fast schon zu einfach an – doch sind es nicht genau diese fehlenden ausgleichenden Handlungen, welche uns aus der Balance bringen? Beispiele: Dem Tun folgt das Ruhen und umgekehrt. Dem Wachstum folgt der Zerfall und umgekehrt. Dem Leben folgt der Tod. Der Maus folgt die Katze… nein, Spaß beiseite, damit will ich verdeutlichen, dass es durch einen inneren, ausgeglichenen Seinszustand möglich ist, auch im Außen innerhalb des größeren Zusammenhangs ausgeglichen und damit göttlich zu handeln! Man kann sich das wie beim Jonglieren mit zwei Bällen vorstellen: Ich werfe einen Ball hoch, doch das alleine reicht noch nicht, denn meine andere Hand ist noch mit dem zweiten Ball besetzt und somit fällt der erste Ball zu Boden. Ich denke, das bezeichnen wir dann als *Fehltritt.* Erst, wenn ich nach dem Werfen des ersten Balls auch den zweiten werfe, kann ich den ersten wieder fangen und kurz darauf auch den zweiten. Damit ist die ganze Aktion gut gelaufen und wir bezeichnen das als *gelungen.* Im Laufe der Jahre fiel mir auch auf, dass es manchmal ganz schön tricky sein kann, zu erkennen, was denn eigentlich der „zweite Ball“ ist, also die ausgleichende Handlung.
Ich behaupte, dass unsere momentane Gesellschaft sogar auf etwas ganz anderes ausgerichtet ist als diese Balance. Wir versuchen, so viel Dinge für die Ewigkeit zu bauen und abzusichern, und werfen dafür mit aller Kraft den ersten Ball so hoch wir können. Und statt den zweiten Ball zu werfen, machen wir lieber die Augen zu und hoffen, dass der erste Ball – das, worin wir so viel investiert haben – nicht mehr nach unten kommt. Das geht auf lange Sicht nicht! Und daraufhin folgt die große Verwunderung über die sogenannten Schicksalsschläge. Dabei stellte ich auch fest, wie wertvoll es ist, wenn mein rationaler Verstand und meine Intuition, als Paar, ein immer besseres Team in der Disziplin der *weisen Voraussicht* werden. Natürlich unter realistischer Berücksichtigung der dualen Gesetze auf dieser materiellen Ebene. Die Welt ist nicht so, wie ich will, dass sie ist, und paradoxerweise ist sie doch genau so, wie ich sie erschaffe… doch das ist wiederum ein neues Thema!

Wo war ich? Ach ja, ich stand nun also vor Jasmuheen, und sie fragte mich gleich strahlend, ob ich nicht auch zu ihrem morgigen Workshop kommen wollte. „Was für ein Workshop?“ fragte ich mich – das Festival würde doch an jenem Abend zu Ende gehen. Und außerdem war mein

Busticket für den nächsten Morgen bereits gebucht. Doch das half mir nichts, ich wollte zu ihr und Teil dieser Fügung sein. Also erklärte ich ihr, dass ich eigentlich schon eine Weiterfahrt gebucht hatte und zur gleichen Zeit unbedingt dabeisein wollte. Daraufhin sagte sie freundlich „Es wird so kommen, dass du dabei bist, wenn es so sein soll."

Zum Glück hatte ich mein Flexibilitätspaket dabei: Schlafsack, Isomatte und Biwaksack alles in einem. Dann erklärte ich den Ashramleuten, dass ich nicht mit ihnen weiterfahren würde. Ich blickte zum Himmel und prüfte die Wetterlage… „Könnte regnen", dachte ich mir und legte mit einem Stoßgebet meine Tasche und das Schlafset in ein perfektes Gebüschversteck in der Nähe des Festivalsaals. Am Abend ging ich dann mit meinen lieben Bekannten, welche ich beim Festival traf, etwas essen. Ich bestellte mit meinem Freund eine gemischte Fischplatte für zwei Personen. Dieser freute sich dann, dass ich weniger aß, und haute rein. Die Nacht im Gebüsch inmitten der Stadt verlief problemlos und ich schlief voller Vorfreude gemütlich durch. Am nächsten Morgen suchte ich ein Hotel in der Nähe auf. Bestellte mir im Restaurant einen Tee, putzte mir die Zähne auf der Toilette und hatte zudem auch eine Internetverbindung, um meinen Bus umzubuchen.

Am Vormittag begann Jasmuheens sechsstündiger Workshop. Es war der nächste wichtige Schritt in meinem Lichtnahrungsvorbereitungsprozess. So inspirierend und energetisierend empfand ich den Workshop, dass ich an diesem Tag wie von selbst bloß einen Apfel und eine Orange aß. Mehr wollte ich gar nicht! Und Hunger verspürte ich auch keinen.

EIN PRANIER FÄLLT NICHT WEIT VOM LICHT

Wer tatsächlich innere Resonanz zum Lichtnahrungsthema hat und in sich den tiefen Wunsch nach dieser Erfahrung spürt, dem wird das Thema wahrscheinlich auch immer wieder begegnen! Und mit *tiefem Wunsch nach dieser Erfahrung* meine ich das Erfahren des Prozesses selbst und die mögliche Einweihung, welche dabei stattfindet. Ob man danach tatsächlich weiterhin nichts isst, ein wenig isst oder wieder voll isst, ist eine ganz andere Frage! Hier ein Auszug von meinen Mitschriften bei Jasmuheens Workshop: Sie erklärte ein Modell, bei dem es sechs Kategorien von Menschen bezüglich ihrer Nahrungszufuhr gibt:

1. Nahrung von außen: Egal ob Fleischesser, Vegetarier, Veganer, Rohköstler, Sun-Gazer (Leute, welche sich bewusst in die Sonne setzen, um genährt zu werden).

2. Unbewusst im Übergang: Diese Leute bemerken, wie bestimmte Dinge plötzlich nicht mehr auf ihrem Speiseplan stehen, und sagen „Früher mochte ich dieses oder jenes noch, doch heute fühlt es sich nicht mehr gut an." Lebensmittelunverträglichkeiten kommen plötzlich ins Leben. Diesen Leuten fehlen die Informationen darüber, was gerade energetisch auf der Erde passiert, um bewusst mit ihrem Prozess umzugehen. Sie werden bereits zu einem bestimmten Prozentteil durch Prana versorgt!

3. Bewusst im Übergang: Diese Menschen haben bereits Informationen darüber, was gerade energetisch mit der Erde passiert, wissen von feinstofflichen Nahrungsquellen und stellen dementsprechend bewusst ihre Essgewohnheiten um. Sie werden auch schon zu einem bestimmten Prozentteil durch Prana versorgt.

Dann erzählte sie zuerst von der fünften und sechsten Kategorie, um das Gesamtmodell besser nachvollziehen zu können:

5. Menschen, welche nur noch trinken und keine feste Nahrung mehr zu sich nehmen. Prana-Anteil 100 Prozent, sogenannte „Liquidarians".

6. Menschen, welche sogar ohne zu trinken leben. Man trifft sehr selten einen und nennt sie „Wahre Pranier“ oder auch „Jemand, der Gott atmet“.

Dann kam sie auf die vierte Kategorie zu sprechen, da diese ziemlich besonders ist und sozusagen die Lücke schließt:

4. Menschen, welche nur noch wenig oder nicht mehr essen müssen, es aber gerne noch tun. Sie sind auf dem Weg der inneren Nahrung, doch hier und da essen sie mal etwas, aus rein sinnlichem Genuss heraus oder auch aus emotionalen Gründen. Entweder sie werden bereits zu 100 Prozent durch Prana versorgt oder leben zu einem Großteil, sagen wir 90 Prozent, von Prana und fügen nur noch so viel feste Nahrung zu, um ausreichend genährt zu sein. Sogenannte „soziale beziehungsweise vergnügliche Pranier“.

Jasmuheen selbst lebt seit über 20 Jahren von Prana und bewegt sich zwischen den Kategorien vier bis sechs. In den Phasen, in denen sie in der sechsten Kategorie lebt, geht es ihr ihrer Aussage nach am besten! Bei verschiedenen Atemübungen während Jasmuheens Workshop befragten wir unser höheres Selbst, wie sehr wir bereits von Prana genährt wurden. Dazu stellten wir uns hin, schlossen die Augen und fingen jeder für sich im Stillen an, Prozentangaben zu nennen. Wenn ich dann wie ein Ganzkörperpendel nach vorne ausschlug oder mich nach vorne lehnte, bedeutete dies JA, lehnte ich mich nach hinten, war es ein NEIN.

Wir starteten mit der Frage „Ist mein Prana-Anteil 50 Prozent?“ Ich lehnte mich nach vorne. „Ist mein Prana-Anteil 60 Prozent?“ Wieder ein Zug nach vorne. „Ist mein Prana-Anteil 70 Prozent?“ Nun zog es mich nach hinten. „65 Prozent?“ JA. Und damit wusste ich, dass mein Prana-Anteil zwischen 65 und 70 Prozent lag. Also könnte ich, so erklärte Jasmuheen weiter, langsam die physische Nahrung reduzieren, da ich bereits zu zwei Drittel durch pranische Energie versorgt wäre. Auch wenn mein emotionaler Körper dies anders sah…

Trotz alledem bleibe ich persönlich immer etwas vorsichtig mit solchen Methoden. Denn meine Erfahrung lehrt mich, dass, wenn mein Ego zu sehr seine Finger im Spiel hat, das Ergebnis verfälscht sein könnte. Ich ging deswegen nicht einfach nach Hause und sagte „Ab jetzt esse ich nur noch ein Drittel von jeder Mahlzeit!“ Ich nahm den Wert lediglich als

Anhaltspunkt und spürte eine Resonanz in mir bezüglich des gependelten Prana-Anteils. Zuhause versuchte ich nach wie vor jeden Tag, zu jeder Zeit, erneut zu erspüren, was ich gerade brauchte, wann ich körperlich genug genährt war und wann etwas anderes genährt werden wollte!

Beim Pendeln spürte ich den stärksten Zug zu Kategorie fünf. Nicht zu trinken, und das spürte ich deutlich, interessierte mich zu diesem Zeitpunkt weniger. Jasmuheen erklärte, dass sie für sich die sechste Kategorie als am angenehmsten spürte, doch selbst nach über 20 Jahren als Pranierin noch nicht ständig dort sei, sondern auf dem Entwicklungsweg. Nicht dass jemand glaubt, dass das, was er für sich ausgependelt hat, sofort nach dem Lichtnahrungsprozess gelebt werden muss. Nichts davon muss überhaupt gelebt werden, sondern es sollte aus der freien und freudigen Wahl heraus geschehen. Und manche Leute, so erklärte sie weiter, erpendeln sogar, dass gar keine der pranischen Kategorien für ihr Leben ein erstrebenswerter Zustand sei; sie erleben vielleicht den Lichtnahrungsprozess und beginnen gleich danach oder etwas später wieder zu essen. Alleine die Erfahrung oder auch Initiation, wie ich es zuvor nannte, ist ja schon ein Geschenk für sich!

Im weiteren Verlauf des Workshops sollten wir bei einer Meditation in der Stille darauf achten, welches Wort oder welche Qualität wir sahen, hörten oder fühlten und was davon nun für unser jetziges Leben wichtig sei. Bei mir kam *Reinigung*. Dann sagte jeder für sich ein Mantra, bei dem die gespürte Qualität jedes einzelnen zusammen mit anderen Qualitäten genannt wurde: „Ich bin die Reinigung, ich bin die Liebe, ich bin die Ewigkeit, ich bin die Unendlichkeit." Das wiederholte jeder für sich in Stille mehrere Male. Mit regelmäßigen Übungen wie diesen, so sagte Jasmuheen, kann man seinen Prana-Anteil erhöhen. In der Gruppe stellten wir auch fest, dass der persönliche Prana-Anteil nicht fix ist. Mal ist er höher und mal niedriger. Nach einer Atemsession ist er wahrscheinlich höher als im Alltag, und nach einer anstrengenden Arbeitswoche bei den meisten wohl eher niedriger. Doch kann man mit Tests wie dem Ganzkörperpendel bestimmt eine ungefähre Ahnung bekommen, um welchen Wert herum man sich ungefähr bewegt.

Hier noch ein paar weitere Aussagen, welche sie an diesem Mittag machte und die ich mir als wichtig oder interessant notierte:

*„Ab 2012 dauert es noch weitere 15 Jahre (*also bis 2027*), bis sich Dinge auf dieser Welt drastisch ändern werden! Es wird einfacher werden für die Menschen, ihre Leichtherzigkeit zu erfahren. Mitte 2015 wird ein weiterer großer Sprung der Energien auf diesem Planeten passieren!"*

„Wer sich für die momentanen Energien öffnet, wird folgende vier Dinge erfahren: Rekalibrierung (Feinabstimmung), Regenerierung, Verjüngung, Wiedergeburt."

„Man soll sich im Feld der Liebe verankern und auch dort bleiben – besonders wichtig sind dazu Flexibilität, im Fluss sein und Spaß haben!"

„Auch wenn man den Lichtnahrungsprozess macht und dann wieder zur Nahrungsaufnahme von außen zurückgeht, sollte man sich bewusst sein, dass es kein Scheitern gibt!"

„Wir sollen uns von unserer Essenz (Höheres Selbst) leiten lassen und Dinge tun, welche für unser höchstes Gut sind und auch für das höchste Gut aller Dinge um uns herum!"

Hier mein Lieblingssatz aus diesem Workshop:
„Habe die größte Liebesaffäre mit dir selbst!"

Und die letzte Botschaft Jasmuheens war:
„Mit Hingabe zu leben, ohne Plan beziehungsweise Erwartungen zu leben und mit Dankbarkeit durchs Leben zu gehen."

EMOTIONALES FASTEN

Als ich während eines Wildniscamps zwar wesentlich weniger als die meisten aß, doch der süßen Sucht der Schokolade verfiel, arbeitete es ordentlich in mir. „So macht das auch keinen Sinn!" sagte ich mir, und eine innere Kraft leitete mich dazu an, etwas zu tun, was ich noch nie so wirklich leiden konnte: Fasten.
Das Camp hatte bis dahin drei Tage gedauert, und am vierten Tag hielt ich mir noch einmal meine Lebensvision vor Augen, welche im Alter von 25 Jahren zu mir kam und sich seither weiterentwickelt und durch meine Taten langsam aber sicher manifestiert. An jenem Tag sagte ich mir, dass der emotionale Hunger mich stets an meine Vision erinnern soll. Ohne es vom Verstand her vorgehabt zu haben, begann ich zu fasten, und hatte auch keine Vorstellung darüber, wie lange ich ohne feste Nahrung sein wollte. Die nächsten vier Tage im Wildniscamp ging es mir sogar sehr gut damit, ich hatte eine gute körperliche Energie und war von innen heraus entschlossen. Das gab mir Kraft! Immer wieder begegnete ich dabei meinem sich hungrig fühlenden Emotionalkörper. Doch atmete ich stets einfach tief ein und machte weiter. Schließlich gab es auch genug zu tun.

Eines Mittags, während des Camps, gab mir eine Freundin eine Craniosacralbehandlung. Bei dieser körperlich-energetischen Behandlung begegnete ich auf einer imaginären Reise meinem inneren Kind. In meiner inneren Reise sah ich ihn etwa im Alter von acht Jahren. Ich konnte sehen, wie er durch Essen kompensierte. Er trug so viel Fröhlichkeit und Liebe in sich, und alles, was er sich wünschte, war, dass jemand in seine erfundene Spielwelt einstieg und diese Dinge mit ihm teilte. Dann wies meine Freundin mich an, dass ich als Erwachsener meinem inneren Kind *begegnen* sollte. Also kam ich auf meiner Reise in sein Zimmer, beobachtete ihn beim Spielen und war mit ihm. Alles, was mein inneres Kind braucht, so stellte ich fest, ist, dass jemand Anteil nimmt an dem, was er tut, und einfach nur zuhört. Keine großen Kunststücke, sondern nur da sein. Bei der Frage, wie es dem Kind mit dem erwachsenen Teil von mir ging, kullerten mir die Tränen über die Wangen, denn das Kind empfand in seiner Präsenz, dass es sich keinen besseren Vater als ihn hätte vorstellen können! Dieses Gefühl der Selbstliebe war wundervoll. Ich beschrieb es meiner Pausentherapeutin, und sie empfahl mir, es gut abzuspeichern. Diese Liebe, welche ich im

erwachsenen Alter nicht mehr von außen erwarten kann, sondern die aus mir heraus entstehen soll, ist es, was mich emotional nährt, erkannte ich!
Während der ganzen Sitzung behandelte sie mit einer Massage meinen sich fest anfühlenden Darm. Kennst du das, wenn der Druck einer Massage gleichzeitig schmerzt und gut tut? Ich reiste also auch in den Darm – und, um es kurz zu machen: Bildlich gesprochen sagte er mir klipp und klar, dass all das Verdauen von Unmengen an Essen, welches tagtäglich und unaufhörlich zu ihm kam, viel zu viel war! Das ist, als ob man jeden Tag durcharbeiten müsste, gerade einmal Zeit hätte, zu schlafen, und dann ohne Urlaubsanspruch weiterbuckeln müsste. Ab und zu mal verdauen – oder zumindest nicht zu große Mengen – so erzählte er mir ganz „verdaulich", sei vollkommen in Ordnung, doch wünschte auch er sich Pausen! Wieder ein Puzzlestück mehr in meinem Vorprozess. Insgesamt war dies eine schöne und aufschlussreiche Reise.

Nach den ersten vier Fastentagen ging es weiter in die Stadt. Dort wurde es herausfordernder und mein Verlangen nach Essen wurde größer. Interessanterweise stellte ich in diesen Tagen fest, dass ich mit meinem Trinkverhalten die gleichen Muster an den Tag legte wie beim Essen! Süße Fruchtsäfte oder Getreidemilch können gut schmecken oder auch zur Kompensation von Emotionen verwendet werden. Besonders nach dem Mittagsschlaf erlebte ich stets emotionale Tiefs und sehnte mich nach der Süße. Wo war bloß das süße Gefühl der Eigenliebe hin? Zudem erlebte ich wieder emotionale Hungerattacken, sobald es im Außen stressiger wurde oder Dinge nicht so funktionierten
wie geplant. Meine Emotionen wurden dadurch beeinflusst und ich sehnte mich erneut nach Nahrungszufuhr von außen. Durch bewusstes Atmen und genaues Nachfragen, *wer* da drinnen gerade Hunger hatte, gewann ich wieder Vertrauen. Immer wieder fragte ich mich oder meinen Hunger „Wer ist es, der gerade Hunger hat?" Die Antwort beim In-mich-Hineinspüren war stets dieselbe: Ich hatte genügend körperliche Kraft und entlarvte den Emotionalhunger ein ums andere Mal!

Vom sechsten auf den siebten Tag träumte ich folgendes: Ich sah einen Mann und er drohte, sich umzubringen. Er sagte, er würde sich einfach über Nacht draußen hinlegen und dann langsam erfrieren. Ich spürte eigentlich, dass er aus emotionaler Bedürftigkeit versuchte, mich zu manipulieren, um Aufmerksamkeit zu erhaschen, und eigentlich gar

nicht dazu bereit war, sich tatsächlich selbst Schaden zuzufügen. Doch hatte ich etwas Angst um ihn und überlegte, ob ich nicht einfach nachts kommen sollte, um eine Decke über ihn zu legen? Vorsicht: Mitleid und Rettersyndrom! Dann sprach ich mit einer Frau, welche uns beide kannte und in sich sehr selbstbewusst war. Als ich ihr vom Vorhaben des Mannes erzählte, lächelte sie bloß und sagte mit großer Selbstsicherheit, dass ich mir keine Sorgen machen brauchte, der Mann würde das ohnehin nicht vollbringen können! Dies gab mir Halt und kurz darauf erwachte ich. Mir war sofort klar, dass der Mann für meinen bedürftigen Emotionalkörper stand und die Frau mein höheres Selbst war. Ich war mein rationaler Verstand und erkannte die Botschaft, dass es darum ging, meine emotionalen Ängste nicht über zu bewerten!
Vom siebten auf den achten Tag träumte ich, wie ich Jasmuheen begegnete. Ich empfand große Freude in ihrer Gegenwart und sie blickte mich liebevoll an, berührte mein Gesicht mit beiden Händen und sagte „Du bist Jesus!“ Diesen Satz wiederholte sie mehrere Male und ich war überwältigt. Einerseits spürte ich Zweifel in dem Traum, da ich mich als wesentlich weniger wundervoll als Jesus empfand. Andererseits fühlte ich klar und deutlich, dass auch ich jenes Potenzial zu jedem Moment in mir trage!

Diese sieben Fastentage waren bis dahin die längste Zeit, die ich ohne feste Nahrung verbracht hatte. Und am Morgen des achten Tages freute ich mich auch wieder auf mein ach so geliebtes Früchtehafermüsli mit Banane. Jedoch gaben mir diese Tage viel Selbstvertrauen im Umgang *mit-ohne* Nahrung zu sein. Es war so eine Art kleine Vorausschau, was es bedeuten könnte, täglich überwiegend von Prana zu leben. Natürlich nahm ich während dieser Tage auch an Gewicht ab und wurde von einigen Freunden und von der Familie darauf angesprochen, was mit mir los sei? „Ich habe gefastet“, gab ich einfach zur Antwort, denn niemand von ihnen wusste, dass dies bereits ein Teil meiner innerlich geführten Vorbereitungen war…

DER PROZESS VOR DEM PROZESS FORTSETZUNG

Kurz nach der Fastenzeit verbrachte ich eine Weile mit meiner Familie. Für manche von ihnen war mein Weniger-Essen fast genauso schlimm, als ob sie selbst nur wenig zu essen gehabt hätten. Also war meine bloße Anwesenheit am Tisch manchmal bereits eine Herausforderung für sie. Bei einem größeren Familienfest beobachtete ich, wie die geladenen Gäste Berge auf die Teller luden, Unmengen an Nahrung in sich hineinaßen und selbst davon sprachen, dass das eigentlich viel zu viel sei! Ich glaube mittlerweile, unsere Körper hassen solche Familienfeste! Doch dieses Essverhalten kannte ich nur zu gut aus meiner eigenen Vergangenheit, und ich erfreute mich daran, dass ich von allem am Buffet bloß einen Löffel aß und mich den ganzen Abend gut fühlte. Außer von den verschiedenen Nachspeisen – da aß ich etwas mehr, als ich eigentlich wollte!

Ich erkannte, wie sehr ich durch die Vergangenheit und meine Ahnen geprägt war. Wenn ich mir überlegte, dass meine Großmutter und weiter entfernte Verwandte noch den Zweiten Weltkrieg miterlebt hatten und damals noch nicht so eine Nahrungsfülle herrschte wie heute, dann konnte ich besser nachvollziehen, woher ein Unverständnis bezüglich meines Lebensstils kam. Natürlich rührte es teils auch daher, dass ein fülligerer Körper von gewissem Wohlstand zeugt, und wer weiß, was die Nachbarn dachten, falls sie mich so sahen? Ich beobachte, dass in den meisten westlichen Familien Genuss beziehungsweise Übergenuss großgeschrieben wird. Doch was zu viel und was zu wenig ist, ist wahrscheinlich Ansichtssache – am Ende ist es der Körper, welcher abrechnet! Ich freute mich, dass ich bewertenden Kommentaren bezüglich meiner Ernährung nicht wie früher mit Ablehnung, sondern überwiegend mit Mitgefühl begegnen konnte.
Da ich über die Jahre schon so einige Dinge getan hatte, bei denen sich mein näheres Umfeld an den Kopf fasste, hatte ich schon jede Menge Gelegenheit gehabt, mich in Gleichmut zu üben. Ich sehe heute den großen Wert solcher Begegnungen darin, genau zu erkennen, wie selbstbewusst ich hinter dem stehe, was ich tue. In diesen Momenten, so dachte ich mir schon oft, zeigt sich dann, wie spirituell ich wirklich bin! Ich denke, es ist relativ einfach, seine Spiritualität hinter verschlossenen Türen zu leben. Und dieser geschützte Raum mag anfangs auch seine

Berechtigung haben. Doch irgendwann ist es Zeit, sich damit zu zeigen und dahinterzustehen – oder möchtest du bei deinen Yogaübungen ewig die Ausrede bringen, dass du gerade etwas unter deinem Bett hervorholen wolltest? Ich glaube, es ist wichtig, den inneren, spirituellen Kern immer wieder im Außen zu testen und zu lernen, sich innerhalb all der unangenehmen Worte, Verhaltensweisen, Maschinen, Städte und Betäubungsmittel bewegen zu können. Ich muss zugeben, dass dies auch für mich immer wieder aufs Neue eine Herausforderung ist, und ich fühlte mich schon mehr als nur einmal wie der gefallene Ritter. Doch habe ich diesbezüglich auch schon einige Lernschritte gemacht und durfte erkennen, dass darin die wahre Freiheit im Leben liegt! Wenn mich nämlich meine spirituelle Praxis dauerhaft und zwingend einschränkt, dann läuft in meinen Augen auch irgendetwas schief, oder?

Meine nächste Haltestelle war ein Jurtendorf in der Schweiz. Dorthin wollte ich schon seit einer ganzen Weile, und nun nahm ich mir drei Tage Zeit dafür. Das „runde" Wohnen faszinierte mich schon seit jeher und ich wollte Inspiration sammeln. Dort angekommen, fühlte ich mich vom ersten Moment an wohl, um nicht zu sagen *wie zu Hause!* Die zwanzig Jurten standen in einem schönen Tal inmitten üppiger Natur. Kaum ebene Flächen, dafür viele Berge, und ein kleiner Fluss floss direkt am *Jurtedörfli* vorbei. Ich wurde auch gleich zum Mittagessen eingeladen, das aus frischen biologischen Zutaten sichtlich mit Liebe bereitet wurde. Und ohne es mir vorgenommen zu haben, aß ich weniger während meines Aufenthaltes im Dörfli. Ich nahm mir eine überschaubare Portion und setzte mich danach lieber in die Sonne und genoss die frische Luft. Emotionaler Hunger war fern, und am Abend ließ ich das Mahl ganz ausfallen. Ich machte es mir in einer der wunderschön gearbeiteten Gästejurten bequem und meditierte seit langem einmal wieder. Überhaupt hatte ich in den vergangenen Jahren etwas den Bezug zum Meditieren verloren. Es gab bis dahin nur eine Zeit in meinem Leben, in der ich konzentriert und regelmäßig meditierte. Und das war, als ich Jasmuheens erstes Buch las, noch vor dem Wildnisjahr. Ich erinnere mich, wie ich damals wirklich Kraft dadurch bekam, doch verlor sich die Praxis durch meinen Lebenswandel und andere spannende Ereignisse, so dass alle erneuten Meditationsversuche in unkonzentrierter Herumplackerei endeten.

Am zweiten Tag stand ich frühmorgens auf und hatte freudige Lust, wandern zu gehen. Noch vor Sonnenaufgang lief ich los und wollte bewusst sehen, wie es mir ohne zu essen gehen würde. Allein die herrliche Natur der Schweizer Berge und meine fröhliche Laune gaben mir genug Energie, die nächsten sechs Stunden eine kleine Bergwanderung zu meistern. Ich machte etwas mehr Pausen, als ich es wohl mit Essen gemacht hätte, doch war ich erstaunt, wie gut es mir damit ging. Wieder aß ich bloß einen Teller zu Mittag und eine Scheibe Brot mit etwas Käse zu Abend. In diesen Tagen fand ich übrigens auch selbst etwas mehr Frieden mit meinem schlanker gewordenen Körper! Denn immer wieder war in den vergangenen Wochen der Kritiker des Verstandes vorbeigekommen und hatte sich über mein Aussehen beschwert. Dies zeigte mir erneut, wie sehr die anderen Kritiker im Außen lediglich mein Inneres widerspiegelten. Wenn ich in mir gefestigt bin, dann habe ich auch eine ganz andere, gesunde und selbstsichere Haltung. Wenn ich mich jedoch kaum im Spiegel ansehen kann und mir Sorgen mache, dann ziehe ich auch automatisch Leute an, die mir dies dann nochmal unter die Nase binden. Das Leben ist wirklich spannend gestrickt, da muss wahrlich ein Meister am Werke gewesen sein!

Auf jeden Fall hatte ich in den Tagen beim Jurtendorf so ziemlich das Gefühl, dass mein Gewicht sich nun stabilisiert hatte und ich sozusagen mein *Ur-Gewicht* wiederhatte, also das Gewicht, welches meinen ursprünglichsten Körperzustand widerspiegelte. Ich denke, dass jeder Menschenkörper plus-minus einen Lieblingszustand beziehungsweise ein Lieblingsgewicht hat. Natürlich passt sich der Körper den äußeren Umständen an und lagert Fette ein oder baut noch mehr Muskeln auf, wenn ein entsprechender Lebensstil dies erzwingt. Ob sich meine Vermutung bezüglich meines Gewichts zu diesem Zeitpunkt richtig war, das sollte sich noch herausstellen. „Ob das Gewicht dann nicht mehr geht, sieht, wer auf der Waage steht."

DIE LETZTEN WOCHEN VOR DEM PROZESS

Wenn ich an die Zeit dachte, die nach dem Lichtnahrungsprozess kommen würde, dann wünschte ich mir dafür einen Ort, an dem ich ein paar Wochen sein konnte, um bewusst in dem Prozess weiterwachsen zu können. Ganz ohne Verpflichtungen und in einem liebevoll getragenen Umfeld. Da ich bereits letzten Winter den inneren Impuls verspürt hatte, nach Südamerika zu fliegen, suchte ich also nach Gemeinschaften, Projekten, Wanderungen oder ähnlichen Dingen für die Zeit danach. Ich fand zwar Verschiedenstes, es waren alles Dinge, die sich gut anhörten, doch ließ nichts davon mein Herz wirklich höher schlagen. „Es wird schon kommen", dachte ich und kümmerte mich zur gleichen Zeit weiter darum. Irgendwann sandte ich eine Emailanfrage an Leute in meinem Verteiler, ob nicht jemand einen feinen Ort in Südamerika kenne. Und da meldete sich ein Franzose, ein weiterer Teilnehmer des damals näher rückenden 8-Tage-Prozesses. Er erzählte mir von einer schönen Gemeinschaft in Costa Rica und dass er da eines Tages unbedingt einmal hinfahren wolle. Ich sah mir deren Internetseite an, und bereits nach dem Lesen der Startseite spürte ich sogleich volle Resonanz! „Das ist genau, wonach ich gesucht habe!" dachte ich laut, und nach weiterem Erkunden von deren Angeboten meldete ich mich auch schon für einen mehrwöchigen Aufenthalt sowie für ein einmonatiges spirituelles Retreat bei ihnen an. Erneut eine kostbare Fügung, und ich wusste einfach, dass dies der Rahmen und die Leute waren, unter denen ich in unbekannter Ferne weilen wollte, während ich in meinem Pranaprozess tiefer ging. „Und was, wenn die Umstellung bei mir gar nicht klappen sollte?" fragte ich mich. Naja, dann würde ich trotzdem zu diesem vielversprechenden Ort fahren und genießen, was es dort gab. Doch irgendwie hatte ich ein gutes Gefühl bei der ganzen Sache…

Dann kam der Sommer. Viel hatte ich vor, denn gleich acht Wochen Natur- und Kindercamps am Stück standen auf meiner Liste! Gleich in der zweiten Campwoche flog ich erneut nach Schweden. Doch diesmal, um für eine Woche bei einem Wildniscamp auf einer kleinen Insel als Guide dabei zu sein. Das Wildnisprogramm dort war ein einmonatiger Ableger vom Wildnisjahr in Amerika. Also fast der gleiche Lebensstil. Wieder mit Paläoernährung und insgesamt weniger Essen. Erstaunlicherweise ging es mir diesmal sehr gut damit! Ich aß während dieser Woche ziemlich wenig, hatte ein hohes Energielevel und war voll inte-

griert beim Unterstützen der Familien, welche die Naturerfahrung auf der Insel durchlebten. Gerade im Wildnisjahr war ich so heiß auf das Fett, welches die Kaloriengrundlage bot. Doch nun aß ich relativ wenig Fett und Fleisch und war sehr über mich selbst erstaunt. Alles wieder, ohne dass ich es mir vorgenommen hatte – es passierte sozusagen mit beziehungsweise in mir!
Dann flog ich zurück, drei Tage Pause, und das erste Kindercamp begann. Dreißig Kinder, ich war Campleiter und hatte vier Helfer. Während dieser Woche spürte ich an einem Tag, wie plötzlich meine Kraft schwand. Es fühlte sich so an, als ob ich in Unterzucker käme, und ich wusste, wenn ich jetzt nicht etwas mehr esse, dann würde es mir nicht mehr gut gehen! Und so ähnlich gingen die Wochen dann auch weiter – teilweise hatte ich bloß einen Tag Pause zwischen zwei Camps und wusste, dass ich mit diesem Campmarathon an meine Grenzen ging. Doch hatte ich dies im Vorfeld ganz bewusst geplant, denn ich wusste, warum ich diese Dinge tun wollte, und es war mir wichtig.

Also griff ich während der acht Wochen Camp fast ausschließlich zu Snacks und Komfortessen – Fett und Zucker, welche „schnelle Energie“ lieferten, das sagte mein Verstand, um sich zu rechtfertigen. Aus einer anderen Perspektive waren dies die Dinge, welche mir auch emotional am meisten Komfort boten. Wie mit einer Art Droge pushte ich mich damit, besonders dann, wenn ich keine Zeit hatte, eine Mittagsruhe einzulegen. Das Funktionieren forderte mir viel Energie ab und ich war mir nicht sicher, wie ich während dieser Zeit sonst hätte emotional genährt sein können? Natürlich kamen dadurch Bedenken in mir bezüglich der Umstellung auf Lichtnahrung auf. Ich hielt mir zwar immer wieder vor Augen, dass es nun erst einmal um den Prozess an sich ging und nicht darum, ob ich danach als Pranier weiterleben wollte, doch schlichen sich schon mal Gedanken ein wie „Kann ich als Pranier überhaupt mein Energielevel während der körperlich-emotionalen Beanspruchung halten? Oder werde ich dann gleich wieder zu essen beginnen, sobald ich ins Tun gehe?“ Ohne dass ich es wollte, kam kurzzeitig eine Art Vor-Enttäuschung über mich, doch diese schüttelte ich erfolgreich wieder ab und konzentrierte mich einfach nur auf die Camps. Irgendwann schloss ich auch Frieden damit, dass ich wieder mehr aß, und genoss es einfach. Plötzlich hörte ich in mir „Wer weiß, vielleicht sind das die letzten Wochen, in denen du all diese Dinge in solchen Mengen zu dir nimmst, also genieße sie wenigstens!“ Und ich

erinnerte mich auch an die Worte des Mannes, welcher den 8-Tage-Prozess im Herbst leiten würde:
„Der 8-Tage-Prozess ist ein in sich abgeschlossener Prozess und erfordert keine besonderen Vorbereitungen. Natürlich kann es gut sein, dass deine innere Führung bereits im Vorfeld beginnt, dir bestimmte Impulse zu geben."

Dann half eine Freundin von mir beim Leiten zweier Kindercamps mit. Das Besondere bei ihr war, dass sie, ohne jemals einen Lichtnahrungsprozess gemacht zu haben, das Bewusstsein hatte, auch ohne feste Nahrung genährt zu sein. Das, was sie über die Wochen aß, war ziemlich überschaubar, und Fastenzustände konnte ich bei ihr nie beobachten. Zudem sah sie fraulich und füllig genug aus, so dass es keine Kommentare oder Bemerkungen von außen gab. Ich fragte mich immer wieder, wie sie das nur machte, und fühlte mich in ihrer Gegenwart, ähnlich wie mit meinem Wildnislehrer oder Jasmuheen, beflügelt, andere Energiequellen in Anspruch zu nehmen als bloß die Essensaufnahme über den Mund.
Manchmal, wenn all die Kinder und anderen Betreuer zu Mittag aßen, legten wir beide uns einfach irgendwo auf die Wiese und tankten *freie Energie*. Das ging eine Weile gut, doch kam ich immer mal wieder an den Punkt, wo ich mir eingestehen musste „Jetzt brauche ich feste Nahrung, sonst geht es mir nicht mehr gut!" Ich fühlte mich mit dem pranischen Genährt-Sein noch auf sehr wackeligen Beinen und erforschte meine Limitierungen, was mich auch im wahrsten Sinne des Wortes an die Grenzen brachte. An manchen Tagen fühlte ich mich weder mit fester Nahrung komfortabel noch ohne feste Nahrung. Es war ein intensiver Prozess und ich war immer wieder mit meinem Emotionalkörper konfrontiert. Meinem physischen Körper tat es soweit sehr gut, weniger zu essen. Magen und Verdauung waren angenehm entlastet und hatten genug Zeit, sich zu regenerieren.

Doch dann war auch das letzte Camp vorüber, und ich gönnte mir endlich mehr Ruhe! Alles war gut gelaufen, und das, was ich mir vorgenommen hatte, das hatte ich über den Sommer hinweg verwirklicht. Nun waren es nur noch elf Tage bis zum Prozess. Doch was war das? Plötzlich kam eine Email vom Organisator des 8-Tage-Prozesses, in der stand, dass der Prozess aufgrund von zu wenigen Teilnehmern, mit denen die Kosten nicht hätten gedeckt werden können, abgesagt werden musste. Auf Anhieb nahm ich es locker, denn mehr als einmal in meinem Leben hatte ich erfahren, wie eine Türe zuging und sich dafür wieder drei andere öffneten! Auf die Absage hin kam eine Gruppendynamik der Prozessteilnehmer zustande, welche neue Kräfte mobilisierte. In der daraus entstandenen Emaildiskussion äußerte eine Frau, dass sie dies so nicht stehenlassen wollte, und fragte, wieviel jeder Teilnehmer mehr zahlen müsste, damit der Prozessleiter doch aus Südamerika nach Deutschland geflogen komme. Vorerst blieb es dabei: kein Prozess. Doch dann meldeten wir uns alle zu Wort und waren bereit, fast ein Drittel mehr zu bezahlen. Die Kraft der Gruppe brachte neue Energie ins Rollen, es meldete sich zusätzlich noch jemand kurzfristig an, und dann kam die Email, welche wir schon alle nicht mehr erwartet hatten: Der 8-Tage-Prozess würde doch stattfinden! „Hey hey, super!" jubelte ich, vor meinem Computer sitzend, und hörte leise die Essenssucht in mir etwas enttäuscht abziehen. Ich war glücklich damit, buchte mein Busticket und wie von selbst aß ich wieder weniger in den letzten Tagen vor dem Prozess. Im großen und ganzen aß ich nur noch morgens und mittags und ließ das Abendmahl ausfallen. Zudem war ich relaxed und wollte einfach offen sein für den Prozess. Ab und zu fragte ich mich schon „Ob die Umstellung auf Lichtnahrung bei mir wohl klappt?" Auf der einen Seite war es schwer vorstellbar, da mein Verstand diesbezüglich nichts Konkretes greifen konnte, auch, wenn ich nun schon ein paar logische Erklärungen, was bei diesem Prozess technisch passiert, gehört hatte. Auf der anderen Seite hatte ich die leise Ahnung, dass ich diesmal so weit war…

TEIL II – Der Umstellungsprozess

Der zweite Teil dieses Buches besteht größtenteils aus meinem Original-Tagebuch, welches ich während des 8-Tage-Prozesses als Worddokument führte. Täglich setzte ich mich ein paar Stunden an den Computer, um meine Erfahrungen und inneren Empfindungen direkt und authentisch festzuhalten. Doch zuvor noch ein paar Worte über den sogenannten 8-Tage-Prozess.

ECKDATEN

Der 8-Tage-Prozess wurde von einem Mann aus Südamerika geleitet. Er selbst hatte vor mehreren Jahren den 21-Tage-Prozess durchlaufen und lebt seither von Prana. Bei dem Prozess hätte er damals nach seinen Aussagen beinahe körperliche Schäden erlitten. Daraufhin entstand in ihm die Frage, ob es nicht auch auf sanftere Weise möglich wäre, die Umstellung auf die Versorgung durch Prana zu verwirklichen. Die tiefe Suche und Sehnsucht nach einer Antwort ließ ihn verschiedene Träume zu diesem Thema haben. Botschaften und Bilder, welche unter anderem die Wichtigkeit des Atems verdeutlichten. Durch das Teilen dieser Träume mit seiner Partnerin, welche zeitgleich mit ihm die Umstellung auf Lichtnahrung erlebte, konnte diese einen roten Faden in den Botschaften erkennen, und gemeinsam fanden sie heraus, dass er durch seine Träume channelte. Sie fügten alle Puzzleteile zusammen und erkannten einen neuen Prozess, in dem bewusste Atemübungen integriert waren, sowie Affirmationen und Botschaften, welche die Prozessteilnehmer während ihrer Umstellung auf gewisse Weise an ihren ursprünglichen, selbstversorgenden Zustand zurückerinnern sollten. Somit entstand eine neue Form des Lichtnahrungsprozesses, um Menschen, die eine tiefe Sehnsucht danach verspüren, eine neue Bewusstseinsebene zu erreichen, zu begleiten.

Gemeinsam testete das Pranierpaar den neuen Prozess mit Freunden aus, und somit begann der 8-Tage-Prozess sich stückchenweise zu entwickeln. Bis heute initiierten sie auf diese Weise mehrere hundert Menschen bei ihrer Umstellung auf die pranische Versorgung und reisten dafür um die ganze Welt. Dabei war nach ihren Aussagen noch keine einzige Person zu Schaden gekommen, und der Wunsch nach einem sanfteren Lichtnahrungsprozess wurde real.

ABLAUF DES 8-TAGE-PROZESSES

Jeder Tag beinhaltete eine morgendliche und eine abendliche Atemsession, welche etwa ein bis zwei Stunden dauerte. Feste Nahrung und Flüssigkeiten während der acht Tage gab es wie folgt:

1. Tag – Beliebig viele Früchte und Säfte
2. Tag – Beliebig viel Saft
3. Tag – Erster Trockentag ohne Flüssigkeiten
4. Tag – Zweiter Trockentag ohne Flüssigkeiten
5. Tag – Dritter Trockentag ohne Flüssigkeiten
6. Tag – Einführung von Flüssigkeiten, 20 Prozent Saft mit 80 Prozent Wasser
7. Tag – 50 Prozent Saft mit 50 Prozent Wasser
8. Tag – Beliebig viel Saft

Während des gesamten Prozesses stand der Prozessleiter jederzeit für Fragen zur Verfügung und erzählte inspirierende Geschichten über frühere 8-Tage-Prozesse oder auch persönlich durchlebte Prozesse.

Alle Teilnehmer waren jederzeit frei, den Prozess abzubrechen, und wurden zu nichts gezwungen. Auch die oben beschriebene Empfehlung, wann man wieviel oder wann man nichts trinken sollte, war bloß eine Richtlinie, welche sich über die Jahre bewährt hatte. Der Prozessleiter wies darauf hin, dass es wichtig sei, während des gesamten Umstellungsprozesses stets auf die innere Führung zu achten.

Nach dem 8-Tage-Prozess konnte jeder frei für sich entscheiden, ob er weiterhin essen wollte oder nicht – oder vielleicht weniger als zuvor zu sich zu nehmen. Doch dies war ein neuer Prozess für sich und durfte von jedem einzelnen selbst weiter erforscht werden.

ANREISE

Zwei Tage vor dem Prozess fuhr ich zu einem für mich besonderen Wald. Ein kleines Naturschutzgebiet am Rande der Stadt. Einst wohnte ich hier in der Nähe, und Erinnerungen an vergangene Tage überkamen mich, als ich die frische Luft zwischen all den Bäumen und Pflanzen atmete. Doch nicht nur für einen angenehmen Spaziergang kam ich hierher, sondern auch, um jemanden zu besuchen. Einen Baum! Und damit verbunden einen bestimmten Platz in jenem Wald, auf dem die Eiche mittleren Alters stand. Einst, als ich diesen Platz entdeckte, hing noch ein Schild an einem Baum, welches erzählte, dass dies ein alter keltischer Platz sei. Nach wie vor ergriff mich die Magie dieses Ortes sofort und ich trat durch ein Tor, welches aus zwei großen Fichtenbäumen bestand. Als ich bei der Eiche stand und die Energie des Platzes spürte, fühlte ich mich wie zu Hause und tankte für den bevorstehenden Prozess Energie. Voller Vorfreude und guter Kraft machte ich mich im Zwielicht auf den Weg. Es stand noch eine Reise an, bevor der Prozess beginnen sollte.

Ich fuhr mit dem Nachtbus von München nach Köln, und da gerade an diesem Tag in München das Oktoberfest begann, fuhren mit mir im Bus ein paar Betrunkene, welche jedoch bald einschliefen. „Wie unterschiedlich doch unsere Realitäten sind“, dachte ich. Wir saßen im gleichen Bus, doch suchten wir gerade ganz verschiedene Dinge zu erfahren. Ich empfand bei diesem Gedanken noch nicht einmal eine Wertung, sondern stellte schlichtweg den Unterschied fest.
Frühmorgens in Köln am Hauptbahnhof angekommen traf ich auch hier auf die Übriggebliebenen der Wochenendnacht. Es war noch ein paar Stunden bis dahin, dass mein Regionalbus mich weiterführen würde, also suchte ich mir ein verstecktes Örtchen, um noch etwas liegend zu ruhen. Da es leicht regnete, bot ein feststehender Aluminiumtisch vor der Staatsoper geeigneten Schutz. Nach einer Stunde mit wirren Träumen, welche von Ängsten handelten, dass mich hier jemand finden könnte, packte ich meine Sachen zusammen und schaute mir den Kölner Dom von innen an. Ich kam genau rechtzeitig zur Sonntagsmesse und der Kirchenmann in roter Kutte blickte mich verwundert an und fragte, ob ich tatsächlich zur Messe wollte, als ich mit meinem Gepäck an ihm vorbeiging. Ich schmunzelte in mich hinein und setzte mich in die hinteren Reihen. Der die Messe haltende Pfarrer hinter dem

Altar erzählte eine Geschichte von Jesus, der Arbeiter für ihr ganztägiges Tun entlohnte. Doch gab er auch jenen, welche nur zur letzten Stunde zur Arbeit kamen, den gleichen Lohn. Dies sollte ein Sinnbild dafür sein, dass Gott keinen Unterschied darin macht, wie lange beziehungsweise wann sich jemand ihm zuwendet. Daraufhin musste ich an die Vorreiter des Lichtnahrungsprozesses denken und was sie schon erlebt, erforscht und erarbeitet hatten. Und nun kam ich einfach daher und durfte das Gleiche in bloß acht Tagen erfahren? Wer weiß – dies sollte sich noch herausstellen.

Ich nahm bald den Regionalbus und wurde an der Haltestelle, bei der ich ausstieg, von einem Franzosen mit einem Uraltauto abgeholt. Ein 2CV, welcher mich an das Modell „Ente" erinnerte. Wir unterhielten uns, und als wir am Platz für den 8-Tage-Prozess ankamen, zeigte er mir die Räumlichkeiten und die Umgebung. Er nahm bereits zum zweiten Mal am Prozess teil und war zugleich für die Organisation zuständig.
Nun hieß es für mich ankommen. Bei all meinem Umherreisen der vergangenen Jahre hatte ich immer wieder festgestellt, wie schwer es doch manchmal sein kann, *anzukommen*, oder? Die ersten Stunden oder sogar den ersten Tag herrscht noch eine Art Ankommenseuphorie, doch danach fühle ich mich meist wie ein entwurzeltes Bäumchen und brauche meine Zeit, um wieder bequem zu werden. Ich gönnte mir also erst einmal ein warmes Bad und rasierte mich, danach ein Spaziergang mit anschließendem, langem Mittagschlaf in meinem Zimmer. Ein gemütliches Räumchen sollte ich während der kommenden acht Tage für mich haben. Am Abend lernte ich die anderen Teilnehmer kennen. Ich war der Jüngste in unserer elfköpfigen Runde. Die Anderen waren zwischen 33 und 72 Jahre alt. Natürlich stand das Lichtnahrungsthema ganz oben, und wir unterhielten uns und tauschten Erfahrungen dazu aus. Irgendwann äußerte ich, dass es sich für mich so anfühlte, als ob wir uns alle bereits gut kennen würden, jedoch mein Verstand immer noch am Fremdeln war. Es war ein paradoxes Gefühl. An diesem Tag aß ich bereits nur noch drei Früchte und ein paar Nüsse. Abends begnügte ich mich mit Tee und Saft. So taten es auch die meisten anderen, manche aßen noch etwas mehr, andere wiederum gar nicht mehr. Nach diesem angenehmen Abend meditierte ich noch ein wenig in meinem Zimmer und ging dann schlafen.

TAG 1 – ATEMLOS GLÜCKLICH

Der Leiter des 8-Tage-Prozesses kam extra aus Ecuador angereist. Mein erster Eindruck war, dass er Freude, Kraft und Inspiration ausstrahlte. An diesem Morgen spürte ich wieder dieses gemischte Gefühl, welches ich schon so oft empfunden hatte, wenn ich weder aß noch mich beschäftigte: ein schnell wechselndes Gefühl zwischen großer Freude und großer Trauer. Immer wieder hatte ich das in meinem Leben erlebt und dabei wieder bemerkt, wie schwer es meinem Wesen fällt, einfach nur da zu sein, bloß zu existieren ohne Zukunftsplan, nur Jetzt!
Am ersten Tag des Prozesses konnten wir noch nach Belieben Früchte essen oder Fruchtsäfte trinken. Doch nach einer halben Banane am Morgen verkündete mein Magen ein großes Völlegefühl und ich beließ es vorerst beim Trinken. Zur Mittagszeit begann der Prozess offiziell. Wir setzten uns in einem mit Bodenheizung gewärmten Raum auf Yogamatten und lauschten den einführenden Worten des Prozessleiters. Zum einen stellte er klar, dass er nicht da war, um uns zu sagen, was wir zu tun hätten. Natürlich hat der Prozess, so wie er einst von ihm gechannelt und entwickelt wurde, seinen bestimmten Ablauf, doch sollten wir stets auf unsere innere Führung hören und darauf, was in jedem Moment gerade gut für uns war. Auch verdeutlichte er, dass es bei diesem Prozess nicht darum ging, das Essen zu beenden. Das wäre nämlich nichts anderes als Verzicht. Doch soll das Leben Fülle sein und während dieses Prozesses das eigene Wesen wieder an die ganze Fülle des Universums angebunden werden. Was wiederum bei so manchem schon zur Folge hatte, dass Nahrungsaufnahme nicht mehr zwingend passieren musste, sondern die Freiheit der Wahl eines Geschmackserlebnisses gelebt werden konnte. Und genau das war es, wonach ich mich sehnte! Die Freiheit der Wahl.

In der Eröffnungsrunde hielten wir uns alle im Kreis die Hände und der Prozessleiter sprach ein Gebet, in dem er nur das Beste und Positivste für diesen Prozess einlud. Etwas später hatten wir im Stillen die Gelegenheit, unsere Absicht, warum wir diesen Prozess machten, in unserem Inneren zu formulieren. Ich wünschte mir, mein zwanghaftes Essverhalten zu einem freudig freien Wahlverhalten zu transformieren. Zudem wünschte ich mir, auch weiterhin gut in der materiellen Welt verankert zu sein. Dass die Kluft zwischen spirituellem Weg und weltlichem Tun und Dasein immer kleiner werde und zu einer Einheit verschmelze. Dies war mir besonders wichtig, denn ich fühlte klar und deutlich, dass ich kein Höhlen-Yogi-Leben wollte, sondern voll am weltlichen Leben teilzunehmen gedachte, ohne mich in seinem Rausch zu verlieren. Mit Freude und gefühlvoller Anteilnahme darin wirken zu können und zur gleichen Zeit meine Vision zu leben, nämlich mein wahres Selbst zu verwirklichen und zu tun, was getan werden möchte. Noch am Vortag hatte ich mit dem Franzosen, welcher mich vom Bus abholte, ein Gespräch über Erleuchtung gehabt, und ich hatte ihm erzählt, dass ich das Streben danach fallengelassen hatte. Ich spürte, dass es nun an der Zeit war, die Pole zu einen und meine Spiritualität in den weltlichen Aktivitäten zu stärken und zu leben.

Dazu fällt mir eine kleine Geschichte ein:
Einst saß ein Mann in einer abgeschiedenen Höhle und meditierte jeden Tag auf der Suche nach Gott. Doch eines Winters hatten auch die Mäuse in jener Höhle Zuflucht genommen. Sie rannten und wuselten herum, so wie Mäuse es nun mal tun. Der meditierende Mann wurde unruhig durch seine neuen Mitbewohner, bis er irgendwann innerlich sogar sehr genervt war von all dem Treiben. Als dann eine Maus auch noch begann, auf ihm herumzulaufen, platzte ihm der Kragen und er schrie die Maus an: „Verschwinde endlich, kannst du nicht sehen, dass ich mit Gott eins werden möchte!?" Daraufhin erwiderte die Maus „Wie willst du denn je mit Gott eins werden, wenn du nicht einmal mit mir einig wirst?"

Nachdem sich also jeder noch einmal seine Absicht für diesen Prozess vor Augen gehalten hatte, legten wir uns auf die Yogamatten, schlossen die Augen, und der Prozessleiter nahm uns mit auf eine innere Reise. Bei dieser Atemübung reisten wir zuerst zu unseren Gedanken, leerten sie von all den Informationen, welche wir nicht mehr brauchten, und füllten sie anschließend bei sieben Atemzügen mit positiven Gedanken über uns selbst. Danach entfernten wir alte Informationen aus unserem Körper, welche uns nicht mehr dienlich waren, und füllten ihn während sieben weiteren Atemzügen mit den Dingen, welche wir für ihn wollten. Nun befreiten wir auch unsere Emotionen von alter Befangenheit und luden während erneuten sieben Atemzügen freudvolle, liebevolle und friedvolle Emotionen in uns ein. Und zuletzt verbanden wir unsere Seele mit dem universellen Ursprung, verweilten dort eine Zeitlang und kehrten dann wieder in unsere Körper zurück. Durch diese Rückverbindung zu unserem wahren Selbst sollten wir uns an unseren Seelenweg erinnern. Alles in allem ging es bei dieser ersten Atemübung darum,

den Verstand, Körper, Emotionen und die Seele in Einklang zu bringen, so dass nicht alle in verschiedene Richtungen zerstreut wären und sie wieder als Einheit unserem Besten dienen würden.
Diese Atemübung erlebte ich in einem Zustand zwischen Schlaf und Wachsein. Immer wieder glitt ich in die Welt der Träume ab und schwebte am Rande des wachen Bewusstseins. Friede machte sich in meinem Körper breit, und nachdem mein Magen, so wie bei fast allen anderen, noch ein paar Mal brummelte, fand auch dieser Zufriedenheit. Ich erwachte mit einem Gefühl der Freude aus dieser Übung. Vor dem Trinken oder Essen einer Frucht sollten wir von nun an ein Stoßgebet sprechen. Dies, so stellte ich erneut fest, brachte ein Gefühl von nährender Wertschätzung. Kurz darauf tat ich das auch das erste Mal, als ich die zweite Hälfte meiner Morgenbanane aß.

Der Nachmittagsspaziergang war erst einmal kein leichter für mich. Schnell wechselten die Gefühle zwischen hoher Freude und tiefer Trauer. So ganz konnte ich diese Trauer immer noch nicht ergründen; ich spürte lediglich, dass es an der Oberfläche etwas mit dem Essen oder Nicht-Essen zu tun hatte. Zu gerne hätte ich diese Emotionen wieder mit Tun oder Essen überdeckt. Erneut hielt ich mir vor Augen, wie wichtig es war, gerade in diesem Moment meiner inneren Stimme zu vertrauen. Denn jene war ganz klar: „Alles ist gut!" Nachdem ich also eine Weile in diesem schönen Buchenwald umhergestreift war, ganz ohne Ziel oder Absicht, legte ich mich irgendwann auf das Laub und genoss, wie die Sonne auf meinen Körper strahlte. Nach etwa einer halben Stunde hörte ich Schritte, und als ich aufblickte, sah ich mehrere Leute aus unserer Prozessgruppe. Das kam mir gerade recht, nach so viel Tiefgang war es wieder mal an der Zeit für freudige Oberflächlichkeit, und ich schloss mich ihnen gleich an und begann ein Gespräch. Wir gingen zurück zum Haus und machten uns herrliche Fruchtsäfte mit dem Entsafter. Wusstest du eigentlich, wie wunderbar ein frischer Apfel-Traube-Ingwer-Saft schmeckt? Unsere Geschmacksknospen feierten ein Fest und ich genoss die Geselligkeit.

Später ging ich in mein Zimmer, meditierte ein wenig, und dann war es auch schon fast 18 Uhr, Zeit für die zweite Session mit dem Prozessleiter. Wir lagen alle wieder auf unseren Yogamatten und der Prozessleiter sprach einführende Worte über die folgende Atemübung. Es ging primär darum, unseren Atem besser kennenzulernen und durch ihn dem

Jetzt, diesem Moment, näherzukommen. Er erwähnte auch, dass diese Übung recht intensiv werden und bei dem einen oder anderen der Körper bestimmte Reaktionen zeigen könnte. Ich dachte mir nicht viel dabei, war einfach nur offen für das, was jetzt zu mir kommen wollte und gab mich der angenehm führenden Stimme des Prozessleiters hin. Zuerst atmeten wir eine Weile durch die Nase ein und wieder aus. Später dann durch die Nase ein und durch den Mund wieder aus und danach bloß durch den Mund ein und aus. Der Prozessleiter erklärte, dass wir durch die Luft Informationen aufnehmen. Und durch die verschiedenen Arten zu atmen gelangen die Informationen zu verschiedenen Stellen in unserem Körper und bewirken bestimmte Dinge in unserem Gehirn. Näher darauf einzugehen wäre wohl eine Art wissenschaftliche Analyse, und das kann ich hier nicht bieten. Dafür folgende Erfahrung:
Durch den Mund atmeten wir ein und aus, erkannten, wieviel Luft man dadurch seinem Körper geben konnte und wie gut sich dies anfühlte. Wir konzentrierten uns besonders auf die Zeit zwischen Ein- und Ausatmen, diesen kurzen Stillstand vor dem Wechsel. Dann begannen wir, schnell tief einzuatmen und länger auszuatmen, jedoch nicht vollkommen auszuatmen, vielleicht bloß zwei Drittel der Luft, um dann kurz darauf wieder mit einem schnellen und intensiven Atemzug Luft einzusaugen. Dies wiederholten wir mehrere Male und wurden immer schneller und schneller und schneller. Was dann geschah, konnte ich mit dem Verstand nicht mehr nachvollziehen. Meine Hände und Arme begannen zu prickeln und wurden warm. Auch mein Oberkörper wurde sehr warm und die Arme begannen irgendwann heftig zu vibrieren; es fühlte sich ein bisschen so an, als ob ich eine *Ganzkörper-SMS* bekommen hätte, und auch wenn mein Verstand nicht mehr mitkam, fühlte ich mich sicher.
Ich genoss sogar, was da mit mir passierte. Mein Becken war total angespannt und mein Rücken zu einem Hohlkreuz gebogen, ich gab mich völlig hin. Plötzlich beendeten wir das Atmen und sollten in dem Raum zwischen den Atemzügen verweilen. Was das heißt? Weder ein- noch auszuatmen! Der Prozessleiter sprach davon, dass dies der Raum sei, in dem wir vom Universum geatmet werden. Es war jedoch nicht wie das normale Luftanhalten – dabei atmete ich weder ein noch aus und war einfach nur da. In meiner Imagination schwebte ich irgendwo im schwarzen, jedoch warmen Kosmos und fühlte auf einmal viele Dinge. Unter anderem auch wieder diese bedingungslose Freude, gleich gefolgt von dieser mysteriösen Trauer. Und da erkannte ich deren Ursprung! Es

war, als ob sie wie Geschwister an einem einzigen Faden hingen. Ich sah mich selbst in dieser kosmischen Schwärze, im göttlichen Universum. Ich sah die Wahrheit über mein Sein und was mir diese unendliche Freude und Trauer bereitete. Tränen der Freude und der Trauer liefen mir über die Wangen.
Immer noch weilte ich im Raum der Atemlosigkeit, es musste zwischen einer halben und einer Minute gewesen sein. Irgendwann meldeten meine Bedenken „Man muss doch atmen, sonst…“, ja, sonst was? Wie gesagt, hielt ich nicht wirklich die Luft an, sondern ließ ohne Bemühen geschehen, was da passierte. Noch nahm ich keine neue Luft zu mir und erkannte plötzlich, wie auch die Luft der Nahrungsaufnahme ähnelt! Ich bekam eine Ahnung, dass wir vielleicht nicht einmal Luft zum Atmen brauchen, wenn unser Sein völlig im Kosmos verankert ist. Kennst du dieses Gefühl von Erkenntnis, wenn dir etwas total Absurdes wie das Normalste der Welt erscheint? So ging es mir, und ich begann kurz darauf wieder, den ersten Atemzug zu nehmen. Doch nicht nach Luft schnappend oder etwa keuchend, nein! Ich nahm einen vollen Atemzug, ließ ihn wieder aus mir herausgleiten und verweilte erneut für geschätzt zwanzig Sekunden in diesem Raum, in dem ich vom Universum geatmet wurde. So ging das noch mehrere Minuten, in denen ich bloß immer einen Atemzug nahm, ihn herausließ und wieder verweilte. Die Sekunden zwischen den Atemzügen wurden langsam weniger und irgendwann erlebte ich wieder meine natürliche Atmung. Sofern ich nach dieser Erfahrung überhaupt noch sagen konnte, was *natürlich* war?

Langsam öffnete ich meine Augen, und der Verstand hatte wieder eine Chance, mit von der Partie zu sein. „Wow, was war das!?“ fragte ich mich rhetorisch. Freude und Leichtigkeit gingen durch meinen ganzen Körper, doch eher ruhig und friedvoll als laut und euphorisch. Nachdem wieder alle aus diesem Zustand herausgekommen waren, teilten wir unsere Erfahrungen im Kreis. Manche hatten ähnliche Erfahrungen gemacht, aber jeder sah seine eigenen Bilder und hatte unterschiedliche Körperreaktionen. Der Prozessleiter erklärte noch, dass das Verweilen im atemlosen Zustand stresslösend auf den Körper wirke und es daher zu verschiedensten Kribbel-, Prickel- oder Vibrationserscheinungen kommen konnte. Der Körper mache dabei lediglich, was ihm gerade hilft, unterschwellige Spannungen zu lösen. Nach dem Austausch im Kreis herrschte eine sehr beschwingte Stimmung, wir machten Witze und lachten. Später am Abend bereiteten wir noch einmal köstlichste

Säfte und feierten gemeinsam. Manche aus der Gruppe saßen noch eine Weile vor dem Ofenfeuer und wir tauschten uns über Verschiedenstes aus. Doch was in mir passierte, war unbeschreiblich, ich spürte, dass irgendetwas vor sich ging, und konnte beim besten Willen nicht erklären, was es war. Alles, was mir klar war, war diese friedvolle Freude, in welche mein Sein eintauchte und sich darin wie ein freudiges Schweinchen suhlte. Danke für diese wundervolle Erfahrung!

TAG 2 – TIEFES ERKENNEN

Vormittag: Ich schlief gut aus und erwachte mit Freude. Mein Magen hatte interessanterweise aufgehört zu grummeln. Ich spürte Veränderung in mir und hatte nicht mehr so sehr das Gefühl, in einem Fastenzustand zu sein. Morgens um neun Uhr begann die nächste Atemsession und wir lagen wieder alle auf unseren Matten. Nun ging es darum, zwei besonders negative Erfahrungen aus der Vergangenheit abzurufen und sich diese noch einmal vor Augen zu halten. Denn gerade traumatische Erlebnisse aus vergangener Zeit können große Blockaden im Körper aufgebaut haben, welche uns vom natürlichen Zustand der bedingungslosen Freude des Seins abhalten. Wir begannen also wieder alle gemeinsam zu atmen und gingen in unsere Erinnerungsbibliothek. Der Prozessleiter erwähnte, dass nicht jeder zwingend solche Erfahrungen hat und dass das vollkommen in Ordnung, ja sogar gut sei. Entweder man rief zwei bestimmte Ereignisse ab oder man würde im Unterbewusstsein diese Situationen von selbst aufkommen lassen. Mir kam nichts. Zumindest nichts, das in mir stärkere Emotionen hervorgerufen hätte. Da waren verschiedene kleinere Situationen, in denen ich Wut oder Ungeduld gespürt hatte, also rief ich jene Erfahrungen auf, durchlebte sie noch einmal als objektiver Betrachter und atmete sie dann aus. Dann atmeten wir neue, positive Erfahrungen ein und tauschten sozusagen die alten Informationen aus. Für die zweite negative Erfahrung sandte mir mein Unterbewusstsein dieses sehr unangenehme Gefühl, das ich schon oft in meinem Leben gehabt hatte, wenn ich nicht genügend zu essen bekam. Besonders im Wildnisjahr erlebte ich dieses Gefühl häufig, und es war mit Wut und Trauer verbunden.

Zu diesem Gefühl kommt mir immer der Satz „Ihr kümmert euch nicht um mich!“ in den Sinn. Schon oft schmerzte mich dieser zwanghafte Zustand, in dem ich einfach alles verschlingen wollte! Genau dieses Gefühl und der damit verbundene Satz waren Teil der Trauer, welche ich am Vortag gefühlt hatte. Irgendwie war sie ein Teil von mir und zugleich empfand ich sie nicht als Teil meines wahren Selbst. Ich atmete diese Erinnerungen aus und füllte meinen Körper mit Atemzügen der Fülle, der ganzen Fülle des Universums, und einem Zustand der erfüllten Freude. Diese Session war wieder sehr schön, und mit Freude öffnete ich meine Augen. Danach trafen sich fast alle unserer Gruppe bei der Saftbar. Heute kein Essen mehr, lediglich entsaftetes Obst. Ich genoss Melonen- und Apfelsaft, beide frisch gepresst. Später ging ich bei angenehm kühler Luft und Sonnenschein in einem Buchenlaubwald in der Nähe unseres Aufenthaltsortes spazieren. Mir ging es sehr gut, und auf dem Rückweg konnte ich nicht anders als vor lauter Energie zu hüpfen und ein wenig zu rennen. Ich fühlte mich gar nicht wie beim Fasten und freute mich dieses herrlichen Zustandes. Zudem war ich auch sehr klar im Kopf und hatte konstruktive Gedanken. „Ob ich das wohl den ganzen Prozess hindurch beibehalten kann?“ fragte ich mich, sprach ein Dankesgebet und fragte mich dann „Ob ich das wohl auch länger, über den Prozess hinaus, beibehalten kann?“ Das Symbol für diesen Tag war mir das Eichhörnchen, das mir von diesem Morgen an immer wieder begegnete und mit seiner spritzigen Lebendigkeit meinen Zustand widerspiegelte.

Nachmittag: Kurz nachdem ich die oberen Zeilen geschrieben hatte, legte ich mich auf mein Bett und begann nachzudenken. Und nach einiger Zeit kam Hunger. Doch war es wirklich Hunger, also körperlich? Nein, es war mein alter Bekannter, die *Leere des Seins*. Er ließ mich auf alle möglichen Dinge Lust haben – und vor allem wollte ich *viel* davon! Je mehr ich dieses Gefühl ablehnte und zur gleichen Zeit auch nichts zu essen zuführte, desto größer wurde es. Irgendwann nahm diese Kraft solche Ausmaße an und wurde so zwanghaft, dass sie mir wie ein großer Dämon schien, und ich begann, alles anzuzweifeln, was ich gerade tat. In diesem Fall: den 8-Tage-Prozess.
Gedanken wie „Ich schmeiß alles hin und lebe einfach ganz *normal*, das muss ich mir doch nicht antun“, kamen mir in den Sinn. In diesen Momenten vergesse ich meine innere Stimme und die eigentliche Sehnsucht meines Innersten vollkommen. Nun ja, essen wollte ich nicht, das war klar, doch ging ich los und machte mir Fruchtsäfte. Nicht für den Genuss, sondern für den Komfort! Also: um dieses unerträgliche Gefühl zu deckeln. Dabei traf ich unseren Prozessleiter und er fragte mich, wie es mir ginge. Ich erzählte ihm von der Freude des Vormittags und von den herausfordernden Gefühlen des Nachmittags. Auch wenn ich mich nicht mehr genau an seine Worte erinnern kann, weiß ich noch, dass sie mir Inspiration gaben, und als er mich zuletzt noch fragte, ob ich mit den aufkommenden Dingen klarkäme, gab ich ihm zur Antwort, dass ich mich diesen Gefühlen stellen würde und soweit alles in Ordnung war.

Und das tat ich dann auch; ich setzte mich vor der Abendsession auf meine Yogamatte, schloss meine Augen und sprach ein Gebet, das mich ruhiger werden ließ. Dann rief ich diese mich quälende Kraft an, streifte sie symbolisch mit den Händen von meinem Körper und stellte sie mir gegenüber. Ich wusste nicht genau, was ich mit ihr machen sollte, also gab ich ihr zwei Möglichkeiten. Entweder sie sollte von mir gehen, oder aber sie bliebe bei mir und ich würde ihr all meine Liebe senden. Und das tat ich dann auch – ich sandte ihr von der Mitte meiner Brust Liebe. Vielleicht war sie einfach auch ein Teil von mir, und so wiederholte ich „Ok, du kannst gerne da sein, aber sei dir gewiss, wenn du hier bleibst, werde ich dich lieben!" Es dauerte keine Minute, und mein ganzes Sein tauchte in einen Zustand der Liebe ein. Aller Hunger war sofort wie weggeblasen. Ich fand wieder Komfort… und zwar in mir! Ich kannte diesen Zustand; schon so manches Mal weilte ich hier. Ein Zustand, in dem ich mir selbst ganz nahe war; ich spürte meinen Körper ganz wohlig und war so richtig in ihm zu Hause. „Ein Raum der Liebe, nur im Jetzt existierend", und bei diesem Gedanken dämmerte es mir!
Natürlich war mir dieser Gedankengang nicht neu – liest man das doch schließlich in jedem besseren spirituellen Buch oder hört es bei Vorträgen und Workshops, doch in jenem Moment verstand ich nicht nur mit dem Verstand. Mein ganzes Wesen erfasste plötzlich, und ich sah den Sinn unseres menschlichen Daseins klarer denn je zuvor: In diesem Moment zu leben, hier und jetzt, im Raum der Liebe, im *Zustand Gott.* Ich sah auf einmal, wie alles Leiden, Konsumieren und Zudecken – Essen, Sex, Drogen, Spiele und andere Verhaltensweisen, welche zwanghaft betrieben werden können – nur die Folge vom *nicht im Jetzt sein* beziehungsweise *nicht im göttlichen Zustand sein* waren. Genauso zeichnete sich vor mir ab, dass all die Praktiken und Verhaltenswerkzeuge – Ernährungsweisen/Diäten, Tantra, Meditation, Yoga, Atemübungen, auf dem Kopf stehen und was weiß ich nicht alles – zu nichts anderem dienen sollen, als ins Jetzt zu finden. Sich nicht im Rausch der Welt zu verlieren und in unserem natürlichen, göttlichen Zustand zu sein!

Nun verstand ich auch, wer ein Heiliger ist: jemand, der immerzu im göttlichen Zustand lebt. Ich verstand plötzlich, warum es heißt, dass Gott überall und in allem sei. Natürlich, denn ich kann stets in diesen Moment eintauchen, überall und bei allem was ich tue! Und dann sehe ich die Dinge mit ganz anderen Augen. All die positiven und negativen

Aspekte der Welt beginnen golden zu glitzern, und ich kann das Problem nicht mehr sehen. Nur die Einheit, die Lösung, das wahre Sein in Gott! Nun, an diesem kritisch erkennenden Punkt in meinem Leben konnte ich auch sehen, dass es total unwichtig ist, ob man isst oder nicht. Dieser ganze Prozess hat nur entfernt mit Nicht-Essen zu tun! Denn ein Mensch, welcher nach Kompensation sucht, wird ohne physische Nahrung nicht auskommen. Doch wer so glücklich mit sich selbst ist, dass nichts mehr fehlt, derjenige kann wahrlich die geschmacklichen Wunder dieser Welt genießen!
Mit dieser Erkenntnis atmete ich während der abendlichen Atemübung tief und sanft und tauchte erneut nach den drei verschiedenen Atemmethoden in den Zustand der Atemlosigkeit ein. Da lag ich wieder und ließ über eine Minute das Universum meinen Körper atmen, einfach wundervoll! Später am Abend tranken wir noch einmal kräftig unsere frisch gepressten Säfte und feierten gemeinsam diesen Tag vor dem gemütlich brennenden Kaminofen. Wir alle wussten, dass ab morgen drei Tage ohne Wasser folgen würden, doch blickten wir mit gespannter Zuversicht dieser Zeit entgegen. Ich erwähnte in der Runde, dass ich die Leute, welche zu diesem Prozess zusammengekommen waren, als sehr angenehm empfand. Ein schöner Abend mit ihnen, mit mir, im Jetzt. Noch ein letzter Schluck Wasser und ab ins Bett, wohlig meinen Körper streichelnd.

TAG 3 – ENTSCHEIDUNG

Vormittag: Mitten in der Nacht bin ich einmal halbwegs aufgewacht und habe mit meinen Fingern meinen Bauch und die Brust abgetastet. Dünn und rippig kam ich mir vor. Ich hatte das Gefühl, noch mehr Gewicht verloren zu haben, und Angst kam über mich – gleich darauf begann auch mein Magen zu grummeln. Ich schlief wieder ein und träumte, dass ich mit freiem Oberkörper in einer Wohnung war. Ich erwartete jemanden aus meiner Verwandtschaft zu Besuch, und da öffnete sie auch schon die Haustüre mit dem Schlüssel. Schnell lief ich zu meinem Bett und wollte mir das T-Shirt überziehen, welches darauf lag. Ich hatte nämlich Angst, sie würde meinen schmalen Körper erblicken und daraufhin all ihre Sorgen und Ängste vor mir ausbreiten. Doch dazu kam es nicht, ich erwachte, und der neue Tag begann mit diesem Gefühl von Angst und Zweifel. Ich dachte über den Traum nach und besann mich darauf, dass ich während dieses Prozesses *vertrauen* wollte. Denn diese Ängste entsprangen nicht wirklicher Gefahr, sie waren vielmehr eine weitere Ausrede, mich nicht mir selbst zu stellen und meinen höchsten Sehnsüchten zu folgen. Mir gelang es, wieder ins Jetzt zu kommen, und Vertrauen machte sich in mir breit.
Und als ich so vor mich hin döste, schlief ich wieder ein und träumte erneut. Diesmal, dass ich zwei Metallringe an meinen beiden Mittelfingern trug. Jene trug ich während meiner Jugendjahre tatsächlich! Im Traum waren beide ein Symbol von etwas Altem, und ich wunderte mich, wie lange ich dieses Metall noch tragen wollte? Also nahm ich einen Ring von meinem Finger, betrachtete ihn und dachte, es wäre wohl bald an der Zeit, ihn abzulegen, doch dieser Zeitpunkt war nicht jetzt, und ich versuchte, ihn wieder auf meinen Finger zu schieben. Es ging jedoch nicht mehr, und als ich den Ring genauer betrachtete, sah ich, dass er bereits verbogen war. Zu schmal war die Öffnung geworden, um ihn noch zu tragen. Ich erwachte, und mit einem guten Gefühl in der Brust erkannte ich sofort die Botschaft dieser Bilder.

Ich war noch ziemlich müde und wollte fast nicht zur 9-Uhr-Morgensession aufstehen. Trotzdem ging ich, und wohlig begannen wir gemeinsam zu atmen. Wieder leerten wir Verstand, Körper und Emotionen von alten, unbrauchbaren Informationen und füllten sie mit positiven Informationen. Erneut reisten wir mit unserer Seele in den Kosmos, in die unendliche Seele und wieder zurück in unseren Körper.

Bereits vor Ende der Session drehte ich mich zur Seite, winkelte meine Knie an und nahm die Körperhaltung eines Neugeborenen ein. Und so fühlte ich mich auch. Ganz viel Wärme und Schutz wollte ich, einfach nur da sein, und ich schlummerte bald schon ein. Auch als ich erwachte, trieb es mich bloß in mein Zimmer, und ich schlief erneut. Erst zur Mittagszeit entkroch ich meinem Bett und gesellte mich nach draußen, wo einige aus meiner Gruppe standen und sich mit dem Prozessleiter inspirierend austauschten. Nach der Gruppenrunde ging ich mit einer älteren Frau aus der Runde spazieren. Wir liefen durch Wälder und an einem See vorbei, tauschten uns aus und stellten fest, welch ähnliche Erfahrungen und Wesenszüge wir doch hatten. Ich erkannte plötzlich auch, wie wundervoll es doch war, mit anderen Menschen sein zu dürfen, im Kontakt mit ihnen zu sein und meine volle Präsenz mit ihnen zu teilen. Denn ist es nicht leichter, durch andere Menschen beziehungsweise im Kontakt mit ihnen im Jetzt zu sein?
Nun klingelte es erneut in mir! Dies war also der Grund, warum ich nach längerem Alleinsein diese melancholische Schwere fühlte. Alleine war es noch viel schwieriger, im Jetzt zu sein, und ich flüchtete dabei noch eher in meine Gedankenwelt, drehte und wendete mich und verlor die einfache Leichtigkeit des Seins. Doch möchte ich hier auch erwähnen, wie wertvoll es ist, allein zu sein, nachzusinnen und zu reflektieren. Nun erkannte ich den Ursprung des „Alleine-Gefühls", was letzten Endes, wenn ich immer im Moment, dem göttlichen Zustand verweile, nichts weiter als eine Illusion ist. Ich kann gar nicht alleine sein, wenn ich ganz da bin! Und so stellte ich fest, dass ich mich also im Alleinsein genauso wie auch in einer Gruppe von Menschen verlieren kann. Oder aber ich kann beides als Werkzeug nutzen, um wieder bei mir anzukommen und das wohlige Gefühl der alles umfassenden Liebe zu spüren – wundervoll!

Nachmittag: Schon oft hatte ich bemerkt, wie das Tun am Laptop mich irgendwie einsaugte und aus dem Moment herausbrachte. Danach war ich oft etwas fern von der Welt und musste erst einmal wieder landen. Meist tat ich dabei auch nervöse Dinge mit meinen Fingern, und ich fragte mich, was da wohl in mir passiert? Auch an diesem Nachmittag des dritten Tages wollte ich meine Erfahrungen niederschreiben, und nahm mir ganz bewusst vor, dabei präsent zu bleiben. Immer dann, wenn ich die fast schon automatische Reaktion meiner Finger wahrnahm, blickte ich vom Bildschirm weg und atmete mehrere Male tief ein

und aus, besann mich wieder, präsent zu werden und schrieb erst dann weiter. An jenem Tag funktionierte das gut, und voller Freude verließ ich danach mein Zimmer. Da die Organisatoren des 8-Tage-Prozesses, also der Prozessleiter und der Franzose, kein Deutsch sprachen und der Ladenverkäufer kaum Englisch verstand, baten sie mich, mit ihnen zum Bioladen zu fahren, um dort Früchte für die Zeit nach unseren Trockentagen vorzubestellen. Es berührte mich nicht sehr, all die feinen Nahrungsmittel zu sehen, die der Bioladen so zu bieten hatte. Zu fröhlich und erfüllt war ich innerlich und genoss allein deren Anblick.
Nach diesem kleinen Ausflug begann sofort die Abendatemübung. Ich legte mich hin und schloss meine Augen. Nur waren meine Gedanken, wie ich enttäuscht feststellte, zahlreich und unruhig. Wo war nur das präsente und angenehme Gefühl des Nachmittags hin verschwunden? Wieder atmeten wir die drei verschiedenen Atemmöglichkeiten, und während der Session wurde ich immer unruhiger, ja sogar rastlos. Ein Gefühl von Rastlosigkeit, welches mich dringend etwas tun lassen wollte, konzentrieren konnte ich mich nicht. Da ich trotzdem liegen blieb, griff dieses mir altbekannte Gefühl zu Plan B: Hunger! Erneut überkamen mich Hungergefühle, welche gewiss nichts mit körperlichem Hunger zu tun hatten. Wieder kamen Gedanken, die von mir Besitz ergriffen: „Ich brauch das hier doch alles gar nicht, warum denn nicht essen, ich geh einfach und esse, was ich will. Und vor allem, so viel ich will", dabei sah ich Bilder von Unmengen an Nahrung, welche ich wild in mich hineinstopfen würde.
Weitere Gedanken wurden noch durch dieses mir in der Brust brennende Gefühl ausgelöst: „Ich brauche keine Atemübung oder irgendwelche spirituellen Sachen, ich kann doch einfach *glücklich leben* und dabei tun und essen, was ich möchte." Zur gleichen Zeit sah ich jedoch auch, wie mein Leben in ein paar Wochen oder Monaten aussähe, wenn ich wieder den Pfad des unkontrollierten Essens einschlagen würde. Ich sah anfängliche Genugtuung, wie so oft, wenn man sich von irgendetwas frei macht – egal, ob es einem auf lange Sicht gut tun würde oder nicht. Doch was käme dann? Wieder der alte Trott, mit alten Beschwerden – Magenziehen, Darmunannehmlichkeiten, Karies, und ein schnell sinkendes Energielevel mit daraus folgender Genervtheit, wenn ich nicht ruhen konnte, da mein Umfeld etwas von mir haben wollte. Ist dir schon einmal aufgefallen, wie viel Energie das Verdauen abzieht? Wie müde man doch nach einem üppigen Mittagessen sein kann, nicht wahr? Ich möchte diese Dinge ja nicht einmal verteufeln, denn auch das

ist eine Art von Genuss. Doch wünschte ich mir etwas anderes, eine neue Lebenserfahrung, denn hier und da hatte ich in der Vergangenheit bereits einen Eindruck bekommen, wie schön es sein konnte, nicht mehr Sklave von einem unnötigerweise zugelassenen niedrigen Energielevel zu werden.

Es begann die Atemübung, bei der wir mit dem Mund ein- und ausatmeten, dabei nicht ganz aus, und zügig wieder einatmeten. Wieder wurden wir dabei immer schneller, und erneut begannen meine Unterarme zu kribbeln. Nur wurde das Kribbeln diesmal immer heftiger und breitete sich auf meine Hände, sowie Unterkiefer, bis in die Schneidezähne hin aus! Ich konnte es kaum fassen; nicht, dass es unangenehm gewesen wäre, doch kam mit dem Kribbeln ein ungeheuer großer Energiestau in meine Unterarme und Hände, so dass ich sie vor Taubheit kaum mehr spüren konnte! Und dann hörten wir auch schon wieder auf zu atmen, tauchten in den Raum der kosmischen Zeitlosigkeit, und Stille kehrte ein. Unendliche Stille. Immer noch konnte ich meine Arme und Hände kaum spüren, doch fühlte ich mich nicht beunruhigt, etwas in mir wusste, dass ich dem Prozess vertrauen konnte. Und wie von selbst bewegten sich meine Finger und öffneten sich die Hände etwas mehr. Dann erhoben sich meine Arme langsam, bis sie auf den Ellbogen ruhten und die Finger nach oben zeigten.
Wie ich da so auf dem Rücken lag, mit aufgerichteten Unterarmen, konnte ich mir beim besten Willen nicht erklären, was da gerade in und mit mir geschah. Ich gab mich einfach hin und erlebte auch wieder, bloß einen Atemzug alle 20 Sekunden zu nehmen. Wie schön es doch war, in diesem Raum zu verweilen, und nach einer von mir nicht bewusst wahrgenommenen Zeitspanne legte sich die Betäubung meiner Arme, und meine Hände sanken im Zeitlupentempo zu Boden. Als die Session zu Ende war, richteten wir uns alle langsam wieder auf und bereiteten uns auf den abendlichen Austausch vor. Mir war etwas schlecht und ich spürte eine direkte Verbindung dieses Symptoms zu meinem rastlosen Gefühl in der Brust, welches nach wie vor die Stellung hielt. Ich war der zweite in der Runde, um meinen Tag zu teilen und erzählte alles so, wie ich es in den Zeilen oben aufgeschrieben habe, bis hin zu dem Moment, in dem ich dieses unangenehme Gefühl in mir trug.
Der Prozessleiter ermutigte mich, es wie gestern zu machen, als ich schon einmal durch solch eine Emotion ging. Es ging darum, Frieden mit diesem Teil in mir zu schließen, und er machte eine versöhnende

Geste, indem er sich selbst symbolisch seine beiden Hände gab. Mir war klar, was zu tun war, nur musste ich noch durch! Während die anderen noch ihren Tag teilten, wirkte sich mein innerer Zustand bereits weiter auf meinen Körper aus, und ich legte mich wieder hin. Auch meine Füße glühten jetzt, und ich zog mir die Socken aus. Ich wünschte mir, ich hätte einfach weinen können, um all den Schmerz herauszulassen, doch kam mir keine einzige Träne. Es arbeitete heftig in mir und ich sehnte mich nach irgendetwas, ich wusste nicht einmal was, es musste doch etwas geben, das mir nun beistehen konnte? Und da kam es: Langsam prasselten Regentropfen gegen die Scheiben des Yogaraumes, und ich wusste, was nun das Richtige für mich sein würde!
Doch bevor ich weitererzähle, möchte ich noch auf folgende im Raum stehende Frage eingehen: Warum glaube ich nicht, dass mir einfach deswegen schlecht und unwohl wurde, da ich seit drei Tagen nichts gegessen und seit einem Tag nicht getrunken hatte? Ich kann diesen Gedankengang gut nachvollziehen. Doch möchte ich hier zu einer anderen Sicht der Dinge einladen. Denn wahrscheinlich wäre es mir tatsächlich gleich besser gegangen, hätte ich zumindest getrunken oder auch etwas gegessen. Und welche Art von „besser" wäre das gewesen? Etwa die Art von besser, die ein Drogenabhängiger empfindet, nachdem er sich gerade seinen Stoff gegeben hat? Und hat nicht auch dieser sogar körperliche Symptome, wenn er nicht sein Zeug bekommt? Wenn emotionale Themen aufkommen und nicht genügend Beachtung bekommen, dann machen sie sich früher oder später eben über den Körper bemerkbar! Darin sehe ich auch den Grund, warum die meisten Menschen unserer westlichen Welt wehklagen, wenn sie kurzfristig nichts zu essen haben – es sind die inneren Dinge, welche auf einmal anklopfen. Erst dann, wenn mal etwas Komfort wegfällt, kommen wir wieder in Kontakt mit dem, was vielleicht schon seit Jahren in uns brodelt. Ähnlich einem Vulkan oder einem schlummernden Riesen, welcher geweckt wurde.

Der Gruppenaustausch kam zu einem Ende, und als ich aufstand, stand der Prozessleiter vor mir. Sein Blick verriet mir, dass er wusste, durch was ich ging, und er gab mir eine lange Umarmung mit einem anschließenden, Hoffnung spendenden Lächeln. Zielgerichtet ging ich in mein Zimmer, zog mich nackt aus und trat zur Türe in die Nacht hinaus. Meine blanken Füße durchstreiften das Nass der langen Wiesengräser und ich stellte mich in den strömenden Regen. Leichter Wind brachte

zuerst etwas Kälte in meine Glieder, doch als ich mit geschlossenen Augen begann, von Herzen ein Lied zu singen, kam auch mein Körper in einen anderen, komfortableren Zustand. Ich sang eine ganze Weile, meine Gedanken waren fast weg, und als ich ruhig geworden war, sprach ich zum Universum beziehungsweise dem wahren Selbst in mir: „Bitte hilf mir in diesem Prozess. Oft schon quälten mich diese Emotionen, und nach Frieden sehne ich mich. Bitte lasst Liebe und Freude in mir einkehren, so dass ich wieder Frieden finde." Wie eine Art Frage spürte ich in mir folgende Worte „Willst du diesen Frieden haben, mit all dem, was an Handlung und Konsequenz damit verbunden ist?"
Ich erstarrte kurzzeitig, denn ich wusste intuitiv, was dies für mein weiteres Leben bedeuten sollte, und da stand ich nun wieder einmal an einer Kreuzung mit zwei Pfaden: Keiner besser oder schlechter als der andere, doch galt es, sich nun zu entscheiden zwischen einem alten, bereits komfortabel gewordenen Weg, den ich mehrere Male gegangen war und durchlebt hatte. Und einem neuen Weg. Ein mir noch unbekannter, welcher neues Handeln und Wachsen-Wollen von mir forderte, Bereitschaft, meine bisherige Komfortzone zu verlassen und Freude, in einer neuen Art, Verantwortung für mein Leben zu übernehmen. Regen floss über meinen nackten Körper, und ich blickte versunken auf den alten Weg, ein kurzer Schmerz durchzuckte meine Brust, als ich mich von ihm abwandte und den Schritt in eine neue Richtung tat.

Als das Gebet beendet war, gab ich noch ein Dankeslied von mir und machte mich langsamen Schrittes auf in Richtung Haus. Warm baden wollte ich nun, und ich ließ bei Kerzenschein das Wasser in die Wanne laufen. Wasserdampf stieg in die Badezimmerluft, und schnell wurde mein Körper wieder warm. Da lag ich nun, eingehüllt ins warme Nass, und noch immer spürte ich vieles in meiner Brust. Eine Art Verwirrung kam über mich, Lähmung, als ob mein Inneres beginnen würde, sich neu zu orientieren. Ich schaffte es nicht, präsent zu sein, verschiedenste Gedanken wüteten in meinem Verstand, und keine Technik, um wieder ins Jetzt zu finden, wollte mir helfen. Etwas verzweifelt und hilflos kam ich mir vor, und so rührte ich mich keinen Zentimeter. Lag einfach da und ließ es über mich ergehen. Gab auf zu wollen, gab auf nicht-zu-wollen. Gab mich hin…
Nach einer gefühlten Unendlichkeit rührte ich mich wieder – und da war er! Wie aus dem Nichts: Friede!!! Meine Brust fühlte sich wieder angenehm an, und ich hatte alles andere als Hunger! Erschöpft, aber glück-

lich, stieg ich aus der Wanne, legte mich zu Bett und hörte aus dem Zustand des Genießenden – und nicht des Konsumierenden – meine Lieblingsmusik. Wohlig und tief sollte der Schlaf in jener Nacht werden.

TAG 4 – ERFOLGREICHE UMSTELLUNG

Vormittag: Der zweite Tag ohne Wasser sollte in Stille verbracht werden. Also würde keiner der Gruppenteilnehmer mit den anderen sprechen, mit Ausnahme der abendlichen Austauschrunde. Mein Körper war etwas schwächer und leicht benommen. Ich fühlte mich wie nach einer Operation, steckte die Zahnbürste in meinen trockenen Mund und wusch den komischen Geschmack weg. Meine weiße Zunge wies auf Entgiftung hin, und beim Ausspülen meines Mundes achtete ich sorgsam darauf, kein Wasser zu schlucken. Allein die Kühle und Textur des Wassers in meinem Mund rief die Sehnsucht nach einem Schluck hervor und gab dennoch etwas Genugtuung.
Ich nahm großen Frieden in mir wahr, Ausgeglichenheit und Freude. Dies konnte ich auch gut gebrauchen, nach den inneren Auseinandersetzungen des gestrigen Abends! Langsam, aber freudig ging ich zur Morgensession, und wir reinigten wieder Verstand, Körper und Emotionen von Altem, Unbrauchbarem und tauchten unsere individuelle in die kosmische Seele. Ließen unsere Seele wieder in unseren Körper zurückkehren und atmeten unsere Körper mit reichlich Prana voll. Ich stellte mir meine Körperzellen vor und sah plötzlich, wie jede einzelne in goldenes Licht getaucht war. Zwischen meinen Zellen erkannte ich durchsichtige Kristalle, und mein strahlender Körper glich einem Wunderwerk! Diese Zeilen wirken sogar auf mich berauschend, wenn ich sie jetzt selbst lese, doch in dem Moment, in dem ich diese Dinge erlebte und sah, war es das Normalste der Welt.
Voller Fröhlichkeit stand ich von der Yogamatte auf, mir war leicht schwindelig und ich wollte raus in die Natur. Nach ein paar hundert Metern wurde ich etwas schwach und setzte mich auf eine Holzbank. Dort genoss ich die in der Nacht nassgewordene Landschaft. Betrachtete die Bäume, unter denen ich saß, und ein Eichhörnchen, das dabei war, Nüsse von einem Haselstrauch zu pflücken. „Heile Welt“, empfand ich. „Wie innen, so außen“, dachte ich und musste lauthals lachen. Ungebremste Freude teilte ich mit mir selbst.

Der Rückweg ging bergauf, und wie ein alter Mann pausierte ich und stützte mich an einen Baum. Da fiel mir wieder ein, was wir gestern Abend nach dem Redekreis noch gemacht hatten. Der Prozessleiter zeigte uns etwas, das er *heilende Frequenz* nannte. Dabei hielt man eine Hand nach oben und bewegte sie nur ganz leicht, wie eine Art Antenne, und hielt die Position, sobald man auf energetischer Ebene irgendetwas in der Hand wahrnahm. Dies tat ich dann auch, und als sich ein kleines Prickeln in meiner rechten Hand einnistete, stoppte ich sie. Dann hielt ich die linke Hand nach oben und machte dasselbe. Nun bewegten wir unsere rechte Hand in langsamen Kreisen oder anderen Bewegungen und beobachteten dabei die Empfindungen in der Linken. Tatsächlich konnte ich die Reflektionen meiner rechten Handbewegungen in der linken Hand ganz subtil wahrnehmen.

Der Prozessleiter erklärte, dass dies eine sehr einfache Methode sei, um seine Hände als Antennen zur göttlichen Quelle auszustrecken. Dadurch erfuhren schon viele Menschen Heilung von körperlichen Beschwerden. Er erzählte von kleineren Wundern, von Menschen, die nicht mehr laufen konnten oder fast erblindet waren und deren Körper dadurch wieder funktionsfähig wurde. Und auch in unserer Gruppe waren ein paar Leute vom vergangenen Tage etwas gebeutelt und berichteten sofort, wie ihre Kopfschmerzen oder Rückenbeschwerden besser wurden – innerhalb von ein paar Minuten! Ich muss zugeben, dass *meine* emotionale Lage am gestrigen Abend dadurch nicht besser wurde.

Dann richteten wir unsere Hände nach außen zu unseren Sitznachbarn. Es fühlte sich so an, als ob von beiden Seiten Energiestrahlen in meinen Körper eingeschossen wären. Wir staunten alle, denn fast jeder spürte, welch hohe Energie durch den Kreis floss. Kurzzeitig meldete sich mein skeptischer Verstand, der die Lage anders betrachten wollte. Ich erinnerte mich an Videos, in denen ich sah, wie spirituelle Scharlatane den Leuten irgendetwas erzählten, was sich toll anhörte, jedoch nicht stimmte, und bei dem die Teilnehmer trotzdem etwas fühlten. Doch wer weiß, ob nicht auch das funktioniert? Der Prozessleiter erklärte noch, dass man bei dieser Heilungsmethode sich auf nichts weiter zu konzentrieren brauche als einfach nur Kanal zu sein für die göttliche Intelligenz, welche genau wisse, wo im Körper sie gebraucht werde. Naja, mit diesem Thema wollten wir uns ein anderes Mal erneut beschäftigen. Ich ging wieder in mein Zimmer und dachte: „Genau so hatte ich mir immer meinen Lichtnahrungsprozess vorgestellt: Ein kuscheliger Raum mit Bett, einer brennenden Kerze, Ruhe, die Möglichkeit, im Grünen spazieren zu gehen und gemeinsam mit anderen Menschen zu sein – welch Geschenk! Zudem fühlte ich definitiv eine Veränderung in mir! Als ob sich von gestern auf heute mein Körpersystem an eine neue Quelle angeschlossen hätte. Ganz subtil konnte ich es in mir wahrnehmen und

war gespannt, ob sich dieses Gefühl auch weiterhin bestätigen sollte?
Nachmittag: Ich ging noch einmal spazieren, diesmal wollte ich eine größere Runde laufen, doch gerade als ich eine Straße bergauf lief, sah ich in der Entfernung einen Hund stehen. Mitten auf der Straße und freilaufend. Ein etwas größeres Exemplar. Also setzte ich mich auf die Bank vor dem Haus, bei dem ich gerade stand, und stellte fest, dass mein Körper ohnehin noch zu schwach war für die größere Runde. Dank des Hundes ruhte ich also statt mich zu verausgaben. Insgesamt kam ich etwa hundert Meter weiter als bei meinem ersten Ausflug an jenem Tage und konnte nun gut nachvollziehen, wie sich manche ältere Leute wohl in ihrem Körper fühlen mussten. Doch war ich glücklich und immer noch mit großem Frieden erfüllt.
Auf dem Rückweg machte ich kurz halt, da der steile Aufstieg zu unserem Haus mich leicht außer Puste brachte. Ich streckte die Hände wie Antennen aus und wollte meine Batterie aufladen, so wie wir es gestern Abend gelernt hatten. Dabei schloss ich die Augen und sah plötzlich meinen Körper. Sah ihn wieder in goldener Farbe mit Kristallen zwischen den Zellen. Und der rauschende kleine Bach neben mir ließ mich auf eine innere Reise gehen. Ich sah nun, wie golden glitzerndes Wasser durch meinen Körper floss und begann, meine Zellen auszufüllen. Das war wunderschön und erfrischend! Ich hatte wieder etwas Kraft für den Rest des Aufstiegs und bemerkte, wie meine Lippen bereits trocken waren und sich kleinere Hautteilchen davon lösten.

Später las ich eine Weile in meinem Zimmer und ging noch vor 18 Uhr auf meine Yogamatte. Bald startete die Abendsession, und ich begann bewusst ein- und auszuatmen. Wieder machten wir die drei verschiedenen Atemtechniken und was ich die Tage zuvor zu erzählen vergaß, war, dass wir beim Einatmen durch die Nase und dem Ausatmen durch den Mund das Symbol der Unendlichkeit, die liegende 8, in uns einfügten.
Bei dieser Session war es mir am eindrücklichsten, die 8 wurde nämlich in einer weiteren Geistreise in jede meiner goldenen Zellen, welche nun auch mit goldenem Wasser gefüllt waren, eingeritzt und darin verewigt. Dann begannen wir wieder das zügige Einatmen, Ausatmen und wieder Einatmen, noch bevor alle Luft aus unserem Körper war. Das war bereits in den vergangenen Tagen intensiv gewesen, doch was ich diesmal erlebte, toppte alles! Meine Unterarme und Hände wurden erst leicht prickelnd, dann taub. Dann nahm das Prickeln stark zu und meine

Arme und Hände begannen zu vibrieren. Zudem wurden sie nahezu gelähmt und fühlten sich an, als ob man so viel Energie hineingepumpt hätte, dass wenig mehr sie zum Platzen gebracht hätte. Auch spürte ich einen Teil des Prickelns und Vibrierens in meinem Unterkiefer und den Schneidezähnen. Es war unglaublich intensiv und ich lag wieder eine Weile im atemlosen Zustand. Mit regungslosen, stark vibrierenden Händen.
Ich war an der Grenze zum Schmerz, doch tat es gerade so nicht weh. Ich wusste, dass noch eine zweite Runde anstand, und fragte mich, ob das gutgehen würde? Ich spürte jedoch in mir das Vertrauen, dass alles in Ordnung war und ich nicht zu verstehen brauchte, was da gerade mit mir geschah. Also wünschte ich mir, dass diese Intensität auf meinen ganzen Körper verteilt würde! Dann begannen wir auch schon wieder zu atmen, wurden immer schneller und tatsächlich verteilte sich ein Teil der Energie nun auch in meinen Bauch und meine Beine. Auch, wenn es in den Armen immer noch am stärksten war, war es besser verteilt, und somit war mein ganzer Körper vibrierend und versteifte sich kurzzeitig. Es war nicht unangenehm, doch wie gesagt, ziemlich intensiv! Danach wieder diese wohlige Stille, doch genoss ich sie nicht so ganz, denn meine Gedanken hatten allerlei Fragen zu diesem interessanten Vibrationszustand.

Nach der Atemübung tauschten wir uns wieder im Kreis aus, und mit Freuden erzählte ich von meinem Tag, dem Prozess des Vorabends und dem Frieden in meiner Brust. Nicht nur ich, sondern auch die anderen der Gruppe hatten ein gewisses Strahlen in ihrem Gesicht, wenn auch körperliche Erschöpfung bei dem einen oder der anderen da war. Als ich dem Prozessleiter von den Energien der Atemübung erzählte, meinte er, dass schon einige berichtet hatten, dass sie intensive Energien dabei empfanden. Dann fiel mir noch etwas Tolles auf. Wie gewohnt, massierte ich, während ich den anderen zuhörte, meine Füße und Waden. Im vergangenen Jahr hatte ich nämlich bemerkt, dass sich meine Waden etwas verhärtet hatten. Dies wurde mir bewusst, als mich einst jemand massierte und ich bereits bei leichtem Druck auf meine Waden gehörige Schmerzen empfand. Ich bat damals darum, sanfter zu drücken, und die massierende Person versicherte mir, dass er ohnehin mit leichter Stärke massiere. Er demonstrierte mir den Druck an meinem Oberarm und ich staunte und stellte die Wadenverhärtung fest. Nun, eben an diesem Abend, während wir uns austauschten, bemerkte ich, dass ich wieder richtig Druck auf meine Waden ausüben konnte und alle Verhärtung davon war. Ich war begeistert!

Am späteren Abend sahen wir uns noch den Lichtnahrungsfilm *Am Anfang war das Licht* an. Ich weiß noch, wie ich ihn bereits vor drei Jahren angesehen hatte und damals schon spürte, dass ich eines Tages den Prozess machen würde. Nun, beim zweiten Mal Ansehen war ich bereits mitten im Prozess, welch neue Realität! Nach dem Film bemerkte ich auch, dass ich mich wieder einigermaßen fit fühlte. So, als ob ich gerade etwas gegessen hätte. Nichts schien mir zu fehlen, und ich staunte, wo plötzlich die Energie herkam, schließlich hatte ich seit fast 50 Stunden nicht mehr getrunken! Sogar meine Lippen waren wieder leicht fettig und angenehm, und ich vermutete, dass mein Körper sich nun tatsächlich umgestellt hatte. Voller Freude saß ich um Mitternacht in meinem Bett und konnte vor Freude gar nicht einschlafen. Mir war eher nach Feiern zumute! Ich hatte keinen Hunger und auch nicht mehr das Gefühl, weiter abzunehmen. Mein Körper fühlte sich wirklich stabil an, und irgendwann schlief ich dann auch ein. Danke für dieses schöne Gefühl!

TAG 5 – FEIERN!

Vormittag: Dritter Trockentag. Als ich am Morgen wohlig erwachte, begab ich mich ins Badezimmer und putzte meine Zähne. Dann tat ich etwas, was ich wohl lieber nicht hätte tun sollen – aber vielleicht war es für meinen inneren Prozess ja auch genau das Richtige. Ich hob mein T-Shirt an und erblickte meinen mageren Bauch. Erst konnte ich noch darüber lächeln und es ging mir gut. Doch eine Weile später, kurz vor der Morgensession, überkamen mich wieder Ängste! „Ich muss was essen", dachte ich. Und kaum hatte ich solche Gedanken zu Ende gedacht, überkam mich eine leichte Übelkeit und Schwäche... interessanter Zusammenhang, oder?
Das morgendliche Atmen war angenehm, und diesmal, so erklärte uns der Prozessleiter, würden wir eine Art *ätherische Operation* durchlaufen. Dabei könnten wir auch getrost schlafen oder leicht vor uns hin dösen. Das sei sogar besser, da dann der Verstand nicht zu viel quasselte. Also legte ich mich mit meinen unangenehmen Emotionen auf die Seite und bekam irgendwann nur noch unterbewusst etwas von dieser inneren Reise mit. Ich erinnere mich noch, dass bei dieser geführten Reise unser Lichtkörper in das Universum reiste und einem Lichtwesen begegnete. Mehr fällt mir nicht mehr ein. Als ich erwachte, blieb ich noch eine Weile liegen.

Später ging ich spazieren und konfrontierte mich erneut mit meinen Ängsten. Ich stellte fest, dass ich nichts zu essen wollte, jedoch etwas anderes wollte ich durchaus: *fressen!* Hätte mich jemand gefragt, ob ich zum Beispiel leicht angebratene Karotten und Zucchini haben möchte, hätte ich mit leichter Rage geantwortet, dass ich etwas anderes wollte, und zwar *viel* davon! Ich kannte diesen Zustand nur zu gut. Dabei fühlte ich mich auch nicht mehr genährt und hatte das Gefühl, erneut abzunehmen. Da saß ich nun auf einer Holzbank und dachte über meine Vergangenheit nach. Schon öfters hatte ich mich solchen Emotionen gestellt, denn so einige Süchte hatte ich bereits durchlebt. Allen voran das Rauchen und eine zwanghafte Sexualität bereiteten mir damals heftige Entzugserscheinungen. Nun könnte man natürlich sagen, dass Essen etwas ganz anderes ist. Doch wollte ich, unruhig auf der Holzbank sitzend, nicht genussvoll essen, sondern irgendwelche Komfortnahrung in mich hineinschlingen und genau dem stellte ich mich.
Wie oft hatte ich nicht schon weit über die Maße gefuttert? „Hat das

jemals ein Ende?“ fragte ich mich. Ich hatte schon einige Leute getroffen, welche das auch so erfuhren – und dann hatte ich wiederum auch viele Leute getroffen, denen es überhaupt nicht so ging. Mir war die zweite Kategorie bis dahin ein Rätsel gewesen, nur zu leicht verfiel ich beim Essen dem Übergenuss! Leichte Verzweiflung machte sich in mir breit und ich wollte am liebsten alles über Bord werfen und irgendwo süßes, fettiges Essen holen. Und da war auch die andere Seite in mir, welche mir riet, doch erst einmal den Prozess abzuwarten. Danach könnte ich mich immer noch für das Essen entscheiden. Denn auch beim Wildnisjahr hatte ich oft gedacht, dass ich das nicht mehr mitmachen wollte, und doch zog ich es durch. Und siehe da, am Ende und noch bis heute profitiere ich von den Geschenken dieses intensiven Prozesses, ein Jahr im Wald gelebt zu haben. Ich sehnte mich nach Kontakt, und da kam auch schon jemand aus unserer Gruppe herbeispaziert. Ich suchte das Gespräch und wir tauschten uns darüber aus, wo wir gerade standen. Es tat gut, meinen inneren Prozess zu teilen, und ich dachte, dass ich das alles wohl nicht alleine erfolgreich hätte durchlaufen können! Es tat gut, die ganze Gruppe zu fühlen und sich gelegentlich austauschen zu können.

Nachmittag: Nach dem Spaziergang begab ich mich auf mein Zimmer und las. Bewusst ließ ich dieses quälende Gefühl nicht aus den Augen und blieb stets damit präsent, auch während des Lesens. Zeitweise dachte ich, ich würde gleich explodieren, wenn ich nicht etwas zu essen bekäme, und nach ein paar Minuten musste ich schon wieder über dieses närrische Gefühl lachen. Es war eine Achterbahn, und sie wurde im Laufe des Nachmittags etwas langsamer. Immer noch saß ich auf meinem Bett. Öffnete meinen Laptop und hörte eines meiner Lieblingslieder, ruhig, tief und melancholisch schön. Bereits nach den ersten Sekunden liefen mir die Tränen aus den Augen. Meine Emotionen quälten mich und bald fing ich an, heftig zu weinen. Schmerz und Erleichterung trafen sich in mir und so durchlebte ich die nächste halbe Stunde mit immer wieder nachdrückenden Tränen. Und dann… Entspannung! Ich blickte auf die Uhr und konnte nicht glauben, dass ich tatsächlich von morgens bis nachmittags mit diesem Gefühl der Abhängigkeit gerungen hatte. Nun ging es mir wieder besser, ich spürte, dass ich durch war, und mein trockener Mund erinnerte mich demütig, wie wertvoll es doch ist, dass wir in unserer westlichen Welt in solch einer Fülle leben dürfen. Vor allem wenn ich mir vorstellte, dass es

Menschen gibt, welche tatsächlich Wasserknappheit erlebten!

Dann hörte ich durch mein offenes Zimmerfenster Stimmen von draußen. Das kam mir gerade recht: Gesellschaft! Ab in die Schuhe und raus zu den anderen, welche sich gerade mit dem Prozessleiter unterhielten. Ich weiß zwar nicht mehr, worum es ging, doch tat es mir gut, dass ich in Kontakt war, und zudem wurde auch noch verkündet, dass wir bereits an diesem Abend die erste Flüssigkeit zu uns nehmen würden. Das hörte sich gut an, ich musste freudig grinsen und manche aus der Gruppe begannen wie wildgewordene Teenager herum zu hüpfen und zu jubeln. Wir gingen alle gemeinsam zu unserer Saftbar. Dort standen neben drei Entsaftern und einem Mixer viele Kilogramm wunderbarster Biofrüchte – Äpfel, dicke, rote Trauben, Wassermelonen, Bananen, Orangen und Ingwer.
Trotz dreier Tage herunterhängender Wangen und trockener Münder, beobachtete ich verblüfft, wie selbst die Aussicht auf etwas Angenehmes – in unserem Fall, dass wir bald wieder trinken würden – unglaublich viel Energie spendete! Dies war mir bereits in der Vergangenheit aufgefallen, als ich mit Kindern unterwegs war: wenn die gerade lustlos oder lahm waren und die Aussicht auf Schokolade sie schneller laufen ließ, als wenn ein Bär hinter ihnen her gewesen wäre. Wir Menschen sind schon eine interessante Spezies, oder nicht? Die Säfte wurden also in schöne Tonkrüge abgefüllt und gemeinsam mit zwölf Gläsern zum Yogaraum gebracht. Nun stand uns erst noch eine Atemsession bevor; ich nahm es gelassen, doch lag deutlich in der Luft, wie sehr es manche aus der Gruppe nicht mehr abwarten konnten.

Wieder erlebte ich eine intensive Vibration in meinem Körper, nachdem ich immer wieder schnell ein- und nur halb ausgeatmet hatte. Danach verweilte ich im atemlosen Zustand und spürte, wie sich die Energie besser auf meinen ganzen Körper verteilte. Auch wenn die Arme immer noch stärker prickelten, so vibrierte und prickelte nun auch mein Bauch, sowie die Leisten und ganz leicht auch die Beine. Und wie gestern auch mein Unterkiefer und die Schneidezähne. Langsam gewöhnte ich mich an diese Energie, und ich fühlte mich weniger ausgeliefert als die letzten Male. Es war nun sogar irgendwie angenehm, und ich beobachtete einfach still, was in mir vorging. Ich hatte immer noch keine Erklärung für dieses Phänomen, doch machte ich mir darüber keinen Kopf mehr und erfreute mich hauptsächlich meiner entspannten Emotionslage.

Und dann war es soweit, der Prozessleiter sprach die abschließenden Worte, wie bei jeder Session, welche folgendermaßen lauteten „… nun habt ihr alle Zeit der Welt, um wieder in euren natürlichen Zustand zu kommen…“ Kaum hatte er seine Worte beendet, ich hatte mich schon zur Seite gedreht, um noch etwas zu ruhen, begannen einzelne aus unserer Gruppe zu lachen und drückten lustig, aber klar aus, dass heute nicht alle Zeit der Welt war. Nun begannen wir alle zu lachen, auch der Prozessleiter, und er sagte, dass er so etwas noch nicht erlebt hätte. Daraufhin lachten wir nur noch lauter und ich kugelte mich am Boden vor Freude über diese Leichtigkeit.

Also gut, die Tonkrüge standen nun in der Mitte, wir hielten uns an den Händen und segneten die flüssigen Kostbarkeiten. Bald hielt jeder entweder einen Apfel-, Trauben- oder Melonensaft in der Hand. Ich hatte Apfel und roch an dem zwanzigprozentigen Saft mit 80 Prozent Wasser. Bewusst begannen wir mit kleinen Saftmengen, denn unsere Körper waren nach den drei Trockentagen sowohl ausgetrocknet als auch intensiv gereinigt; die Sinne waren geschärft und sehr empfindsam. Hatte ich eigentlich schon erwähnt, was bei den drei Trockentagen im Groben im Körper passiert? Unser Körper, so erklärte der Prozessleiter, braucht zuerst das vorhandene Wasser in sich auf. Da nichts mehr weiter zugeführt wird, geht er an jene Wasserreserven, welche in den Zellen gespeichert sind. Diese Reserven enthalten unter anderem auch alte Informationen.

Ein Beispiel: Wir nehmen nicht nur durch Trinken, sondern auch über unser Essen Wasser in uns auf. Das Wasser wird, wie gesagt, auch in unseren Körperzellen gespeichert. Wenn man also gerade eine Mahlzeit zu sich nimmt und dabei zum Beispiel Stress empfindet oder Ärger, dann nimmt man diese Energie durch die Nahrung beziehungsweise die Flüssigkeit in der Nahrung in sich auf und speichert sie in seinen Zellen. Was wir dann eigentlich essen, ist nicht das Brot oder die Nudeln, sondern Stress oder Ärger! Das funktioniert natürlich auch umgekehrt, denn durch ein ernstgemeintes Gebet kann man die Nahrung genauso gut mit Liebe und Freude aufladen. Dies zeigen die Bilder eines japanischen Spezialfotografen, welcher Wasserkristalle fotografierte, die zuvor mit bestimmten Wörtern besprochen wurden. Das Wasser reagiert dann dementsprechend und nimmt eine bestimmte Struktur an. Beispielsweise die Struktur „Liebe“, welche sich dann bei der Nahrungszufuhr in unserem Körper abspeichert und ihn heilt und gesund

erhält. Mehrere Sekunden roch ich an der süßen Köstlichkeit in meinen Händen, ich hörte bereits die „mmh"-Geräusche manch anderer, dann nahm auch ich den ersten Schluck und genoss in vollen Zügen die Süße des Lebens – wundervoll!
Danach teilten wir wieder unseren Tag, indem wir von unseren Erlebnissen erzählten, und genossen währenddessen noch so einige Saftgläser. Mein Körper war wie ein Schwamm und sog die Flüssigkeit gierig in sich auf. Und auch, wenn ich noch etwas schwach auf den Beinen war, spürte ich langsam die Kräfte zurückkehren. An diesem Abend saßen wir noch eine Weile am Kaminfeuer und unterhielten uns. Dabei beobachtete ich erneut zwei Erwachsene, beide Mitte vierzig, welche sich langsam näherkamen. Das lag energetisch in der Luft und ich drückte ihnen gegenüber auch aus, dass sie bereits wie ein altes Ehepärchen wirken würden. Und dies erinnerte mich an das Thema Partnerschaft. Irgendwie hatte ich in den letzten Jahren auch schon fast vergessen, wie sich das überhaupt anfühlt, seinen Lebensweg mit jemandem zu teilen. Doch zu diesem Zeitpunkt meines Lebens teilte ich meinen Weg mit einer Frau. Weniger euphorisch als früher, dafür realer! Warum?
Erst am Vortag hatte ich mit einer Frau aus meiner Gruppe eine Beobachtung ausgetauscht, welche ich machte, als sie von ihrer Partnerschaft erzählte. Während sie von ihren unerfüllten partnerschaftlichen Bedürfnissen erzählte, kam mir das aus meiner Vergangenheit recht bekannt vor. Vor allem das „sich nicht Ausdrücken und Wut Ansammeln". Ich erzählte dann auch von meiner derzeitigen Verbindung und zählte einige Dinge auf, welche ich sehr daran schätzte. Einer der für mich wichtigsten Punkte, welchen ich nannte, war jedoch, dass wir uns respektvoll aussprachen. Uns gegenseitig ansprachen, wenn Redebedarf bestand, dafür Räume schufen und unsere Gefühle ausdrückten. Und ja, es kostete immer wieder erneut Mut, das zu sagen, was gerade wirklich in mir schlummerte, denn zu groß war doch die Versuchung, „nicht verletzen zu wollen" und dadurch eine falsche Harmonie aufrecht zu halten. Wie, das kennst du? Doch einfach seinen Groll heraus zu posaunen ist, aus meiner Erfahrung, auch kein Mittel. Für mich ist es schön zu beobachten, wie dadurch, nach einiger Übung, eine auf ungeschminkter Ehrlichkeit basierende Verbindung entstehen kann. Sehr zu empfehlen!

Der Saft an diesem Abend machte uns richtig schön müde und wir gingen bald schlafen.

TAG 6 – NEUE KRÄFTE

Vormittag: Nach einem *saftigen Frühstück* trafen wir uns wieder im Yogaraum. Es war diesmal die Partnerin des Prozessleiters, die mit uns die Atemübung machte. Das alles passierte über eine Skype-Konferenz, da sie gerade am anderen Ende der Welt war. Ich empfand es als sehr angenehm und atmete mich frisch in den Tag. Danach saßen wir noch ein paar Stunden beisammen, da sich ein spontanes Gespräch entwickelt hatte. Wir redeten im wahrsten Sinne des Wortes über Gott und die Welt, wie magisch das Leben sein kann, wenn man sich traut zu träumen und in den Fluss des Lebens geht. Witzigerweise war es bereits Mittagszeit und es gierte uns noch nicht einmal nach den Säften! So genährt vom Beisammensein – und kosmischer Energie? – dass wir nicht im geringsten das Bedürfnis hatten, uns etwas zuzuführen – oder das Gefühl, etwas zu uns nehmen zu müssen. „Was ist da los?“ fragte ich mich, das kannte ich so nicht von mir und meinen Gewohnheiten! Ein leises Freiheitsgefühl machte sich in mir breit, und ein paar Stunden später genoss ich wieder frische Fruchtsäfte.
Eine unangenehme Nachricht des Tages war, dass eine Teilnehmerin am Morgen eine falsche Bewegung gemacht hatte und ihr Rücken dadurch steif wurde. Sie hatte große Schmerzen, und zusammen mit einem anderen Mann stützten wir sie beim Laufen. Ich hatte schon wesentlich mehr Energie und, wie gestern ausgemacht, ging ich mit der Hälfte der Gruppe zu einem nahegelegenen See zum Baden. Da ich schon öfters in freien Gewässern gebadet hatte, wusste ich um deren belebende Wirkung, doch manchen von den anderen war dies ganz neu, und gemeinsam erfreuten wir uns an der kühlenden Energie des Trinkwassersees, welche auf ihre Art nährend für uns war.

Auch die Abendsession verlief über die Skype-Konferenz, und ich war so energetisiert und voller Aufregung, dass ich mich kaum konzentrieren konnte. Doch das tat nichts zur Sache, da die Sessions anscheinend auch so ihre Wirkung zeigten. Immer wieder ging mir der Satz „Werde ich nun tatsächlich von Prana ernährt?“ durch den Kopf, und ich bemerkte, wie mein Verstand einfach noch meilenweit hinter den Geschehnissen hinterherhinkte. Erneut staunte ich, als ich zum ersten Mal tiefer als mit dem logischen Denken verstand, dass mein Körper in Wirklichkeit keine feste Nahrung benötigte, sondern lediglich… Liebe! Erfreut und selbst noch teils ungläubig teilte ich diesen Gedanken beim

Lagerfeuer, welches zum ersten Mal draußen stattfand, mit den anderen. Auch die anderen gingen mit meiner Erkenntnis in Resonanz und stellten fest, dass der Verstand zwar noch am Verarbeiten war, doch der innere Prozess definitiv stattfand.
Wir hatten alle wieder gute Energie gehabt – und das nach drei Trockentagen beziehungsweise insgesamt sechs Fastentagen? Wenn ich früher beim Fasten bloß ein paar Fruchtsäfte getrunken hatte, ging ich am Stock! Genauso interessant war auch, was ich noch bezüglich meines Körpers feststellte: Hatte ich angstvolle Emotionen oder war innerlich nicht ausreichend in Frieden, dann blickte ich in den Spiegel und sah einen mageren, ausgehungerten Körper. Waren meine Emotionen freudig, dann sah ich so viel Schönheit an mir. Jedes Härchen, jedes Fältchen, all die Knochen und Blutadern… der Mensch, welch ein Kunstwerk!
Gut war auch der Austausch am Lagerfeuer, und nach dem letzten Apfelsaft für diesen Tag ging ich er- und gefüllt in mein Zimmer. Ich erinnere mich noch, wie mich abends wieder eine kleine Welle der Essenssehnsucht überkam, doch kein Vergleich zu den letzten Tagen. Mein Magen grummelte zwar immer wieder vor sich hin, doch fühlte es sich nicht mehr nach Hunger an. Ich wusste eben noch nicht genau, was da alles in mir passierte, und war sehr gespannt auf die kommende Zeit. Und so lag ich dann auch in meinem Bett, die Gedanken kreisten um alle möglichen Dinge und ich konnte beim besten Willen nicht einschlafen. Zu viel Energie und Wachheit. Kurz nach zehn legte ich mich hin, und als ich um zwei Uhr nachts immer noch nicht schlief, entschied ich mich, in meinem Buch zu lesen, und begann danach, diese Zeilen zu schreiben. Dann war es vier Uhr. Müdigkeit? Von wegen…

TAG 7 – ALTE MUSTER

Vormittag: Auch ich fand letztlich um halb sieben Uhr morgens eineinhalb Stunden Schlaf und stand bereits um acht Uhr wieder auf. Wie am Tag zuvor versprochen gab ich einem Mann aus unserer Gruppe noch vor der Morgensession eine Massage. Nicht nur ihm ging es dadurch sehr gut, sondern auch ich fühlte mich danach energetisiert. Überhaupt war ich bis dahin weniger müde als erwartet.
Während der Morgensession bemerkte ich erneut, wie mein Verstand immer noch unzählige Gedanken anschleppte, und ich hatte nahezu keine Konzentration, um auf die Worte des Prozessleiters zu hören. Dabei fiel mir auf, dass ich sehr viele Gedanken bezüglich der Zukunft hatte. Ganz viele Zukunftsprojekte kreisten um mich und ich war wenig präsent. Nun nahm ich auch eine Art rebellische Energie in mir wahr – was hatte es denn damit auf sich? Ich wusste es zu diesem Zeitpunkt nicht genau, doch hatte ich auch ein komisches Gefühl von „Ich will gehen“. Dieses Gefühl war jedoch nicht auf den Prozess bezogen, damit war alles in Ordnung, auch hatte ich an den Leuten nichts zu bemängeln oder an sonst etwas. Es musste etwas anderes gewesen sein. Und es machte mich hungrig …
Später ging ich mit einigen Leuten einen schönen Spaziergang machen und bewunderte all die Bussarde, welche hier zahlreich durch die Lüfte flogen und täglich zu hören waren. Ein paar aus der Gruppe gingen wieder im See schwimmen und ich erfreute mich daran, dass eine kraftvollere, körperliche Energie in mich zurückgekehrt war. Zu Hause angekommen, hatten wir wieder ein paar Säfte und ließen es uns gut gehen. An diesem Tag integrierten wir Zitrusfrüchte und tranken das erste Mal wieder Orange und Ananas.

Nachmittag: Ich legte mich zu Bett und schlief… zumindest wollte ich das, mein Körper signalisierte Ruhebedarf, doch ich fand noch immer keine Ruhe. Also badete ich und konnte mich dabei etwas mehr entspannen. Noch immer spürte ich dieses komische Gefühl, welches mich schon die ganze Nacht über wach gehalten hatte und meine Gedanken in die Zukunft schoss. Doch nach dem Baden war meine Grenze erreicht und ich schlief zwei Stunden. Als ich aufstand, spürte ich diese Unverbundenheit, wie ich sie seit jeher kannte, wenn ich einen Mittagsschlaf machte. Ein starkes Gefühl von „Ich brauche jetzt etwas“ überkam mich und ich bekam wieder Hunger. Also machte ich mir

ein paar Säfte. Leider trank ich mehr als ich wollte, und war eher am Konsumieren als am Genießen. Das fühlte sich sowohl körperlich als auch emotional nicht gut an. „Wieder bin ich in diese Fallgrube getappt!“ dachte ich und ging mit vielen Gedanken über meine momentane Empfindung zum Yogaraum.
Es war noch keiner da, ich legte mich hin und konfrontierte mich erneut mit dem, was in mir da war. Ganz im Vordergrund spürte ich ein aufreibendes Gefühl, das wohl nicht viel anderes bedeutete als dass ich am liebsten einen Supermarkt leergefuttert hätte. Dazu all die Zukunftsgedanken und das leicht rebellische „nicht mehr hier sein wollen“. Was war los? Und dann erinnerte ich mich ans Wildnisjahr. Da hatte ich dieses Gefühl oft gehabt! Und nun durchschaute ich das Muster: Ich ging mit meinem Körper und meinen Emotionen an die Grenze – was nicht schwer war, ich musste ja bloß das Essen weglassen, und schon begann etwas in mir, sich zu wehren. Die Tage der Entbehrung von Nahrung und Wasser hatten unterschwellig in mir eine Art Beleidigt-Sein ausgelöst. Dann, nachdem die Entsagung aufgehoben wurde, war alles ganz schön, so wie es ja auch tatsächlich war, und darauf folgt wiederum eine Art unkontrolliertes Verhalten.
Ich denke, das ist es, was man als *Jojo-Effekt* bezeichnet. Dabei projizierte ich meine unangenehmen Gefühle auf jene Dinge oder Leute, mit denen die Entbehrung direkt oder indirekt zu tun hatte, und wollte weg – unglaublich! Als ich das erkannte, konnte ich meinen Gedanken fast nicht glauben. Durch diesen Mechanismus verpasste ich mehr oder weniger drei Sessions. Die des Tages und die beiden gestrigen mit der Frau des Prozessleiters. Eine Art rebellische Energie möchte in solchen Situationen ausbrechen und auf eine törichte Art etwas heimzahlen, indem ich mich vollstopfe! Kaum hatte ich das durchschaut, fand ich langsam wieder Ruhe. Konnte mich wieder mehr auf die Atemübung einlassen und dem Saft am Abend beim Lagerfeuer mit Genuss begegnen.
Doch auch zu dieser abendlichen Atemsession gibt es noch etwas zu sagen. Als wir wieder intensiv atmeten, verteilte sich die Energie noch gleichmäßiger auf meinen Körper und war sogar angenehm. Lange schwang die Vibration noch ganz subtil in mir weiter und ich verbrachte eine gefühlte Ewigkeit im zeitlosen Raum der Atemlosigkeit. Welch schönes Erlebnis. Ich verabschiedete mich früher von der netten Runde am Feuer und ging nun, um meinem Körper seinen wohlverdienten Schlaf zu geben.

TAG 8 – DAS ENDE UND EIN ANFANG

Vormittag: Der letzte Tag. Müde war ich noch, als der Wecker klingelte. Doch bald würde die Neun-Uhr-Session beginnen. Ich legte mich hin, atmete und folgte mit Konzentration der nun auf mich wartenden Reise. Hier die Kurzfassung dieser eineinhalbstündigen, geführten Session: Wir stiegen mit unserem Lichtkörper ins Universum auf und gingen auf einem Pfad, welcher unserem Herzen entsprang, auf eine goldene Türe zu. Diese stand bereits einladend für uns offen und wir gelangten in eine sogenannte fünfte Dimension des Lichts. Es umgaben uns Liebe und Geborgenheit, Schutz und ein Gefühl von „zu Hause sein". Dann kam ein Lichtwesen zu uns, welches uns umarmte und in unseren Körper zurückführte. Später konnten wir dem Universum eine Frage stellen. Das war gut, nicht nur einmal hatte ich auf solchen Reisen Inspiration erhalten, als ich mich meiner überbewussten Vernunft anvertraut hatte. Ich formulierte relativ schnell folgende Frage: „Wie kann ich mehr präsent sein und im Raum der Liebe wandeln?" Ich dachte, das sei genau die richtige Frage, um die Hungerattacken auszutricksen. Da lag ich nun und wartete auf eine Antwort. Und wartete… und wartete… irgendetwas war nicht ganz rund.

Ich dachte nach… und dann kam es mir. Ich gab mit meiner Frage bereits eine Antwort darauf, wie ich mein eigentliches Anliegen gelöst haben wollte! Das war Kopfsalat und zu viel Ego. Doch was war meine *eigentliche* Frage? Welche Absicht hatte ich gehabt, als ich die erste Frage stellte? Ich spürte, dass es irgendwie um diese Hungerattacken ging, doch konnte ich so recht keine Frage dazu formulieren. Dann ging ich tiefer, nun formulierte mein Herz und nicht mehr der Verstand, und eine neue Frage bildete sich: „Wie kann ich mit meinem Hunger auf eine heilsame Art und Weise umgehen und mich wieder gut genährt fühlen?" Siehst du, wie ich mit meiner ersten Frage bereits die Antwort auf diese zweite gab? Ich dachte, dass ich einfach nur immer präsent sein und in der Liebe sein müsse. Also fragte ich nach mehr Präsenz, doch war meine unterschwellige Absicht eine andere. Es dauerte nur ein paar Sekunden, dann spürte ich ein warmes Gefühl in mir. Wie eine Eingebung kam mir, dass es mir jedes Mal dann, wenn ich ganz am Leben teilnahm, gut ging. „Wann gelingt es mir am besten, am Leben teilzunehmen?" fragte ich mich nun. Dann erkannte ich, dass ich durch Inspiration Energie bekam, welche mir Kraft und Laune gab. Diese Inspiration wiederum bezog ich aus meinen Visionen, also dem, was ich in mir und auch im Außen erschaffen möchte. Natürlich hatte ich bereits genauere Vorstellungen davon, was ich erschaffen wollte, bis ich aus diesem einzigartigen Leben treten sollte, doch würde es zu weit führen, dies hier zu erzählen. Als ich also erkannte, dass meine Vision zu Inspiration und diese wiederum zur Teilnahme am Leben führt, und jene mich mit dem präsenten Sein verbindet, da staunte ich! Das war die Antwort vom Herzen auf die Frage vom Herzen. Danach verfiel ich in einen tiefen Schlaf.

Etwas später saß ich mit den meisten der Gruppe in der Sonne. Ich zog das T-Shirt aus, genoss die Sonne auf meiner Haut und streichelte sanft über meinen weichen Körper. „War meine Haut schon immer so weich gewesen?" fragte ich mich in jenem Moment und staunte über jede Ader, welche sich unter meinen Händen spürbar machte. Ich hatte keinen Hunger, war genährt und fasziniert bei dem Gedanken, dass ich von nun an die Wahl haben würde, zu essen oder auch nicht!? Würde es wirklich so sein? Auf jeden Fall ging es mir bestens, und mir kam, dass ich noch nie zuvor acht Tage ohne Nahrung verbracht hatte. Also hatte ich bereits meine alten Grenzen ausgedehnt!

Die zweite Atemsession fand am Abschlusstag bereits um 12:30 Uhr statt, damit manche der Teilnehmer rechtzeitig heimfahren konnten und wir noch genügend Zeit hatten, um uns zu verabschieden. Also lagen wir ein letztes Mal gemeinsam im Yogaraum, atmeten zusammen und traten in den Raum der Atemlosigkeit. Das Universum atmete uns, und wieder kam es mir ewig vor, bis ich den ersten Atemzug nahm. Erneut traten wir eine innere Reise an. Diesmal ließen wir unseren Lichtkörper aus uns heraustreten und stellten ihn uns gegenüber. Dann nahmen wir ihn in die Arme und liebten somit unser eigenes höheres Selbst. Langsam wurden wir wieder eins und verweilten noch ein wenig mit diesem schönen Gefühl.
Etwas später erhoben sich alle. In einer letzten Reflektionsrunde teilten wir unsere Gefühle und Gedanken bezüglich der vergangenen acht Tage. Durch die Reihe waren die Leute mit Freude erfüllt, und einige äußerten, dass dies das Wundervollste war, was sie in ihrem Leben bislang getan hatten. Eine Frau, die seit 35 Jahren meditierte, meinte, dass sie sich das hätte sparen können, hätte sie bloß schon früher die Möglichkeit gehabt, diesen Prozess zu machen und solch einen seligen Zustand zu erfahren. In mir fand ich jede Menge Freude. Vor ein paar Jahren war in mir das

Feuer entbrannt, eines Tages den Lichtnahrungsprozess zu machen. Nun war es so weit, ich hatte mir diesen Traum erfüllt! Zur gleichen Zeit spürte ich großen Respekt vor der kommenden Zeit. Denn mit dem Ende des 8-Tage-Prozesses würde der „Viele-Lebens-Tage-Prozess“ beginnen. Wie würde ich diese neue Art des Daseins in mein tägliches Leben integrieren? Würde ich tatsächlich die nächsten Wochen nichts essen? Würde ich es schaffen, noch mehr mit meiner Vision in Verbindung zu stehen und ein inspiriertes Leben zu führen, voller Freude und Liebe, mit all der Verantwortung, welche dafür notwendig war? Diese und noch andere Fragen schwebten in mir, doch war ich sehr gespannt, wie es weitergehen würde! Ich spürte Vertrauen in mir.

Mit dem Essen wollte ich folgendermaßen vorgehen: Ich gab mir selbst ein Versprechen, die nächsten sieben Tage nur von Flüssigkeiten zu leben. Dies hatte den Grund, dass ich durch dieses klare Versprechen nicht wegen irgendeiner Emotion Zeug in mich hineinfressen wollte, nur um es dann im Nachhinein zu bereuen. Und nach dieser Woche wollte ich erneut entscheiden, wie es weitergehen sollte. Denn mein eigentlicher Wunsch war es, für mindestens 100 Tage nur von Flüssigkeiten zu leben. In mir spürte ich, dass dies noch so manchen intensiven und wichtigen Prozess mit sich bringen würde. Es ging mir nicht ums Nicht-Essen oder das Erreichen des Ziels. Das wäre Quatsch gewesen; ich folgte, wie bei allen guten Entscheidungen meines Lebens, lediglich meiner inneren Stimme. „Nun wurde gesät, die Früchte erntet man hinterher!“ klang es aus Erfahrung in meinem Verstand. Und wer weiß, wie diese Früchte aussehen würden?

Teil III – Ein Neues Bewusstsein

DIE ERSTEN WOCHEN

1. WOCHE

Nun war es so weit, der Lichtnahrungsprozess war vollbracht und ich fühlte innerlich, dass ich umgestellt war. Ein Traum ging in Erfüllung. Und wie würde es nun weitergehen? Ich fühlte mich auf jeden Fall danach, diesen neuen Zustand weiter zu erforschen, und gab somit ein Versprechen ab, jeweils von Sonntag zu Sonntag nicht mit dem Essen zu beginnen. Auf der Rückfahrt von Köln nach München saß ich im Bus und erblickte draußen eine Werbung eines Fastfood-Restaurants und darauf stand „Hunger?" Ich hörte ein liebevolles „Nein" in mir, und als ich zur anderen Seite blickte, sah ich ein großes Plakat, auf dem stand „Weil mich ganz allein die Lieb' erhält". Ich stimmte innerlich zu und musste grinsen. Bestimmt meinten sie das dort Stehende anders oder hatten es in einem anderen Kontext geschrieben, doch war es schön zu sehen, wie ich die Kommunikation der Außenwelt in diesem Moment aufnahm.
In dieser Woche besuchte ich alte Freunde. Die Zeit nach dem Prozess wurde ganz anders als ich es mir in den letzten Monaten noch vorgestellt hatte. Ich dachte ursprünglich, ich würde nach dem Prozess alleine wandern gehen, fern von allen, die mich kennen, und einfach nur mit mir und dem Prozess zu sein. Doch hatte ich nach all der Tiefe der vergangenen Woche solch ein Bedürfnis nach Gesellschaft und Oberflächlichkeit! Die Freunde, welche ich besuchte, kannten meines Wissens den Lichtnahrungsprozess nicht, und ich erzählte auch nichts von meinem neuen Zustand. Sie sahen mich lediglich trinken während dieser Woche, doch da es in ihrem Haushalt keine gemeinsame Essenskultur gab und jeder sich einfach bloß zwischendurch etwas zubereitete, fiel auch keinem so richtig auf, dass ich nicht aß. Es kam mal eine kleine Bemerkung, doch konnte ich gut ausweichen, und die Frage interessierte auch weiter keinen.
Bereits in der ersten Woche hatte ich ein so sicheres Gefühl bezüglich meiner Umstellung, dass ich mir ein Eis kaufte. Ich wusste irgendwie, dass es meinen Prozess nicht beeinflussen würde, und genoss es in

vollen Zügen. Am vierten Tag nach dem Prozess fühlte ich mich morgens nach dem Aufstehen noch leicht schwindelig. Dies sind natürlich die Momente, in denen der innere Zweifler gleich zuschlägt und hämisch fragt „Na, doch nicht umgestellt?". Doch spürte ich zur gleichen Zeit auch eine starke Energie in mir. Nun wollte ich es wissen! Ich wollte meinen Körper benutzen und sehen, ob er auch leistungsfähig sein würde? Also ging ich in den Park zum Joggen. Ich begann langsam und gleichmäßig, schließlich spürte ich immer noch etwas Schwindel. Doch dieser sollte sich bald als großer Schwindel herausstellen, denn mein Energieniveau stieg mit jedem Schritt! Bald joggte ich freudig in mir altbekanntem Tempo für eine Stunde im Grünen, und das fühlte sich hervorragend an.
Ich merkte, dass der Schwindel und die anfängliche Schwäche daher rührten, dass ich in den vergangenen 14 Tagen meinen Körper im Ruhemodus gehalten hatte. Dies erfüllte mich mit Freude, und grinsend fragte ich meinen inneren Zweifler zurück: „Na, doch umgestellt?" Danach zog es mich wie magisch in den Fluss des Parks. Wie in alten Zeiten lief ich zu einer Stelle, an der mich nicht allzu viele Leute sehen konnten und badete im kühlen Nass. Es war ein mäßig bewölkter Herbsttag, und der Fluss kam mir weniger kühl vor als ich ihn in Erinnerung hatte. Doch war ich auch vom Sport aufgeladen. Freudig saß ich dann zum Trocknen nackt im Gebüsch in der Hocke. Ich spürte dabei, wie ich etwas gelenkiger war als sonst, denn normalerweise, wenn ich so lange in der Hocke saß, taten mir bald die Knie weh. Auch mein Körpergeruch war ziemlich neutral und fast verschwunden, was ich gar nicht von mir kannte!

Während dieser Woche trank ich Wasser, Tee, Milch, Getreidemilch und Saft. Dinge wie Kakao und Honig verfeinerten mir den Geschmack, und ich trank in dem vollen Bewusstsein, dass ich durch eine andere Quelle genährt wurde. Es mochte vielleicht nicht üblich sein für einen frischgebackenen Pranier, gleich so gehaltvolle Dinge zu trinken, doch waren es Getränke, welche mir schon vor dem Prozess gut schmeckten, und ich scherte mich nicht darum, was „man" tun sollte, sondern ging nach meinem Gefühl. Dann sah ich die Waage im Badezimmer meiner Freunde und wurde neugierig. Als ich mich darauf stellte, sah ich das niedrigste Gewicht, an das ich mich je bei mir erinnern konnte, und klar gefiel mir das nicht. Wie schon im Prozessbericht beschrieben, bringt die Angst auch ein Gefühl von „Ich bin zu mager" mit sich, und ich fragte mich, ob ich mehr trinken sollte als die täglichen vier bis fünf Liter Wasser und andere Getränke, welche ich bis dahin zu mir nahm? Doch ließ ich das Wiegen nach ein paar Tagen wieder sein und hörte auf meine innere Stimme, welche klar signalisierte, wie dumm diese Zahlenspielerei eigentlich war. Erst fühlte ich mich wohl und hatte volle Energie und dann sah ich eine Zahl und fühlte mich unwohl und wurde wieder schwächer. Das machte keinen Sinn!

2. WOCHE

Es kam also der nächste Sonntag und ich gab ein weiteres Wochenversprechen ab. Auf der einen Seite erlebte ich, dass es mir nicht viel ausmachte, den anderen beim Essen zuzusehen. All die „normalen Nahrungsmittel" machten mich gar nicht an. Alles, was mich ansprach, waren süße Dinge! Um Vollmond herum kam ein verstärkter Komforthunger, wie ich das schon seit einiger Zeit kannte. Nur, dass ich nun nicht mit festen Nahrungsmitteln, sondern mit süßen Getränken meine Emotionen stillte. Während dieser Tage hätte ich am liebsten wieder das *Fressen* angefangen, doch kratzte ich noch die Kurve und erinnerte mich an mein Wochenversprechen. „Am Sonntag werde ich erst wieder neu entscheiden, vorher rühre ich (fast) nichts an!" sagte ich mir ganz klar! Zugegeben, ich hatte in der zweiten Woche etwas Schokolade und ließ sie mir auf der Zunge zergehen. Zählt das dann auch als Flüssigkeit?
Ein paar Tage später traf ich auch meinen Wildnislehrer, welcher ja schon seit Jahren von Prana lebte, und erzählte ihm von meinem Prozess. Er freute sich für mich, doch sah er es etwas kritisch, dass ich bereits am Naschen war, da er den 21-Tage-Prozess für seine Umstellung gemacht hatte und in seinem Gedankenkonstrukt der Prozess ja 21 Tage dauerte. Ich spürte jedoch ganz klar, dass mein Prozess bereits mit den acht Tagen abgeschlossen war, und ging nach meinem inneren Empfinden. Scherzend dachte ich mir „Jaja, so ist das, wenn zwei Generationen aufeinandertreffen. So, als ob ich den Lichtnahrungsprozess 2.0 gemacht hätte, die Update-Version." Ich musste lachen über diese Gedanken und wusste, dass er von Herzen zu mir sprach. Überhaupt war ich erstaunt über dieses klare Empfinden, genährt zu sein und über meine deutliche innere Ausrichtung weiter diesen Weg zu erforschen. Das war schön!

Dann siedelte ich zu einer guten Freundin über. Jene, von der ich bereits erzählte, die quasi auf natürliche Weise, ohne je eine Umstellung gemacht zu haben, von Prana lebte. Es tat gut, mich offen zeigen zu können und Zeit mit jemandem zu verbringen, der den Prozess verstand. Da wir uns sehr nahestanden, kam es auch zum sexuellen Kontakt. Es war sehr interessant, in mir zu spüren, dass alles noch genauso funktionierte an meinem Körper, doch war das animalische Empfinden komplett weg. Ich konnte mich ganz und gar auf meinen Körper, mein Gegenüber und die Energien zwischen uns konzentrieren. Ich spürte trotzdem Feuer und Leidenschaft, doch überwältigte es mich nicht und ich konnte die Energie besser denn je zuvor sich in meinem ganzen Körper ausbreiten lassen. Ich hatte so viel Klarheit und Feingefühl in mir, und es war wundervoll, dies zu spüren. Nun kam ich dem, was als Tantra bezeichnet wird, etwas näher.
Doch nicht nur im Körperlichen, sondern auch im Verstand hatte ich größere Klarheit. Ich war gut mit meinen Gefühlen verbunden und sprach ohne Scham meine Wahrheit aus. Auch wenn die Dinge, welche ich manchmal erwähnte, nicht immer angenehm waren. Denn eines hatten mich die letzten Jahre meines spirituellen Wachstums gewiss gelehrt: Mitleidige oder unausgesprochene Worte, um eine falsche Harmonie aufrechtzuerhalten, sind nicht von Herzen, auch wenn sie nett klingen. Eine Herzenswahrheit mag vielleicht nicht immer so angenehm sein, doch trägt sie immerhin Liebe und Ehrlichkeit in sich! Ich war jedoch selbst etwas erstaunt über meine neue Fokussiertheit. Insgesamt blieb ich auch in emotionalen Momenten sehr ruhig und ließ mich nicht mitreißen. In jenen Tagen spürte ich oft eine unabhängige Freude in mir, welche nichts brauchte oder wollte, um existent zu sein.

3. WOCHE

In der Mitte dieser Woche fuhr ich zu Freunden; sie wollten an einem Bauprojekt in ihrem Garten arbeiten und waren für jede Hand dankbar. Dies waren auch Leute, welche um die Möglichkeit, von Lichtnahrung zu leben, wussten, und ich teilte ihnen mit, dass ich den Prozess gemacht hatte. Nun sollte der Härtetest kommen: schwere körperliche Arbeit. Mein Gefühl sagte mir, dass ich das schaffen würde und mein Körper bereits so weit war. Trotzdem hatte ich noch ein wenig Zweifel und war gespannt. „Würde ich schwach werden und ohne feste Nahrung schnell keine Energie mehr haben?" – solche Fragen geisterten in meinem Kopf herum. Am ersten Tag war ich etwas müde, denn die Nacht zuvor war kurz gewesen und die Anreise kostete auch Energie. Doch spätestens am zweiten Tag war ich topfit und schaufelte zehn Stunden lang! Den Tag über trank ich viel und erfreute mich der Stärke meines Körpers. Immer wieder spürte ich genau hin und nahm mir eine Pause, wenn ich sie brauchte. Das gab Selbstbewusstsein. Mein Freund fragte mich dann am Abend, als wir im Endspurt eine Schaufel nach der anderen gruben, „Sag mal, wo nimmst du eigentlich die Energie her?" „Ich weiß es nicht genau…", antwortete ich und fügte hinzu „…sie ist einfach da!" Die anderen aßen am Abend ihre Gemüsesuppe und ich trank von ihrem herrlichen Birnensaft. Während dieser Wochen hatte ich durchschnittlich alle drei bis vier Tage Stuhlgang. Es war schon sehr angenehm, wenn der Magen-Darm-Trakt nicht ständig in Vollbeschäftigung lief!

Gegen Ende der Woche ging ich dann zu einem Arzt, einem Freund aus meinem Bekanntenkreis. Er hat seine eigene Praxis und hatte schon damals für meinen Wildnislehrer nach dessen Lichtnahrungsprozess eine Untersuchung gemacht. Dementsprechend war auch er mit der Materie vertraut und nahm mir Blut ab, ich ließ Urin da, und zusätzlich gab es noch einen separaten Nierentest. Falls ich weiterhin von Lichtnahrung beziehungsweise ausschließlich von Flüssigkeiten leben sollte, so riet er mir, regelmäßig Kaugummi zu kauen, damit mein Zahnfleisch sich nicht zurückbildete und meine Kaumuskeln aktiv blieben. Wir unterhielten uns noch ein wenig über das Thema des Lebens von Licht und verabschiedeten uns herzlich. Ein paar Tage später kamen die Ergebnisse: Ich hatte ja gar keine Ahnung, was man alles testen kann. Es wurden insgesamt 35 Werte getestet, von Elektrolytwerten über Zuckerwerte und was weiß ich nicht alles. 33 Werte lagen im Referenzbereich, also im sogenannten Normbereich. Nur zwei Werte waren an der unteren Grenze des Normbereiches. Der Arzt versicherte mir jedoch, dass dies nicht sonderlich bedenklich sei. Bei jemandem, der seit 26 Tagen keine feste Nahrung mehr zu sich genommen hatte, müsste man doch eigentlich irgendeine Art von Mangel feststellen, oder? Nichts da, und obendrein erzählte er mir mit einem Lächeln, dass meine Cholesterinkurve vorbildlich sei! Dieser Test bestätigte mich in meinem mangellosen Körpergefühl und meiner guten Energie. Zudem gab das auch dem Verstand und seinen Bedenken ein wenig Halt. Kurzum: Ich freute mich!

In dieser Woche hatte ich keine Komforthungerattacken! Es fiel mir immer leichter, an Essen vorbeizugehen oder anderen dabei zuzusehen. Ich war zufrieden mit meinen feinen Getränken, welche bereits sehr viel Komfort boten. Wusstest du eigentlich, wie köstlich ein Rote-Bete-Saft mit einem Schuss Sahne schmeckt?

4. WOCHE

Ich besuchte meine Mutter. Glücklicherweise befand auch sie sich schon seit ein paar Jahren bewusst auf ihrem spirituellen Weg, hatte Ahnung von metaphysischen Bereichen und befasste sich gerne mit Schamanismus und Spiritualität. Auch die Lichtnahrung kannte sie insofern, als sie bereits das erste Buch meines Wildnislehrers zu diesem Thema gelesen hatte (siehe Anhang). Allerdings war sie bis dahin dem Thema auch etwas kritisch gegenübergestanden. Manchmal war ich mir dabei nicht ganz sicher, ob das tatsächlich ihre persönliche Meinung war oder eine Reaktion darauf, dass ich der Lichtnahrung von Anfang an mit Begeisterung entgegengeblickt hatte? Während der Wochen vor meinem Prozess war ich immer wieder mal bei ihr zu Besuch gewesen. Natürlich sah sie meinen Gewichtsverlust während dieser Zeit und dass ich immer wieder Mahlzeiten ausließ. Also zählte sie eins und eins zusammen, eine gute Intuition hatte sie ja sowieso, und sprach mich ein paar Wochen vor meinem Prozess darauf an, ob ich vorhätte, den Lichtnahrungsprozess zu machen. Doch seit meiner Entscheidung und Anmeldung für den 8-Tage-Prozess stand für mich fest, dass ich nur Leuten davon erzählen würde, welche selbst den Prozess gemacht hatten oder ganz natürlich im pranischen Bewusstsein lebten. Und die konnte ich an einer Hand abzählen.
Es lag mir fern, meiner Mutter zu erzählen, dass ich vorhatte, den Prozess zu machen, denn ich wusste, dass ich sie damit in den kommenden Wochen nur unnötig belastet hätte. Auch wenn sie mir und meinen Vorhaben grundsätzlich unterstützend gesinnt war, lösten solche unbekannten und ungewissen Dinge bezüglich ihres Sohnes einfach zu viel aus. Sie schlief dann nicht mehr gut, machte sich mehr Sorgen, als aus meiner Sicht realistisch war, und obendrein nahm ich diese Energien dann auch wahr. Ich nahm ihr das auch gar nicht übel, doch entschied ich mich ganz bewusst und mit bester Absicht dazu, ihr

nicht die Wahrheit zu sagen. Es passiert selten, dass ich das tue, doch hielt ich es an diesem Punkt meines Lebens für das Beste. Sollte mein Prozess in einer Umstellung enden, so dachte ich mir, dann würde ich ihr das geglückte Ergebnis präsentieren und zeigen, dass es mir gutging. Und sollte ich nicht umstellen, dann hätte ich auch nicht weiter darüber gesprochen.

Doch so kam es, dass ich strahlend an ihrer Haustüre stand, und bereits nach meiner ersten Verneinung auf ihre Frage „Soll ich uns etwas Feines kochen?" roch sie, dass da etwas war... Wir setzten uns also gleich hin und tranken erst einmal einen guten Saft, welchen ich vorher vom Biomarkt mitgebracht hatte. Dann erzählte ich ohne Euphorie, doch mit Bestimmtheit, was ich in den letzten Wochen als inneren Prozess erlebt hatte, und dann von meinem achttägigen Umstellungsprozess. Ich erwähnte die ärztliche Untersuchung, und ohnehin ging es mir so gut, dass ich sehr viel Freude in mir trug. Dies war wahrscheinlich einer der ausschlaggebenden Gründe, dass sie beruhigt war. Es war, wie der Leiter des Prozesses einmal zu uns gesagt hatte: „Wenn du ausstrahlst, dass es dir gut geht, dann glauben dir die Leute das auch!"
Da meine Mutter nun nicht mehr für mich kochen konnte, jedoch wusste, dass ich Säfte und Smoothies gerne mochte, kaufte sie nur die besten Dinge ein und machte uns köstliche Getränke. Und auch, wenn in den Smoothies ein paar festere Bestandteile wie Banane oder Avocado enthalten waren, störte mich das nicht, denn das Zusammensitzen und Zusammen-Genießen war es allemal wert. Langsam aber sicher begann ich das zu leben, was ich mit diesem Zustand leben wollte: Wahlfreiheit. Ich konnte feste Nahrung zu mir nehmen, musste es aber kaum noch! Interessanterweise beeinflusste mein Dasein und mein neuer Seinszustand auch das Essverhalten meiner Mutter. Sie begann in der nächsten Zeit eine Mahlzeit am Tag mit einem Smoothie zu ersetzen.

In dieser Woche bemerkte ich auch, dass ich manchmal sogar vergaß, die Umstellung gemacht zu haben. Es wurde immer natürlicher für mich und kam mir so langsam wie der absolute Normalzustand vor. Und dann, wenn ich wieder bewusst darüber nachdachte, dass ich schon seit Wochen nicht mehr drei Mahlzeiten zu mir genommen hatte, geschweige denn all die Snacks zwischendurch, dann kam es mir wieder so unglaublich vor! Damit verflogen auch meine Wochenversprechen, und irgendwie war für mich klar, dass ich einfach weitermachen würde. Die hundert Tage waren nicht wirklich mein Ziel, denn ich wollte offen bleiben und nichts mit dem Prozess erreichen oder beweisen, doch peilte ich ab und zu doch noch das Datum an, an dem es hundert Tage sein würden. Naja, das waren alles bloß Kopf- und Zahlenspielereien…

KOSMISCH ODER KOMISCH?

5. UND 6. WOCHE

Diese Wochen verdienen eigentlich die Überschrift „Schokoladenrausch“. Ich arbeitete noch beide Wochen vor meiner nächsten Reise nach Costa Rica. In der ersten Woche half ich bei Baumpflegearbeiten, was also eher körperliche Arbeit war, und in der zweiten Woche leitete ich ein Natur-Kinder-Camp, hatte also eher Organisations- und Leitungstätigkeiten. Hiermit war auch ein Punkt meiner Bedenken verbunden, ob ich den Lichtnahrungszustand halten würde können, denn in Vergangenheit hatte ich besonders beim Leiten von Kindercamps mehr gegessen. Vor allem mehr süße Komfortnahrung als es meinem Körper lieb war.
Langsam schlichen sich also immer mehr feste Nahrungsmittel in meine Gewohnheiten ein. Bald war ich schokoladensüchtig und aß für eine Woche jeden Tag eine ganze Tafel Schokolade. Während des Kindercamps aß ich auch ein paar Scheiben Käse mit Marmelade und abends auch mal pure Nussbutter, manchmal ein halbes Glas auf einmal! Doch hatte ich auch weiterhin keine „normalen“ Essgewohnheiten, konnte keine Art von richtigem, körperlichem Hunger bemerken und nahm verhältnismäßig immer noch weit weniger zu mir als der hiesige Durchschnittskonsument. Mein Energielevel war gut und ich bestand auch diesen Test, für mehrere Tage am Stück zu werken und gut mitzuhalten. Die anderen Arbeiter bei der Baumpflege wunderten sich, dass ich mittags bloß ein kleines Süppchen und ein gemischtes Eis bestellte, während sie ihre deftigen und teils großen Portionen vertilgten. Nein, das verstanden sie nicht: „Wie kann jemand bloß von etwas Suppe und einem Eis mit Sahne leben?“ lag ihre Frage immer wieder ausgesprochen oder lautlos in der Luft. Doch fühlte ich mich gut mit dem, was ich tat, und nahm auch diese gesellschaftliche Lichtnahrungsprüfung ganz gut an. Mein Gewicht hatte sich nun definitiv stabilisiert, doch brachte das tägliche Naschen auch wieder täglichen, kleinen Stuhlgang mit sich.

Noch einmal zu meinem Schokorausch: Ganz bewusst gab ich mich dem Suchtverhalten hin und kostete es sozusagen regelrecht aus! Ich wusste beim Essen der Schokolade genau, dass dies nichts war, was mein Körper brauchte, und zudem wusste ich sowieso schon seit langem über den Suchtcharakter von Schokolade bescheid. Bei mir zu-

mindest. Und, dass ich langsam schleichend eine immer höhere Dosis brauchen würde, erst eine halbe Tafel, dann eine ganze, dann…
Mir fiel auch auf, dass mein Gemütszustand sich während dieser beiden Wochen wieder änderte und ich nicht mehr so selbstverständlich klar und balanciert war wie noch zuvor. Doch gegen Ende der sechsten Woche kam die Klarheit wieder, und ich erkannte, dass es nicht die Dinge waren, welche ich zu mir nahm, die mich tatsächlich beeinflussten, sondern vielmehr mein innerer Fokus! Wenn ich meinen Süchten nachging, war ich nicht wirklich fokussiert und meine Lebenssicht verkleinerte sich. Wenn ich bewusst in mich hineinspürte, wann ich genoss und wann ich nur fraß, dann hatte ich stets einen Fokus und blieb besser mit meinem Kern in Verbindung. Die Sicht blieb groß und ich konnte eher die wichtigen Zusammenhänge meines Lebens sehen. Während dieser beiden Wochen war ich bestimmt mehr *Nichtesser* als Pranier, doch machte ich auch dadurch wichtige Erfahrungen für meinen Prozess!

ZEIT FÜR PRANA

Die ersten Hürden, in meiner alten Umgebung als Pranier zu leben, waren genommen und das gab mir Zuversicht. Doch nun war es soweit: Meine Reise nach Costa Rica stand an und ich wollte mich nun noch bewusster mit dem Leben von Lichtnahrung auseinandersetzen. Das hieß, *nein* – eigentlich war die Lichtnahrung nur ein Werkzeug und das Nicht-Essen-Müssen eine oft vorteilhafte Begleiterscheinung. Der Grund, warum ich diese Reise antrat, war der, dass meine innere Stimme mich dazu anwies, mir Zeit zu nehmen, um der inneren Wahrheit in mir näherzukommen. Meine Absicht war es nämlich, die Lücke zwischen weltlichem Tun und Dasein und meinem spirituellen Wesen mehr zu schließen. Wie schon früher in diesem Buch erwähnt, war es mein Wunsch, trotz Geschäftigkeit, Stress und Erledigungen immer noch gut mit meiner Mitte verbunden zu sein und nicht schleichend über die terminreichen Wochen diese so wertvolle Verbindung zu verlieren. Ich wollte mich am liebsten immer so fühlen wie frisch nach einem tiefen Ritual oder einer guten Meditation und zur gleichen Zeit voll am Leben teilnehmen! Diese Absicht, meine Sehnsucht, dem Göttlichen in mir näherzukommen, und der Lichtnahrungsprozess gingen aus meiner Sicht Hand in Hand und verwoben sich zu einem klaren Weg. Eine eindeutige Richtung, ich musste nur noch loslaufen.

Und das tat ich auch – beziehungsweise *flog* ich los. „München – San José“ stand auf meinem Flugticket, und ich freute mich schon auf die Lüfte. Ich flog gerne und beobachtete die Wolken aus aller Nähe. Bei meiner Zwischenlandung in Madrid überkam es mich wieder, und ich konnte nicht widerstehen, mir in einem Dutyfreeshop eine große Tafel Schokolade zu kaufen. Meine innere Stimme sprach deutlich dagegen, doch wie ein Roboter folgte ich noch der Gewohnheit der vergangenen beiden Wochen. Als ich die Verpackung öffnete, sah ich eine weißliche Schicht auf der braunen Schokolade. Ich prüfte das Verfallsdatum, und tatsächlich: abgelaufen. Ich blickte mit einem Lächeln in die Luft und bedankte mich für diese unverhoffte Unterstützung. Es war an der Zeit, wieder ein weniger berauschendes und mehr genussvolles Verhältnis zu den süßen Freuden zu bekommen. Gleichzeitig war dies auch eine Metapher für mein „altes Leben“, es war abgelaufen! Neues Leben, siehe *Herzrückseite*: „Mindestens haltbar bis Lebensvision erfüllt!“

Auf dem Langstreckenflug wurde natürlich auch Essen ausgegeben, und irgendwie hatte ich Lust, etwas zu essen. Ich spürte keinen Hunger, auch emotional ging es mir gut, doch interessierte mich der Geschmack. Meine innere Stimme gab grünes Licht und ich nahm auch ein Menü. Nach zweieinhalb kleinen Fleischbällchen, je einer Scheibe Zucchini und Karotte, einem kleinen Muffin und einem Tomatensaft war ich voll. Doch fühlte ich mich nicht unwohl, und den größeren Rest auf meinem Tablett ließ ich wieder zurückgehen. All die anderen Essensangebote während des Fluges setzte ich aus und begnügte mich mit Säften. Wieder genoss ich also meine neue Freiheit und konnte problemlos als Pranier weitermachen.

Dann kam ich in Costa Ricas Hauptstadt an und blieb für zwei Nächte in einem kleinen Hostel. Ich sah mir die Stadt ein wenig an und genoss das warme Klima, denn bei meiner Abreise am Münchner Flughafen war bereits der erste Schneeregen gekommen. Zwischen all dem Überangebot an Nahrung und Fastfood in dieser Stadt kaufte ich mir leckere, frisch gemachte Smoothies, Eis und Säfte. Zwei Tage Stadt reichten mir vollkommen. Hier gab es nichts, was mich länger gehalten hätte. Doch bevor ich weiterzog, tat ich, was ich mir schon vor Wochen ausgedacht oder vielmehr gespürt hatte. Ich hatte nämlich meinen neuen Haar- und Bartschneider mitgebracht. Vier Jahre lang hatte ich meine Haare wachsen lassen. In ihnen steckten sozusagen all die intensiven Erfahrungen der letzten Jahre! Im wahrsten Sinne des Wortes kam nun ein neuer „Ab-Schnitt“ meines Lebens und ich schor mir zum ersten Mal selbst meine Haare bis auf vierzehn Millimeter ab.
Weißt du, was das Schöne am Reisen ist? Niemand kennt dich. Und damit kennt auch niemand deine Vergangenheit. Du lernst neue Leute kennen und sie betrachten dich bloß mit den Augen des Jetzt. Niemand, der mich mit früher vergleichen und hätte sagen können „Bist du aber dünn geworden“ oder „Die langen Haare waren doch so schön“ oder „Isst du denn nicht mehr?“ Die Leute der alternativen Gemeinschaft, zu der ich unterwegs war, würden mich gar nicht erst anders kennenlernen als so, wie ich nun war. Innerlich und äußerlich. Ich kann jedem, der ernsthaft in seinem Leben etwas ändern möchte, sehr empfehlen, aus der altgewohnten Umgebung mit den gewohnten Leuten einfach mal herauszutreten. An einen anderen Ort zu gehen, sich dort in den Vorzügen der Unbekanntheit zu transformieren und regelrecht wiedergeboren zurückzukehren.

Ich habe insofern gute Erfahrungen damit gemacht, da man während eines Transformationsprozesses manchmal auch etwas schwach oder kränkelnd aussehen kann. Naja, vielleicht geht es einem ja auch sogar so, doch das ist Teil des Prozesses. Nur versteht das nicht zwingend jeder in der alten Umgebung. Besonders jene Leute, die danach streben, ein immer gleichbleibendes Leben zu führen und Entwicklungsängste bezüglich bewusstem inneren Wachsen haben. Und da diese Menschen jene Ängste nicht überwinden wollen oder möchten, projizieren sie sie auf andere Leute, welche den Mut aufbringen und es wagen, einen Schritt ins unbekannte, eventuell erfüllendere Leben zu wagen. Diesbezüglich sagte einer meiner spirituellen Lehrer einmal „Die meisten Menschen streben nach einer komfortablen Fortsetzung der Vergangenheit." Nein, allein der Gedanke daran ließ es mir eiskalt den Rücken herunterlaufen! Dafür trug ich viel zu starke Sehnsüchte in mir. Ich spürte eigentlich schon in jungen Jahren, dass Leben mehr sein musste als das, was die meisten Menschen leben. Das damalige Drama war bloß, dass ich nicht wusste, wie dieses „mehr" hätte aussehen können. Umso besser ergeht es mir heute, und ich darf endlich sehen, dass es Tausende Wege gibt, wenn ich mich einfach einmal ernsthaft auf die Socken mache!

Schnipp-schnapp-Haare-ab, und damit „scherte" ich mich auch nicht mehr um meine Vergangenheit! Am nächsten Morgen ging es auch schon in aller Früh weiter zur Fernbusstation. Es gab keinen Sitzplatz mehr und ich durfte während dieser Fahrt feststellen, dass ich fähig war, bis zu fünf Stunden auf einem Fleck zu stehen. Das wusste ich ja gar nicht…

Genauso wie bei meinen letzten Reisen interessierte mich das Land eher weniger. Ich kam nicht als Tourist, sondern als Besucher der mich innerlich anziehenden Gemeinschaft. Besser gesagt kam ich als ein Suchender, der den nächsten Schritt ins Unbekannte machte. Jemand, der bereit war, mit Vertrauen in sein eigenes Dunkel zu tappen. In der alternativen Gemeinschaft durfte ich in einer sogenannten Casita leben. Dies war ein kleines Einzimmerhäuschen, welches zwei offene Wände hatte und unmittelbaren Blick auf den Dschungel bot. Kaum war ich eingezogen, begrüßten mich auch schon die Affen von den Baumkronen aus, und ich machte es mir gleich gemütlich. In den kommenden Tagen bemerkte ich erneut, was ich schon damals, als ich mein eigenes WG-Zimmer hatte, festgestellt hatte: Gib mir ein kleines gemütliches

Zimmer, eine Kerze, ein Buch und jede Menge Zeit zum einfach *Sein* – der Rest passiert von ganz allein! Manchmal sogar mehr als bei einem Workshop oder Ritual. Ich ruhe viel, denke nach, reflektiere, spaziere in der Natur und meditiere. Dabei passiert bereits so viel in mir, dass ich manchmal gut nachvollziehen kann, wieso Menschen seit jeher auch die Abgeschiedenheit suchten. „Ich brauche gar nicht viel mehr, um Gott ein Stück näher zu kommen", dachte ich mir damals – und war meinem Gefühl nach am richtigen Ort gelandet.
Die bewusst lebenden Menschen der Gemeinschaft und all die Gäste, die noch zu Besuch waren, bildeten einen liebevollen und respektvollen Raum mit einer absolut angenehmen Atmosphäre. Und bevor mein einmonatiges Retreat starten sollte, hatte ich noch ganze drei Wochen einfach nur für mich! Keine Verpflichtungen; nichts *musste*, alles *konnte* geschehen. Und kaum war ich ein paar Tage in meiner neuen Umgebung, kehrte mehr Stille in mir ein, die abendlichen Gemeinschaftsmeditationen waren schön und ich spürte, wie unter der Oberfläche bereits ein Prozess in Gang kam. Ähnlich wie ich das schon von meinen Erfahrungen im Wildnisjahr und aus der Ashramzeit kannte, schlief ich erst einmal viel und hatte sehr intensive Träume.

Natürlich machte ich auch Bekanntschaften, und manche Leute wunderten sich, warum ich denn beim allgemeinen Essen nie dabei war? Und so eröffnete ich ein paar Leuten meinen neuen Zustand, und die, mit denen ich weniger zu tun hatte, dachten wahrscheinlich, ich würde einfach oft fasten. Ja, in der Tat sparte mir das ganz praktisch gesehen auch jede Menge Geld, und mein Körper war fast immer schön leicht und leer. Ich stieg auch wieder tiefer ins Meditieren ein und konnte mich zum ersten Mal seit Jahren dabei gut konzentrieren.
Bei meinen Ausflügen zu einem Supermarkt aß ich natürlich immer noch gerne mein Eis oder auch mal zwei, doch alles in allem wurde mein Verzehr nun wieder weniger, ähnlich wie zu Beginn, als ich frisch aus dem 8-Tage-Prozess kam. Mein Stuhlgang kam dementsprechend auch wieder nur alle drei Tage. Als ich ein paar Tage überwiegend Wasser zu mir genommen hatte, hatte ich jedoch schon ein kleines Fastengefühl und stellte dann fest, dass ich ab zirka zwei Litern Saft pro Tag in keinem Fastenzustand war und auf diesem Niveau gut überlebte. Bei körperlicher Arbeit brauchte ich ungefähr das Doppelte. Natürlich gibt es Leute, die gar nichts mehr brauchen, doch macht es für mich keinen Sinn, mich mit anderen zu vergleichen. Ich verglich mich höchstens mit mir selbst,

wie ich in Vergangenheit war, denn nur von Saft leben zu können und trotzdem volle Energie zu haben, war für mich ein gewaltiger Schritt! Es war meine zweite Woche in Costa Rica, und nun kam der Entzug, den ich aufgrund all der Schokoexzesse der vergangenen Wochen schon fast erwartet hatte. Meinem Körper ging es gut, doch überkam mich dieser unerträgliche Heißhunger. In diesem Zustand wandte ich mich von all den Dingen ab, welche mir kurz davor noch so wichtig gewesen waren, und wollte am liebsten alles hinwerfen. Die Gedanken und Reflektionen dabei waren allerdings nicht immer die schlechtesten, da auch die andere Seite der Medaille beleuchtet wurde. Wäre nur der Kurzschlusseffekt des Entzugs, gleich ins andere Extrem zu verfallen, nicht so arg!

Hier ein Auszug aus meinem Tagebuch an jenem Tag:
„Ich erkenne noch tiefer, wie unwichtig eigentlich die Frage ist, ob man isst, ob man nicht isst oder was man isst. Denn was mir das tiefste Bedürfnis wird, ist das Glücklich-Sein! Jetzt in diesem Moment. Dafür braucht es keine Technik oder Übung. Ich erkenne auch die Lichtnahrung als eine weitere spirituelle Technik, meiner innersten Wahrheit näher zu kommen. Ein weiteres Werkzeug, ähnlich wie Meditation, Yoga, diverse Atemübungen, schamanische Praktiken, religiöse Ausübungen, Rituale oder andere spirituelle Werkzeuge. Doch letzten Endes bedarf es gar nichts! Mit dem Lichtnahrungsprozess kann man nichts erreichen, was man nicht auch ohne erreichen könnte. Vielleicht beschleunigt er etwas? Oder macht es etwas einfacher? Das vermag ich an diesem Punkt jedoch nicht zu beurteilen, denn jeder Mensch ist individuell, und dem einen hilft der Lichtnahrungsprozess, dem anderen schadet er vielleicht. Natürlich hat es Vorteile, einen leeren Magen und einen Stand-by-Darm zu haben, doch auch, wenn jene am Arbeiten sind, ist deshalb nichts verloren! In dieser Woche verliert der Lichtnahrungsprozess für mich die Illusion des Besonderen und Übernatürlichen fast komplett und ich mache nur deshalb weiter, da ich diesen Zustand weiterhin erforschen möchte. Ähnlich wie jemand täglich seine Yogaübungen macht.“

Wenige Tage später legte sich wieder ein Schalter um und ich hatte erneut mehr Freude am pranischen Dasein. Als ich die oberen Zeilen schrieb, hatte ich außerdem im Hinterkopf, dass, sobald die Grenze von einhundert Tagen erreicht wäre, ich wieder essen würde – und zwar, wie es mir beliebte. Ich finde es jedoch erstaunlich, dass ich trotz des unangenehmen Entzugsgefühls innerlich ganz klar spürte, dass ich noch nicht essen würde! Zudem erkannte ich erneut, dass es nicht darum ging,

die Instanz in mir, welche immerzu essen wollte, loszuwerden, sondern Frieden mit ihr zu schließen. Und ich sprach herzlich mit ihr „Wir können gerne zusammen genießen, auch mal etwas mehr, jedoch möchte ich das heftige Suchtverhalten nicht mehr!"
Erneut kam ich in Frieden mit der *Leere des Seins* und schloss wieder guten Handel mit dieser Instanz in mir, welche es mit dem Essen – vor allem von Süßem – zu sehr übertreiben wollte. Also gönnte ich mir immer wieder mal feine Dinge, wie wenig Sesammus mit Honig. Beim Essen dieser Dinge blieb ich stets im Fühlen und genoss jede kleine Löffelspitze. Es ging darum, mit dieser Instanz, welche auch sinnliche Erfahrungen machen wollte, zu sprechen, ihr den Genuss zu gönnen und zur gleichen Zeit klare Abmachungen zu treffen, wann Schluss war. „Eigentlich ist das ähnlich wie beim Begleiten von Kindern", fiel mir bald auf!
Nun hatte ich wieder andere Gedanken, wie noch ein paar Tage zuvor, und wenn ich daran dachte, wieder voll zu essen, stoppte etwas bei mir in der Halsregion. Mein Körper signalisierte „zu viel". Auch das Lesen des zweiten Buches meines Wildnislehrers gab mir neue Anstöße. Ich hatte damit extra gewartet, bis ich den Umstellungsprozess selbst gemacht hatte, da es davon handelt, wie man nach dem Lichtnahrungsprozess damit weiter leben kann… wenn man möchte (siehe Anhang). Alles in allem fühlte ich mich sehr wohl in der alternativen Gemeinschaft und hätte nicht für möglich gehalten, was dann folgte…

DAS PARADIES

Als ich ein Jahr vor der Reise nach Costa Rica spürte, dass meine innere Führung mich nach Südamerika wies, wollte ich ursprünglich nach Peru. Und allein der Name Peru ließ in mir Gedanken an eine Ayahuasca-Zeremonie aufkommen, denn in den vergangenen Jahren hatte ich davon immer wieder gehört. Eine Zeremonie, bei der man eine abgekochte Pflanze aus dem Amazonas wie eine Art Tee zu sich nimmt. Dies wurde und wird auch heute noch von Schamanen in Südamerika genutzt, um… ja, wie beschreibe ich am besten den Grund? Grob gesagt, um einen größeren Einblick in die innewohnende Wahrheit zu bekommen. Um es bildlich auszudrücken, öffnet die Kraft der Pflanze ein Fenster in die feinstoffliche Welt, jenseits der materiellen Realität, und wer mit guter Absicht solch eine Reise begeht, kann eventuell auf seinem spirituellen Wachstumsweg tiefere Einblicke hinter die Kulissen des weltlichen Schauspiels bekommen.

Ich habe eigentlich nicht viel Erfahrung mit dem Thema, kann also gar nicht so viel über die Geschichte oder Ablauf der Zeremonie oder die Wirkungsweise der Pflanze schreiben, sondern gebe erstmal meinen bisherigen Eindruck von Erzählungen wieder, welche ich im Laufe der Begegnungen gesammelt habe. In Deutschland wurde die Pflanze, soweit ich weiß, als Droge verboten. Das kann ich insofern nachvollziehen, da natürlich die Verlockung, eine solch halluzinogene Substanz zu missbrauchen, groß ist. Ich kannte zu diesem Zeitpunkt bereits eine Handvoll Menschen, welche solch ein Ritual in Deutschland bei Schamanen oder sogar in Peru mitgemacht hatten. Die Berichte waren jedoch sehr unterschiedlich, und ich hatte sie mir absichtlich nicht gemerkt, um offen zu bleiben für meine eigene Erfahrung… irgendwann. Ich spürte nämlich, dass es eines Tages soweit sein würde. Und als ich über eine Reise nach Peru nachdachte – zu diesem Zeitpunkt wusste ich noch nichts von der alternativen Gemeinschaft in Costa Rica – kam mir auch der Impuls, dort solch eine Zeremonie erleben zu wollen. Eigentlich war es weniger ein Gedanke als vielmehr der innere Ruf.

Bislang hatte mich das Thema wenig interessiert oder gerufen, doch jetzt war ich soweit. Als ich dann jedoch entschied, zu dieser bestimmten Gemeinschaft zu reisen, war sehr schnell klar, dass ich nicht nach Peru gehen würde. Dadurch war auch die Ayahuasca-Zeremonie wieder von meinem gedanklichen Programm gestrichen, obwohl ich ganz klar den Ruf in mir spürte. „Naja, dann ein andermal“, dachte ich. Doch kaum war ich ein paar Tage bei der Gemeinschaft, erfuhr ich, dass dort bald eine Ayahuasca-Zeremonie stattfinden würde! Ich traute meinen Ohren nicht und lächelte erneut über das Geschick dieser Fügung und wie passend doch immer wieder alles eingefädelt war. Besser, als ich es je hätte planen können! In mir gab es nicht einmal ein Abwägen, ich wusste einfach, dass es der nächste natürliche Schritt auf meinem Weg sein würde, und meldete mich sofort an.

Einen Tag vor dem Ritual gab es einen Redekreis mit dem Zeremonialleiter und allen, welche noch nie solch eine Zeremonie mitgemacht hatten. Wie gesagt hatte ich im großen und ganzen keine Ahnung, worauf ich mich da einlassen würde, doch vertraute ich auf mein Gefühl, welches deutlich grünes Licht signalisierte. Der Kreis war dazu da, mehr Informationen zum Thema zu bekommen und dadurch eine klarere Entscheidung treffen zu können. Gemeinsam mit über zwanzig anderen Ayahuasca-Neulingen saß ich also im Informationskreis. Der Leiter stellte von Anfang an klar, dass dieses Ereignis kein offizielles Programm der Gemeinschaft war, sondern eine sehr spezielle Sonderveranstaltung. Seit es die Gemeinschaft gab, zelebrierte deren Kerngruppe das Ritual. Es wurde zu einem festen Bestandteil ihres spirituellen Weges. Da unter ihnen grundsätzlich die Einstellung herrschte, niemandem etwas aufzuzwingen, aber auch niemanden von etwas auszuschließen, öffneten sie die Zeremonie auch für Gäste, welche gerade in der Gemeinschaft waren. An der sehr bescheidenen und nach den genau richtigen Worten suchenden Art des Zeremonialleiters konnte man bereits erkennen, dass es sich hierbei um ein ziemlich empfindliches Thema handelte.
Eine Ayahuasca-Zeremonie, so erklärte er, sei kein weiterer Workshop, Event oder Retreat, bei dem man auf eine bestimmte Weise hineinging und dann absehbare Ergebnisse hatte – wie etwa bei einem Yogakurs, Fastenreinigungskurs oder dergleichen. Denn hierbei kam eine unbekannte Komponente ins Spiel. Man konnte schlichtweg nicht ganz absehen, was beim Einzelnen passieren würde, und daher konnte natürlich auch keine Garantie für die Erfüllung von Erwartungen wie Heilung, schönen Erlebnissen, innerem Wachstum, Ausbleiben von unangenehmen Erfahrungen, Enttäuschungen gegeben werden – oder dafür, dass *überhaupt* etwas mit dem Teilnehmenden geschehen würde. Er behandelte das Thema mit sehr viel Respekt und Achtsamkeit und erklärte, dass die Zeremonie nach der Tradition brasilianischer Scha-

manen sein würde. Er sagte auch ganz klar „Wir sind keine Schamanen… sondern Musiker!“ Das klang erst einmal witzig für mich, doch sollte ich noch die tiefe Kraft von dieser Musik in jenem spirituellen Kontext erfahren!
Die Zeremonie würde auch einen bestimmten Rahmen haben, welcher sich in der Vergangenheit bewährt hatte. Das Ritual hatte sich bei der Gemeinschaft über die Jahre hinweg zu deren eigenem Stil geformt und wurde von ihnen mit bester Absicht so durchgeführt, dass ein liebevoller und geschützter Raum entstand.

Dieser Kreis war sehr interessant, und mir wurde dabei erst klar, dass dies einen Schritt weiter ging als bei einer Schwitzhüttenzeremonie oder beim Rauchen einer Gebetspfeife. Der Leiter wies uns auch darauf hin, dass in den Tagen vor der Zeremonie meist etwas Aufregung herrschte. Bei manchen Leuten kamen Ängste auf, andere hatten euphorische Vorfreude, wieder andere plapperten ihre Geschichten von vergangenen Ayahuascaerfahrungen aus oder erzählten über die Erlebnisse anderer. Am besten sei es jedoch, nicht darüber zu sprechen, erklärte uns der Zeremonien-Musiker. Und das tat ich auch. Ich vergaß sogar, dass ich dieses Event bald mitmachen würde, ging wie selten in meinem Leben von Moment zu Moment, von Tag zu Tag, und tat, was mir wichtig war. Es gab nichts vorzubereiten für die Zeremonie, ich wollte einfach nur offen sein für die Erfahrung und war die Tage zuvor sowieso schon in meinem ganz persönlichen Prozess. Viele Einsichten, neue Erkenntnisse – es arbeitete von hinten bis vorne in mir, und das kommende Ritual war für mich in spirituellem Sinne kein neues Event, sondern lediglich die Fortführung des Prozesses, welchen ich ohnehin gerade durchlebte. Ich war so offen, so in meiner eigenen Tiefe, dass ich nicht erst von der Oberfläche und dem Beschäftigt-Sein herunterkommen musste. Nein, ich war bereits auf dem Weg, mein tägliches Leben und mein spirituelles Sein weiter zu verknüpfen! Dementsprechend hatte ich keinerlei Ängste, keine Erwartungen und noch nicht einmal Vorfreude. Die Zeremonie war für mich so, wie ich auch hinnahm, dass nach dem Einatmen als nächster logischer Schritt das Ausatmen folgen würde. Und das war ein schöner und relaxter Zustand.
Da ich zu den gemeinschaftlichen Mahlzeiten nicht mit den anderen Leuten zusammen war, verpasste ich auch fast all das Gerede oder die Euphorie darüber und war sehr in mir fokussiert. Die „Weiße Nacht“, wie das Event ehrenvoll genannt wurde, nahte, und jeder Teilnehmer

würde ganz in Weiß gekleidet sein. Zum Glück hatte ich meine weiße Hose und ein weißes Hemd mitgenommen. Es war eine Art Reflex, als ich zu Hause daran dachte, dass es bei der Gemeinschaft auch Satsangs geben würde und ich es aus Indien so kannte, dass die Leute dazu alle in Weiß kamen. Wie gesagt, war ich ohne Mühen auf allen Ebenen vorbereitet und verbrachte die letzten Stunden vor der Zeremonie mit ruhiger Musik, im Gebet und in Kontemplation über mein Sein und diese Schöpfung. Kurz bevor ich meine Casita verließ, flog ein recht großer Nachtfalter direkt vor meine Nase und landete auf meinem Nachttisch. Ein Gefühl der Resonanz überkam mich und ich wusste, dass das Symbol des Nachtfalters mir etwas zu sagen hatte. Doch darum würde ich mich erst nach der Zeremonie kümmern.

Bevor ich beginne, näher auf die von mir erlebte Zeremonie einzugehen, hier noch ein paar Eckdaten: Die Zeremonie fand in der schönsten und größten Halle der Gemeinschaft statt. In diesem rundlichen Bau hätten bestimmt 150 Leute bequem Platz. An jenem Abend waren wir schätzungsweise 120 Menschen, welche den roten Ayahuasca-Tee tranken. Alle Leute waren, wie gesagt, ganz in Weiß gekleidet, und einer sah schöner aus als der andere. Es war ein wahres Fest, und alles war liebevoll geschmückt und vorbereitet. In der Mitte des Raumes stand ein runder, kniehoher Tisch mit einer weißen Tischdecke. Darauf waren verschiedenste Bergkristalle aufgestellt, teilweise bis zu dreißig Zentimeter hoch und fünf Zentimeter breit. Blumen, Kerzen, ein kleiner Buddha, Kristallkugeln – eben ein wundervoller Altar. Im Westen der Halle war ein weiterer Altar mit einer dicken, nackten, lächelnden Frauenstatue im Schneidersitz. Auch hier gab es Blumen und Kerzen. Gegenüber, im Osten der Halle, war ein großer Altar und ein hüfthoher, rechteckiger Tisch. In der Mitte stand eine Vase mit einem bezaubernden Blumenstrauß. Davor eine kleine Jesusstatue, Kerzen und Kristallkugeln daneben. Jeweils links und rechts von diesem mittleren Dekorationsaufbau standen drei kleine Gläschen. Sie waren wie kleine Weingläser mit Stiel geformt, jedoch mit einem Fassungsvermögen ähnlich einem Schnapsglas. Hinter dem Tisch war eine Stehwand mit herunterhängenden Pflanzen. Im ganzen Raum waren viele Bodenstühle rings um den mittleren Altar herum in mehreren Reihen verteilt. Der innerste Sitzring, welcher direkt beim mittleren Altar war, hatte vor jedem Sitz ein Mikrofon. Auch ein Mischpult war dort, und an den Balken in der Luft waren sechs große Boxen angebracht.

Im Süden und Norden der Halle wurden an den Wänden entlang Matratzen ausgelegt. Als Ausruhmöglichkeiten, aber auch als Kinderecken. Ja, richtig gehört, die Kids waren alle mit dabei! Vor der Zeremonie fand wie jeden Abend um sieben Uhr das stille Sitzen statt. Eine Dreiviertelstunde Meditieren. Dann trafen nach und nach die restlichen Leute ein, sie kamen mit Kind und Kegel, jeder situierte sich erst einmal auf seinem mit Namen versehenen Sitz, und auch die Kids machten es sich bequem und tobten nochmal kräftig herum. Selbst die Kleinkinder waren mit von der Partie.

Der Ablauf des Abends war folgendermaßen: Es gab zwei Musikbücher mit über hundert Liedern, welche von brasilianischen Schamanen geschrieben worden waren. Die Lieder waren alle auf Portugiesisch und handelten vom Göttlichen, bedingungsloser Liebe, Freude, Familie, Natur, Licht, Mutter Erde, der Sonne und ähnlichem. Alle Frauen saßen im Norden, die Männer im Süden. Es gab zwei Zeremonialleiter, einen Mann und eine Frau; diese waren mit ihren Gitarren und schönen Stimmen auch zugleich die Hauptmusiker. Die Zeremonie würde mindestens bis in die Morgenstunden dauern und währenddessen sollte dreimal getrunken werden.

Und so erlebte ich diese besondere Zeremonie: Ich schloss die Türe meiner Casita hinter mir und ging in meinem strahlend weißen Outfit in Richtung Zeremoniehalle. Innerlich war ich sehr ruhig und erwartungsfrei. Ich hatte ja gar keine Vorstellung, was da überhaupt auf mich zukam, und folgte einfach meinem inneren Vertrauen. Den ganzen Tag über war ich ziemlich fit gewesen, doch nun wurde ich mit jedem Schritt müder. Nach der Abendmeditation wollte ich eigentlich gar nicht erst aufstehen, doch da ich mir dachte, dass ich noch die ganze Nacht auf diesem Sitz verbringen würde, zwang ich mich dazu. Wie viele andere hatte auch ich mein Kopfkissen dabei. Trotz lahmem Körper stand ich auf und lief die letzten Minuten vor der Zeremonie etwas umher.
Die einzigen Bitten beziehungsweise klaren Richtlinien für die Zeremonie waren, dass man zum einen nicht den Bereich der Halle verlassen sollte. Zu ihr gehörte auch ein Außenbereich mit Toiletten. Dies hatte den Grund, dass nur so ein geschützter Rahmen für so viele Leute gehalten werden konnte. Es wäre zu unsicher, wenn jeder in solch einem speziellen Zustand einfach überall umherstreunen könnte. Dementsprechend gab es Leute, die für diese Nacht sozusagen im Service waren.

Das hieß, dass sie sich um die Zeremonienteilnehmer kümmerten, sie in Richtung Toilette begleiteten, falls nötig, nachfragten, ob alles in Ordnung sei, bei Bedarf Wasser brachten, auf weitere Bedürfnisse der Teilnehmer eingingen und die kleinen Kotzkübelchen austauschten, welche sporadisch verteilt zwischen den Sitzen standen. Zum anderen gab es die Richtlinie, den Raum einer anderen Person zu respektieren und niemanden zu stören, was ja eigentlich selbstverständlich war, auch wenn es hieß „Fühl dich frei, stets das zu tun, was du möchtest und was dir gut tut." Selbst die Betreuer tranken mit. Noch vor der Zeremonie sprach ich ein Gebet, mich an diesem Abend nicht übergeben zu müssen, und hatte ein gutes Gefühl dabei.

Als ich also draußen am Herumspazieren war, fühlte ich mich immer müder und schwächer. Ich fragte mich ernsthaft, was los war, und dachte, dass ich den Abend so niemals lange würde mitmachen können. Mein Magen begann zu ziehen und ich hörte nun endlich auf das deutliche Signal, zu ruhen. Also legte ich mich bis zum Beginn der Zeremonie auf eine Matratze und schloss die Augen. „Solch eine heftige Müdigkeit?" dachte ich mir!
Dann begann die Zeremonie und ich raffte mich schwindlig auf zu meinem Sitz. Trotz dieses Zustandes spürte ich in meinem Inneren, dass alles vollkommen in Ordnung war und es keinen Grund zur Sorge gab. Was mit rationalem Verstand in dieser Situation eigentlich nicht nachzuvollziehen war! Die Zeremonialleiter begrüßten alle und sprachen wenige einleitende Worte. Dann wurde das erste Lied gespielt. Der innere Kern bestand überwiegend aus Frauen, welche mit ihren himmlischen Stimmen im Chor zur Gitarrenmusik sangen. Es war so schön, doch konnte ich aufgrund meiner Verfassung gar nicht so richtig präsent sein und das Geschehen genießen. Ich fühlte mich, als ob die Ayahuascapflanze bereits in mir wäre!

Dann standen alle auf. Die Frauen stellten sich im Norden an den Altar mit den kleinen Gläschen und die Männer vom Süden her. Von hinter der pflanzenbehangenen Stehwand wurden kleine Glaskrüge mit dem ur-roten Ayahuasca-Tee gebracht. Seine Farbe war von solcher Schönheit – würde ein Außerirdischer auf diese Erde kommen und mich fragen, wie die Farbe rot aussieht, würde ich ihm diesen Tee zeigen. Mit etwas Schwindel stand ich in der Männerreihe… und auch ich fühlte mich wie ein Außerirdischer! Bedächtig gingen die Leute nacheinander

zum Altar. Die Zeremonialleiter waren ernst und hochkonzentriert bei dem, was sie taten, und schienen ganz genau auf ihre Intuition zu horchen, wie viel sie jeder einzelnen Person in das kleine Gläschen gossen. Meines wurde zu zwei Dritteln gefüllt. Ich nahm es, hielt es zum Herzen und trank dann mit klarer innerer Absicht für diesen Prozess. Ein Griff zum kleinen Schälchen, welches mit Rosinen gefüllt war, und ich ging davon.
Auf dem Weg nach draußen versüßte ich mir mit den Rosinen den intensiven Geschmack des Tees. Ich könnte den Geschmack gar nicht anders beschreiben als „intensiv". Für meine Geschmacksknospen jedoch nicht eklig, eher: besonders. Kraftlos war ich nach wie vor und begab mich bald wieder auf meinen Sitz. Dann hatten alle getrunken, sogar die älteren Kinder tranken kleinere Mengen! Sie wuchsen im Gemeinschaftsgefüge auf, kannten seit jeher die Zeremonie und wuchsen ganz natürlich in diesen festlichen Rahmen hinein. Es war überhaupt mehr wie ein familiäres Fest als wie ein ernstes Ritual. Nun saßen alle da. Allgemein wurde uns empfohlen, überwiegend auf dem Sitz zu bleiben, meditativ dort zu verweilen und ein präsenter Teil des Kreises zu sein. Wer tanzen wollte, konnte natürlich jederzeit aufstehen und am Eingang im Westen der Halle seinen Körper bewegen. Doch wäre es gut, dann auch immer wieder den Zug zurück zu spüren und mit allen zu sitzen.

Die brasilianische Schamanenmusik begann wieder, und weitere Lieder wurden gespielt. Mein Verstand wollte auf der einen Seite zwanghaft wach bleiben, und zur gleichen Zeit war mir die Musik in diesem Augenblick viel zu festlich und ich sehnte mich nach etwas Ruhigerem. Ach ja – die Zeremonie fand, nach brasilianischer Tradition, in vollem Licht statt. In Peru, so hörte ich, sei man dabei im Dunkeln, doch hier ging es um eine Reise ins Licht, und der Altar in der Mitte sollte der Aufzug sein. Meine innere Stimme sagte mir eigentlich deutlich, dass ich mich einfach ausruhen sollte, und mein erwartungsfreier Verstand gab sich dem hin und dachte „Dann schlaf ich halt die ganze Nacht". Damit hätte ich gar kein Problem gehabt, ich hatte sowieso das Bewusstsein, voll in meinem Prozess zu sein, und würde diesen nicht von einer Ayahuascazeremonie abhängig machen. Die Tage zuvor war ohnehin schon viel in mir passiert. Also legte ich mich wie ein schwerer Stein auf mein Kissen und versank mit der Hintergrundmusik in eine schwarze Tiefe. Irgendwann erwachte ich wieder und öffnete müde meine Augen. Ich war nicht der einzige, der sich schlafen gelegt hatte, doch die meisten saßen noch wach oder halbwach da. Die Musiker in der Mitte sangen unermüdlich, und ich raffte meinen schweren Körper zum Sitzen auf. „Da ist ja wieder ein Hauch von Kraft!“ dachte ich und wollte wieder aktiv am Geschehen teilnehmen. Dann kam die erste Pause, ich stand wackelig auf und ging zur Toilette. Außer meiner Müdigkeit und Kraftlosigkeit spürte ich keinen Effekt und dachte „Naja, ist ja nicht so wild, das Zeug, nach zwei Bier hätte ich bestimmt mehr einen sitzen…“ Bewusst auf meinen Körper achtend, setzte ich einen Fuß vor den anderen. Ich wagte einen Blick auf die Uhr, es war halb eins. Nun stellten wir uns wieder an, um den zweiten Tee zu trinken. Ich bekam erneut ein zweidrittelvolles Gläschen und genoss die süßen Rosinen hinterher. Schwer sank ich auf meinem Sitz nieder und hielt mich wach. Die Musik begann erneut…

… und was ab dann passierte, damit hatte ich wahrlich nicht gerechnet, und ich muss an diesem Punkt auch ehrlich eingestehen, dass ich mit den folgenden Zeilen, egal wie viele Worte ich verwende, niemals das schildern könnte, was ich in aller Tiefe tatsächlich erlebte. Doch werde ich mich bemühen, einen ungefähren Eindruck davon zu geben. Es sollte eine der unglaublichsten Reisen meines Lebens werden…

Zeit war sowieso relativ geworden, und irgendwoher kam wieder Energie. Die Müdigkeit schwand, doch die Schwäche blieb. Der bisherige Abend hatte mich in einen Zustand gebracht, in dem ich mich nur noch völlig hingeben konnte. Alles andere war undenkbar. Und als ich nun der Musik weiter lauschte, konnte ich auf einmal die Festlichkeit in mir spüren. Die wunderschönen Frauenstimmen, die zarte Sprache, die Klänge der Gitarre, eines der verzauberndsten Konzerte, das man sich vorstellen kann, in so viel Schönheit und gute Absicht gehüllt. Freude kam über mich und ich war nun ganz präsent mit dabei. Plötzlich bemerkte ich, wie die Farben des Raumes intensiver wurden. Sie bekamen mehr Gehalt, und eine Weile später verschoben sich sogar die Größenordnungen ganz leicht. Mein Verstand war trotzdem klar mit dabei und sah sich wie ein Zuschauer das sich langsam erweiternde Spektakel an. Keine Urteile – ich war meilenweit offen und ohne jegliche Resistenz. Zur gleichen Zeit spürte ich die Geschütztheit des gesamten Raumes und hatte unendliches Vertrauen.

Dann dachte ich auf einmal „Oh, doch mehr Effekt als bei zwei Bierchen, jetzt wird’s interessant…“ Dann verschoben sich die Realitäten,

die Musik ging voll und ganz in mich über, die Farben und Größen der Halle spielten miteinander, und als ich die Augen schloss – unglaublich! Ich erlebte zum ersten Mal, was ich bloß aus Filmdarstellungen oder Erzählungen kannte. Kennst du noch den alten Windows-Media-Player, bei dem man Musik abspielt und dann diese sich verändernden Regenbogenmandalas als Hintergrund ablaufen? Plötzlich nahm mich die Pflanze auf eine für mich ganz neue Reise, und ich sah Farben, die sich ineinander schlängelten. Räume, Kreise, Rechtecke, Linien und alles vermischte sich ständig zu einem neuen Bild. Dazu die Musik und ein Gefühl von unendlicher Freude. Purer Genuss war in mir, und wo ich war, das wusste ich ehrlich gesagt nicht. Es war schön, dass mein Verstand klar, jedoch vollkommen urteilsfrei mit dabei war.
Das ging noch eine gefühlte Ewigkeit so weiter, und irgendwann öffnete ich wieder die Augen, um die Schönheit der in der Mitte musizierenden Leute wahrzunehmen. Zwischen den Liedern sagte der gitarrespielende Zeremonialleiter immer bloß „next", was so viel hieß, dass das nächste Lied begann. Alleine die paar Sekunden ohne Musik ließen so viel Sehnsucht nach den herrlichen Klängen und Stimmen aufkommen, und mit jedem Lied begann eine neue Reise voller wundersamer Welten. Meine Seele reiste in eine andere Dimension, einen Raum bedingungsloser Liebe und Glückseligkeit, voller Schönheit und Kreativität. Mit einem Lachen im Gesicht beobachtete ich immer wieder die Ereignisse in der Halle und konnte außer leichten Wippbewegungen meinen Körper nicht weiter rühren. Dann wurde ich wieder schwächer; es mussten wieder ein paar Stunden vergangen sein und ich sank langsam, aber sicher in meinem Sitz, auf mein Kopfkissen, zusammen.

Passend dazu machte auch die Musik eine Pause und die Lichter gingen aus. Der Raum wurde nun nur noch durch Kerzenlichter erhellt und alle legten sich in eine Art Trance-Meditations-Schlaf. Mein Bewusstsein war nun „halb". Meine Augen flackerten zwischen den Welten. Nun, da ich diese Zeilen schreibe, fühle ich wieder den Zustand, bekomme Gänsehaut und freudige Tränen steigen auf. Mein Körper lag wie im Schlaf da. Doch meine Seele war nun nicht mehr ganz in meinem Körper und ich befand mich in einem Raum, den man, soweit ich weiß, Astralebene nennt? Damit kenne ich mich zu wenig aus, doch war ich auf jeden Fall nicht mehr nur in meinem Körper. Unzählige Gedankenströme und Empfindungen durchzogen mich, Friede, Leichtigkeit, Ungewohntheit. Immer wieder musste ich lächeln, da ich es nicht fassen

konnte, wie und wo ich gerade war. Doch spürte ich deutlich, dass dies weit mehr war als bloß irgendein Trip. Ich reiste zur Tiefe meines Seins. Die Reise ging immer tiefer, Schicht für Schicht näherte ich mich der allwissenden Quelle, und nacheinander kamen mir Erkenntnisse über mich und meinen gesamten inneren Prozess. Offene Fragen wurden beantwortet und Sinnhaftigkeitslücken schlossen sich. Ach könnt' ich bloß einen Bruchteil von dem, was ich dabei in mein Sein aufzeichnete, hier wiedergeben! Ich spürte, wie sich die Einsichten in mir verankerten, und ich verweilte weiterhin in dieser Zwischenebene, während mein Körper auf der Erde getragen wurde. Langsam spürte ich wieder zehn bis zwanzig Prozent meines Körpers, jedoch nicht mehr. Dies reichte gerade, um mich zu kratzen und die Liegeseite zu wechseln.
Draußen brach ganz langsam das erste Licht des Tages heran und ganz sanft wurden die am Boden liegenden Leute von den achtsam umherlaufenden Betreuern geräuchert. Der Duft brachte wieder einen Hauch von Erdung in mich und ich raffte mich in meinem Sitz auf. Das dritte Glas stand an, und ich scannte mein Körperempfinden. Auch beobachtete ich, dass die Leute sehr unterschiedlich fit waren. Von total entkräftet und müde bis hin zu ganz-in-Ordnung und fit. „Packst du das, lieber Körper? Trinken wir noch einmal?“ fragte ich und meine innere Stimme sagte „Ja, ich zeige dir, wieviel“. Also atmete ich mich wieder in meinen Körper hinein und stand auf allen Vieren langsam auf. Stellte mich wackelig in die Reihe und zeigte dem Zeremonialleiter, als ich zum Altar ging, mit stiller Geste die Menge, welche ich noch haben wollte. Ich hatte, wie den ganzen Abend schon, nicht das Gefühl, dass die rationale Instanz in mir, welche ich als „Ich“ bezeichne, meine Taten lenkte. Es war, als ob ich mich voll und ganz meinem höheren Selbst übergäbe und alles geschehen ließe. Mann, ich muss schon sagen, dieses höhere Selbst weiß einfach zu jedem Zeitpunkt haargenau, was gut für mich oder was zu viel ist! Die Sehnsucht, in meinem Leben noch tiefer von dieser Instanz erfüllt zu werden, wuchs in dieser Nacht.
Nach den Rosinen legte ich mich wieder auf die Seite. Wach, aber schwach. Dieses dritte Gläschen wurde von einer nachfolgenden Stillephase begleitet. Draußen zwitscherten bereits die Vögel und die Natur war erwacht. Einzelne Sonnenstrahlen kamen in die Halle und überall sah ich nichts anderes als pure Schönheit.

Meine innere Reise führte mich dann in eine Dimension, die ich im Nachhinein als den Himmel bezeichnen würde. Oder auch als „Para-

dies". Zudem war mein Ich-Empfinden anders als im wachen Körperzustand. Ich konnte keine Trennung zu anderen Wesen mehr wahrnehmen. Auch nicht mehr zu all den Leuten im Raum. Manche von ihnen schliefen und die meisten saßen oder ruhten. Ich fühlte mich mit ihnen allen verbunden. Ich meine, schon in der Vergangenheit hatte ich vom Verstand her nachvollzogen, dass wir alle eins sind, doch nun konnte ich die Trennung nicht einmal mehr wahrnehmen! Mein ganzes Wesen war in unendliche, göttliche Liebe getaucht und verschiedenste Themen kamen nun in mir auf. Es war so, als ob mich endlich jemand hinter den Vorhang des Lebens geführt hätte, herunter von der Bühne der Erde. Hinter die Kulissen – und ich bekam eine ausführliche Instruktion über das menschliche Sein. Wellen von Erkenntnissen kamen über mich und ich war nur noch im Zustand des Verstehens und Verstehens und Verstehens. Die gesamte Schöpfung begann auf einmal mehr Sinn zu machen denn je zuvor, unzählige Fragen wurden beantwortet, doch war es ein Wissen, welches in mich überging und ein Teil von mir wurde.
Ich spürte so deutlich, dass ich nicht dieser Körper bin und er mir freudigerweise gegeben wurde, um die Erdenerfahrung zu machen. Ich durfte nun, wie es mir vorkam, den absoluten Sinn und den Willen der Schöpfung erkennen, und warum wir überhaupt auf dieser kostbaren Erde inkarnieren dürfen: Vor der Geburt, im körperlosen Zustand, befinden wir uns auf Ebenen, in denen Wachstum und Selbsterkenntnis zwar möglich sind, doch dauert dies dort Unzeiten und passiert nur sehr langsam. Stell dir vor, du lebst im Paradies, doch wie solltest du jemals das Paradies erkennen können, wenn du nie etwas anderes gekannt hast? Das Geboren-Werden auf der Erde ist ähnlich dem Biss in den roten Apfel, ein Gang in die Dualität, um zu erkennen! Uns wird ein wunderschöner Körper gegeben – irdische Materie, an der über Millionen von Jahren entwickelt wurde: von der Urzelle an zu den Pflanzen, über die Dinosaurier, Tiere, bis hin zu den Urzeitmenschen und schließlich bis zur heutigen Menschheit, welche mit sehr viel Sorgfalt entwickelt wurde.
Ich sah das Wunder des menschlichen Körpers und seine Genialität, wie er einfach perfekt für unsere irdische Erfahrung geschaffen ist! In diesem Körper kann man dann mit seinen Sinnen all die wundervollen Dinge der Schöpfung erfahren. Ganz einfach durch Sehen, Hören, Riechen, Schmecken und Berühren. Über die Sinne erfahren wir die Erde und spüren unseren Körper. Wer alle Sinne verschließt, der fühlt

den Körper nicht mehr, oder? Und der Körper ist das Tor zu dieser Welt und den dortigen Erfahrungen.

Die ganze Idee dahinter ist die, so erkannte ich in den himmlischen Reichen, dass wir voll und ganz in unserem Körper leben sollen. Voll präsent, mit offenen Sinnen. In diesem Jetzt-Zustand, wenn alle Sinneskanäle zur Erde offenstehen und die allgegenwärtige, göttliche Energie ohne jegliche Blockaden durch uns hindurchfließt, sind auch unsere inneren Kanäle in das Universum vollkommen geöffnet. Und aus der Verbindung des vollen Kontakts mit der Erde durch unseren Körper und gleichzeitig dem vollen Kontakt zu unserem höheren Selbst schließen wir die Lücke und werden EINS. Wir verbinden in diesem Moment die Ebenen, realisieren/erleuchten und erfahren unser eigentliches göttliches Sein in der Materie. Wir erkennen das Paradies auf Erden und dadurch erkennt sich die Herrlichkeit der Schöpfung durch den Menschen selbst! Das ist das ganze Spiel des Menschseins.
Und die Schöpfung befindet sich an dem Punkt der Ernte! All die ewigen Zeiten wurde dieses geniale Wesen Mensch kreiert und „upgedatet", und nun ist die Zeit des Feierns der Schöpfung gekommen. Ein Wesen mit der Kapazität seine Göttlichkeit in der Materie zu erkennen! Es war unfassbar, mich überkamen Flutwellen von Aha-Effekten, und die geistige Welt führte mich weiter auf der Bühne der Erde und mir wurde so vieles klar. Ich spürte, dass diese Ebene, auf der ich mich befand, unser eigentliches Zuhause ist, und blickte auf die Erde und das Menschsein mit größerer Objektivität als jemals zuvor.

Mein Sehsinn beobachtete manche Frauen, wie sie in ihrer unendlichen Schönheit zur wieder beginnenden Festmusik in der Halle tanzten. Doch blickte ich immer noch von einer anderen Ebene aus. Ich sah, wie würdevoll und anmutig sie ihre Körper zu den Klängen der himmlischen Musik bewegten.
Wir inkarnieren auf der Erde entweder als Mann oder als Frau. Nur auf der Erde gibt es diese Unterscheidung, nicht aber im Paradies. Und auch ich konnte meine Seele dort nicht mehr als Mann fühlen, sondern als göttliche Energie, welche sich aus weiblicher Energie und männlicher Energie zusammensetzt. Yin und Yang. Durch das Inkarnieren in männliche oder weibliche Körper haben wir gewisse Tendenzen in unserem Leben. Der Körper einer Frau, und ich beobachtete weiterhin die unendlich schön tanzende Frau am Eingang der Halle, ist die voll-

endete Schönheit der Schöpfung. Sie ist die erblühte Blume des Universums und ein wahres Meisterstück des Schöpfers. Ihr Körper ist der Erde so nahe, ihre Sinne sind offen, und jeder Ton der Musik macht, dass sie tanzen möchte. In den nachfolgenden Ausführungen geht es bloß um Tendenzen, vor dem Hintergrund, dass Geschlecht lediglich eine irdische Illusion der Materie ist. Doch um das Bild besser verständlich zu machen, spreche ich von „Mann“ und „Frau“ im Sinne dieser Aspekte, obwohl jeder von uns all diese Dinge in sich trägt!

Nicht umsonst stehen im Durchschnitt Frauen schneller zum Tanzen auf als Männer, ihre Sinne sind so fein, sie nehmen alles auf der Erde intensiv wahr, sie tragen die bedingungslose Freude des einfachen Seins in sich. Im Jetzt zu sein fällt ihnen viel leichter. Sie sind der Natur in ihrer Wildheit und ihrem chaotischen Aspekt – in positivstem Sinne – so sehr verbunden. Es fällt ihnen schwerer, in Form von Plänen, Terminen und Strukturen zu agieren. Wie Pusteblumen möchten sie am liebsten immerzu das tun, wofür die Erde geschaffen wurde: feiern. Denn Leben bedeutet, unter anderem, feiern – und über unsere Sinne nehmen wir am großen Fest der Erdenschöpfung teil. Der Frau fällt es leichter, im Körper zu sein und subtile Sinnlichkeit zu erfahren.

IM KÖRPER SEIN: EIN SCHRITT DES MENSCHEN IN RICHTUNG EINSWERDUNG

Nun sah ich mich weiter um und blickte dann auf die schönen Männer in der Halle: Wie sie den Raum halten, wie sie sich um all die Leute kümmern, wie sie den Aufbau für das Fest gemacht haben und die Technik installiert, wie sie sie bedienten, so dass die schönen Stimmen der Frauen überhaupt erst durch das Mikrofon erklingen konnten. Wie sie Ruhe und Sicherheit ausstrahlten. Der männliche Körper ist noch mehr mit dem Jenseits verbunden. Männer haben eine natürliche Sehnsucht nach dem göttlichen Paradies. Sie denken nach, wägen ab, suchen die Welt an allen Ecken und Enden ab, weil sie etwas in sich spüren. Sie spüren das himmlische Paradies und es ruft sie ständig. Sie nehmen die göttliche Struktur, nach der der gesamte Kosmos geschaffen wurde, deutlich in sich wahr. Sie verstehen darum, dass alles einen Rahmen hat und in perfekter Präzision geformt und angelegt ist. Nichts ist Zufall, alles absolut göttliche Absicht. Ihr natürliches Verständnis vom göttlichen Prinzip ist groß. Sie möchten nichts lieber als erkennen.

Denn das Leben wurde gegeben, um die göttliche Schöpfung zu erkennen. Dem Mann fällt es leichter, Gott zu erkennen.

SELBSTERKENNTNIS: EIN SCHRITT DES MENSCHEN IN RICHTUNG EINSWERDUNG

Und die Welle der Erkenntnisse ging immer weiter, und die Worte meiner Schilderung hier sind bloß ein Bruchteil dessen, was ich in dieser Dimension erblicken durfte: Ich sah auch, wie der Mann sich in unzähligen Süchten verliert, auf der ihn ständig treibenden Suche nach Gott. Es gibt mehr als die Materie, und das zwickt ihn ständig. Er findet keine Ruhe im Jetzt und bringt sich durch drogenartige Rauschzustände immer wieder aus dem Körper heraus. Er spürt so deutlich, dass die Seele sich nach ihrer von der Materie unabhängigen Form zurücksehnt. Er haftet nicht so sehr an den irdischen Dingen. Freiheit, die Suche, das Abenteuer und Unabhängigkeit lassen ihn so viel umherirren – ach könnte er doch für einen Augenblick stillhalten und erkennen, dass alles Göttliche auf der Erde erfahren werden möchte – im Körper, mit allen Sinnen im Jetzt! Er wehrt sich und will wieder in die Freiheit seines Urzustandes. Diese Flucht vor dem göttlichen Plan, voll am Erdenleben im Körper teilzuhaben, wird ihm manchmal zur Last, doch seine göttliche Unabhängigkeit ist seine Stärke.
Dann sah ich, wie die Frau sich der Erde erfreut. Sie vergisst fast, dass es noch mehr gibt, und möchte in ihrem Tanzen und Sein nicht weiter erkennen. Sie fürchtet die Struktur und fühlt sich durch sie in ihrer Wildheit eingeengt. Sie wollte am liebsten ewig auf Erden feiern und sich keine Gedanken über irgendeine Einswerdung machen. So sehr hängt sie an allem. An ihrem Körper, an ihrem Partner, an den Kindern und den materiellen Schönheiten. Es fällt ihr schwerer loszulassen. Auch ihre Flucht vor dem göttlichen Plan, sich in der Materie zu verhaften, wird ihr manchmal zur Last, doch ihr feines Körpergefühl ist ihre Stärke.

Es ist der Weg des Menschen, sowohl seine männlichen Qualitäten des Erschaffens, der Struktur, des Raumhaltens und des Denkens zu entwickeln als auch die weiblichen Qualitäten des Feierns, des Genusses, des spielerischen Erlebens der Erde und vor allem des Erblühens zur göttlichen Blume der Schönheit zu erfahren. Dabei spielt es keine Rolle ob Mann oder Frau. Dies sind lediglich Eigenschaften der Dualität der

Erde. Jeder hat bestimmte Tendenzen, und im Zusammenkommen können sie voneinander lernen. Welch Segen dem Manne widerfährt, der in sich die Schönheit und das einfache Sein des Weiblichen integriert. Und welch Segen einer Frau widerfährt, welche die göttlichen Strukturen erkennt und beginnt, ihre göttliche Schöpferkraft zu entfalten. Die Verbindung der beiden ist eine bloße Erinnerung daran, wie wundervoll es ist, selbst wieder in sich ganz zu werden.

An folgende Sätze erinnere ich mich wie nach einem guten Gespräch mit jemandem. In diesem Fall meinem innersten Sein: *„Seid euch gute Beispiele und helft einander, die Prinzipien des anderen zu lernen. Versucht jedoch nicht, durch ein zwanghaftes Beisammensein den anderen Aspekt im Außen bei euch zu halten. Dies wird niemals funktionieren. Lebt frei miteinander und respektiert euch wie das Heiligste.*
Dann, wenn Männer und Frauen wieder alle Aspekte in sich integrieren, machen sie den ersten Schritt und erfahren die Materie und den Körper mit vollen Sinnen. Und zur gleichen Zeit erkennen sie ihre göttliche Herkunft und vereinigen ihr Verständnis mit dem Sein im Körper. Und werden somit zum Göttlichen auf Erden, das sich selbst in der Materie erkannt hat! Es ist bloß ein großes Schauspiel, habt Freude daran, seht die Möglichkeiten des Wachstums auf der Erde und zugleich vergesst niemals, wo ihr eigentlich herstammt – ihr seid göttliche Wesen!"

Und in meinem außerkörperlichen Seinszustand erkannte ich nun auch, warum es solch eine heikle Angelegenheit ist, von den paradiesischen Himmeln in den Körper hineingeboren zu werden. Ich konnte regelrecht wieder fühlen, wie es war, die Sicht eines neugeborenen Babys zu haben. Wie empfindlich das Landen im Körper ist, mit all seiner plötzlichen Beschränkung. Ich verstand nun, warum wir als Babys so verwundert und unschuldig auf alles in dieser Welt dreinblicken, schließlich sehen wir die Dinge noch aus der Sicht von hinter den Kulissen! Oh mein Gott, wie ausgeliefert wir doch sind, wenn wir hier landen und nur mit ansehen können, was die anderen Menschen mit uns tun. Wir haben so viel Vertrauen, wir kennen nur das Einssein und sind noch so tief in die Wogen der göttlichen Liebe getaucht. Ich sah nun, warum dieser Übergang vom Körperlosen in den menschlichen Körper so extrem empfindlich ist!
Ich war im Himmel und war ganz offen, ich konnte nichts als Liebe empfinden, mein Vertrauen war unendlich, und jede noch so kleine Erschütterung an meinem Körper, welcher auf dem weichen Kopfkis-

sen am Boden der Halle lag, hätte mich verletzt und sehr unangenehm beeinträchtigt. Die Musik war so wundervoll, und wenn ich mir nur vorstellte, dass irgendjemand schlechte Worte oder niedrigere Energien als der der absoluten Liebe mir entgegengebracht hätte, dann wäre ich auf Anhieb zerbrochen! Ich konnte das Drama erkennen, warum so viele Menschen kein Vertrauen in sich tragen. Schließlich wird es zumeist schon in den ersten Sekunden im Mutterleib, und erst recht bei der Geburt oder auch in unseren ersten Jahren, verletzt und oftmals auch gebrochen! Mir kommen gerade die Tränen… Ich sitze hier am Computer und weine, ich spüre den Schmerz so vieler neuankommender Seelen…
…es geht wieder. Ich erkannte nun, wie enorm groß unsere Aufgabe als Eltern und Umfeld eines Neugeborenen ist. Ein Kind möchte in einer warmen Umgebung mit sanftem Licht – Mond- oder Kerzenlicht – und wenn möglich der liebevollen Präsenz von vertrauensvollen Menschen geboren werden. Sanfte und freudige Musik, schöne Stimmen, welche es willkommen heißen, und vor allem ruhige, entspannte Bewegungen möchte es spüren. Geborgenheit und Liebe in jeder Absicht. Diese Energien waren es, welche ich in der Atmosphäre der Zeremonienhalle wahrnahm und die mich sanft in meinem Zwischenzustand außerhalb meines liegenden Körpers trugen. Es war ein Segen, dies erleben zu dürfen. Weit mehr als es irgendwo zu lesen und mit dem Verstand zu erfassen. „Endlich…“, so dachte ich immer wieder, während ich da lag „…endlich nimmt mich jemand bei der Hand und erklärt mir, wie die Dinge wirklich sind!“

Es ist die Aufgabe der Menschen, welche bereits auf der Erde sind, die Neuankömmlinge so achtsam und liebevoll wie nur möglich in Empfang zu nehmen. Dieser zerbrechliche Anfangszustand entscheidet über so viel im weiteren Verlauf eines Menschenlebens. Wir, die erkannt haben, wie wichtig es ist, mit den Sinnen das Leben voll und ganz wahrzunehmen – wir, die erkannt haben, dass wir mehr als unser Körper, nämlich göttliche Essenz sind – wir, die erkannt haben, wie wertvoll Leben ist, und bewusst an dem freudigen Spiel der Schöpfung teilnehmen, haben die Aufgabe, in diesem Bewusstsein den neuankommenden Seelen einen guten Start zu geben. Sie liebevoll an der Hand zu nehmen und zu führen, bis sie zu laufen gelernt haben. Und sie dann, während der ersten Jahre ihres Erdenlebens, langsam aber sicher loszulassen. Das allein bedeutet es, Eltern zu sein. Nicht mehr. Ein kurzer

Abschnitt, der mit Sorgfalt und Feingefühl vollbracht werden möchte. Und dann wieder abgegeben wird. Es lohnt sich nicht, im *Eltern-Sein-Wollen* zu verweilen. Es geht um den persönlichen Weg. Die Einswerdung im menschlichen Körper. Die personifizierte Verbindung von Erde und Himmel. Ein lebendiges Wunder!

Langsam erdete ich ein Stück mehr und zirka fünfzig Prozent von mir waren wieder in meinem Körper. All die Erkenntnisse! Das Paradies wiedergesehen zu haben! Und immer noch diese göttliche Musik. Unendliche Freude sauste wild in mir. Ich wollte tanzen! Meine innere Stimme sagte mir, dass ich wieder bereit dazu war. Ich dachte zuerst, dass ich doch gar keine Energie dazu haben dürfte, doch meine innere Stimme lächelte bloß über meine Vorstellung von Energie, und selbsterklärend erkannte ich auf tieferer Ebene, dass Göttliche Energie beziehungsweise Prana immer und überall ist. Wenn ich den Strom anzapfe, kommt Energie in meinen Körper. Und ich zapfte einfach an und bewegte meine Glieder. Wackelig stand ich auf und spürte, wie ich mich sehr schnell füllte und regenerierte. Die Musik war zu wundervoll, und ich begann zu tanzen wie noch nie zuvor. Ich war voll in diesem Moment, jede Bewegung ein Lob an das göttliche Sein in mir, ich tanzte im Körper und war noch zur Hälfte mit meiner Seele im Paradies. Ich spürte nur Liebe und Freude. Ich erkannte, welch wundervolle und einzigartige Manifestation des Göttlichen ich bin. Wie jeder solch eine einzigartige Schöpfung ist und bestimmte Qualitäten der Schöpfung durch sein körperliches Sein zum Ausdruck bringt. „Wir sind so genial geschaffen“, hörte ich mich sagen und bewegte meinen Körper mit Leichtigkeit und anmutiger Grazie. Der Tanz war schon immer etwas, das mich mit meinem inneren Weiblichen in Kontakt brachte, und ich spürte, wie gut es mir tat! In diesem Zustand erschien es mir auch nur allzu normal, dass ich immer an göttliche Energie angeschlossen bin. Dass ich sozusagen als Selbstversorger auf diese Erde komme und die sinnlichen Genüsse erfahren darf. Nun machte alles einen Sinn!

Der Morgen war nun zu einem guten Stück vorangeschritten, die Kinder erwachten langsam und tobten wieder in der Halle herum. Während der letzten Stunden war die Zeremonienhalle zu einem paradiesischen Fest geworden und wir feierten das Leben! Ein letztes Lied wurde gespielt, welches übersetzt so viel wie „Die Familie ist alles“ bedeutete, und wir jubelten sanft, mit den Händen in der Luft wedelnd. Die Zeremonie war damit offiziell beendet. Doch der Prozess und das Wieder-auf-der-Erde-Ankommen sollten noch dauern.

Ich schwebte zeitlos zu meiner Casita und ging dann mit allen anderen zum vorbereiteten Brunch. Das erste Mal, seit ich hier war, dass ich gemeinsam mit den anderen etwas aß, und es war mehr ein Feiern und wieder Ankommen als Hunger, den es zu stillen galt. Wir waren alle so sehr genährt, doch nutzten wir die köstlichen Geschmäcker von tropischen Früchten, Hafergebäcken, Eieromeletts mit Kräutern, Kuchen mit Erdbeerkompott, Salaten und vielem mehr, um wieder auf der Erde anzukommen. Ich genoss in vollen Zügen und spürte, wie meine Seele Stück für Stück wieder zurückkam. Es war einfach zu unglaublich, was ich in den vergangenen zwölf Stunden erlebt hatte, und ich schwieg überwiegend beim Genießen am Tisch. Ich fühlte mich wie nach einer riesigen Initiation und trug so unendlich viel Dankbarkeit in mir. Endlich verstand ich viele Zusammenhänge und was auf dieser Erde und in meinem bisherigen Leben so alles geschah. Endlich… ach… endlich… es war unbeschreiblich schön!
Nun war ich wieder zu – sagen wir – 80 Prozent auf der Erde und verbrachte den restlichen Tag auf dem Bett in meiner Casita. Bedingungslose Freude war immer noch mein Dauergefühl, und weitere Erkenntnisse kamen immer wieder in mir auf. Ich begann, das unfassbar Erlebte zu verarbeiten, und war noch viele Stunden in tiefe Meditation gehüllt, sah den Wolken beim Ziehen zu und beobachtete bunte Schmetterlinge, wie sie an den Gebüschen meiner Casita vorbeizogen. So viele Fügungen: Der Lichtnahrungsprozess, mein Sein bei dieser alternativen Gemeinschaft, meine innere Suche nach der Verbindung von irdischer Welt und Spirit, die Ayahuasca-Zeremonie – alles ergab solch einen Sinn – Wundervoll!

Am Abend trafen wir uns dann alle noch einmal in der Zeremonienhalle und teilten unsere momentanen Gefühle. Jedoch nicht, was jeder Einzelne während der Zeremonie so alles erlebt hatte – das würde viel zu weit führen, und es wäre noch viel zu früh gewesen, um den Erlebnissen einen Namen zu geben. Schließlich arbeitete die Zeremonie noch in uns weiter. In den nächsten Tagen erfuhr ich dann auch, wie unterschiedlich solch eine Zeremonie für jeden Einzelnen sein konnte und dass bei weitem nicht jeder solch eine Reise, wie ich sie erfahren hatte, erlebt hatte! Manche gingen auch durch Schmerz und Trauer, ihnen wurde vieles aufgezeigt, und andere erlebten sogar gar nichts. „Was???“ dachte ich verwundert „…nichts gespürt von der Pflanze?“ Das konnte ich nicht fassen, denn mein Erlebnis übertraf alles, was ich bisher erlebt hatte! Doch ich erinnerte mich an die Worte des Zeremonialleiters, welcher vor dem Ritual bereits erwähnte, dass es nicht die Pflanze war, sondern wir selbst, in die wir blickten. Die Pflanze war lediglich ein Türöffner zu jenen Bereichen, die zu erfahren wir bereit waren.

Nun sitze ich hier, habe einen kleinen Roman über mein Erlebtes geschrieben und habe immer noch das Gefühl, nicht ansatzweise übermittelt zu haben, was ich erfuhr. Doch das macht nichts, es war ein Ausschnitt, eine Geschmacksprobe, und sollte lediglich dazu dienen, dich zu inspirieren, deine eigenen Erfahrungen zu machen. Bitte sei durch meine Ayahuasca-Zeremonie nicht beeinflusst und erwarte irgendetwas davon. Ich habe erkannt, dass jede Erwartung bei einer Zeremonie, nein: sogar aufs Leben bezogen – uns mehr davon abhält, der Wahrheit näher zu kommen. Am besten, jeder ist offen für das, was vor ihm steht, und lässt sich von der inneren Stimme von Ort zu Ort und von Situation zu Situation leiten. Wir treffen dann schon auf die richtigen Leute und machen die für unseren Entwicklungsstand genau die richtigen Erfahrungen.

Das Leben ist eine wundervolle Reise, ich danke dem Universum für diese Möglichkeit, und gebe auch einen großen Dank an dich, dass du meinen Erlebnissen so ausdauernd zugehört hast!

DIE KLEINEN KRAFTTIERBOTEN

Erst ein paar Tage nach dem Ayahuascaritual sah ich nach, welche Botschaft der Nachtfalter mir noch vor der Zeremonie gebracht hatte. Da ich mein Krafttierbuch nicht zur Hand hatte, durchsuchte ich das Internet und wurde schnell fündig. Natürlich wusste ich nicht, ob die Beschreibung auf der Krafttierwebseite die gleiche oder auch nur ähnlich war wie in meinem Buch zu Hause. Doch glaubte ich nicht, dass es *die* Beschreibung gab, und nahm das, was mir gerade zur Verfügung stand. Der Text ging auch sogleich mit mir in Resonanz und verknüpfte sich nahtlos mit dem, womit ich mich gerade verstärkt auseinandersetzte:

Der Nachtfalter rät dir, bei aller Suche, die du in deiner jetzigen Situation aus deinem Inneren heraus spürst, abzuwägen, von was oder wem du dich anziehen lässt und von was oder wem du dich nicht anziehen lässt. Achte sehr genau darauf, wem oder was du deine Aufmerksamkeit schenkst und wem oder was nicht. Es geht darum, dass dir der Nachtfalter aufzeigt: Sei achtsam! Denn allem und jedem, was oder wem du deine Aufmerksamkeit schenkst, dort lenkst du auch deine Energie hin. Dort gibst du Energie und verbindest dich auch. Sei achtsam, wenn dir der Nachtfalter auffällt und begegnet.

Da ich mich ohnehin gerade sehr viel mit dem Thema der Energie beschäftigte, vor allem der göttlichen Energie Prana, konnte ich schnell einen Bezug zu meinem Leben herstellen. In letzter Zeit dachte ich auch immer wieder an den Satz „Energie folgt Aufmerksamkeit“. Und ich machte mir Gedanken, wie sich mein innerer Zustand änderte, wenn ich meine Aufmerksamkeit etwas Oberflächlichem, wie etwa einer mir nicht viel bedeutenden Fantasiewelt, schenkte. Im Vergleich dazu reflektierte ich, wie es sich auf mich auswirkt, wenn ich meine Aufmerksamkeit auf mein Inneres lenkte, mein wahres Sein.
Dann erinnerte ich mich, wie ich einen Tag nach der Zeremonie am Abend in meinem Bett lag und die Geckos an der Decke beobachtete. Dort oben waren auch ein paar Nachtfalter am Werk und erst dachte ich: Die sind viel zu schnell, als dass die Geckos sie fangen könnten. Doch mit viel Geduld und dem Abwarten des richtigen Moments schnappten sie dann doch immer wieder erfolgreich zu. Nun war ich bereits über zwei Wochen in meiner Casita und sah den Geckos immer wieder zu, doch nie hatte ich sie bei der Jagd gesehen. Und da war auch wieder der Nachtfalter im Spiel! Dies löste erneut etwas in mir aus und ich sah zusammen mit dem Nachtfalter auch nach dem Symbol des Geckos. Und den fand ich nicht, bzw. wurde ich auf seinen synonymen Freund die Eidechse verwiesen:
Das Tiersymbol steht für das Leben der eigenen Träume und Visionen und die männliche Schöpferkraft, diese umzusetzen.
Gecko und Nachtfalter, so war meine Interpretation: „Energie folgt Aufmerksamkeit“ und „Lebe deine Träume“. Mit anderen Worten: Lenke deine Aufmerksamkeit/Energie nun ganz bewusst auf das Verwirklichen deiner Träume. Innen wie außen. Ich interpretierte die Botschaft so, dass ich meine Energie nicht zu sehr in Dinge oder Leute investieren sollte, welche nicht in Bezug zu meinen Träumen standen. Und ja, ich wollte mich tatsächlich noch weniger ablenken lassen und

den Großteil meiner Kraft wirklich auf meine tiefsten Sehnsüchte verwenden. Das, was ich im Außen alles kreieren, und den Tempel Gottes, den ich im Innen weiter ausbauen wollte.
Somit erhielt ich wieder ein weiteres Puzzleteil zum Thema „Irdische Welt und den spirituellen Weg einen".

STÄRKE IN DER SCHWÄCHE

Nach dem Erleben dieser unfassbaren Medizinpflanzen-Zeremonie hatte ich noch eine Woche für mich, bevor ein einmonatiges Retreat begann. Dieses Retreat war das jährliche Highlight bei der alternativen Gemeinschaft und bot mit seinen verschiedenen Etappen eine gute Plattform für inneres Wachstum. Dieser besondere Monat begann auf der körperlichen Ebene mit fünf Tagen Körperreinigungsfasten und vier Tagen Yoga intensiv. Dann ging es über in einen fünftägigen Emotionsworkshop, bei dem wir mit unserem inneren Kind arbeiteten, und weiter zu einem speziellen Dreitageworkshop, bei dem wir den Verstand regelrecht züchtigten! Das Finale bildete eine siebentägige Stillezeit mit drei Meditationen und zwei Satsangs pro Tag.

Einen Tag vor Retreatbeginn schrieb ich dies in mein Tagebuch:
„Ich sitze auf meinem Bett und denke darüber nach, dass ich bereits drei Wochen in der alternativen Gemeinschaft bin. Alleine während dieser Zeit ist schon so viel in mir passiert. Ich stärkte die Verbindung zu meiner Innenwelt, die Ayahuascazeremonie, das tägliche Meditieren, plötzliche Energie- oder Schwächeschübe und jede Menge Schreiben. Manchmal blicke ich nur verwundert auf den Bildschirm und frage mich ernsthaft, wo die Worte herkommen. Denn es sprudelte in letzter Zeit regelrecht aus meinen Fingern heraus, und die Inhalte sind selbst für mich sehr interessant und lehrreich! Ich fühle mich bereits sehr geführt, bin in einem sehr ausgeglichenen Zustand und schaue voller Offenheit, ohne Ängste oder Euphorie auf die kommenden Wochen und freue mich auf das Retreat. Natürlich weiß ich schon, dass dies auch wieder bedeuten wird, mehr Kontakt zu anderen Menschen zu haben, und wahrscheinlich, so wie ich das von dieser Art Workshops her kenne, werden die Kontakte recht intensiv werden. Zum Glück bin ich das Heraus-fordern aus meiner seligen Ich-und-mein-Reich-Komfortzone bereits mehr als gewohnt und spüre in mir, dass es gut und schön ist, nun mit all den Menschen in diesen, wahrscheinlich transformativen, Prozess zu gehen.“

Es begann der erste Tag des Retreats und ich stand mit den Rufen der Dschungelaffen beim ersten Licht auf. Noch vor allen Workshops gab es eine Art Einführungs- und Kennenlerntag. Alle siebzehn Retreatteilnehmer saßen dafür im Kreis, stellten sich vor, und die Workshopleiter sprachen ein paar Worte zu den kommenden Wochen. Es ging an jenem Tag zum einen darum, mit den anderen aus der Gruppe in Kontakt zu kommen, und zum anderen gut im eigenen Körper zu

landen. Dazu tanzten wir jede Menge und saßen immer wieder mit verschiedenen Partnern Auge in Auge zusammen und tauschten uns über unser Innenleben aus. Es ging also gleich mal intensiv los!
Nach der Mittagspause trafen wir uns erneut. Ruhige Musik wurde gespielt, wir lagen auf dem Rücken und volle Körperentspannung war angesagt. Dann sollten wir auf jegliche inneren Impulse horchen und unseren Körper sich von ganz alleine bewegen lassen. Einfach zulassen, ohne zu kontrollieren. Das war schön, und nach etwa einer Stunde nahmen wir unsere neuen Notizbüchlein zur Hand und sollten einfach drauflosschreiben. Und zwar das, was unser Körper uns mitteilen wollte: Mein Körper teilte mir all seine Freude und Dankbarkeit mit. Die Prozesse, welche wir beide in den letzten Monaten durchlaufen hatten, waren reine Heilung, und er fühlte sich so gut wie noch nie oder vielleicht wie in frühen Kinderjahren. So viel Leichtigkeit, so viel Energie, Beweglichkeit und Entspanntheit. Er sagte mir, dass er sich wünschte, so weiterzumachen. Es sei schon in Ordnung, hier und da etwas zu genießen, es durfte ruhig auch mal mehr sein, in aller Fülle, doch das tägliche Vollstopfen wollte er nicht mehr. Mein Darm meldete sich zu Wort und bedankte sich, dass er nach so vielen Jahren Überarbeitung endlich Urlaub hatte und nun mit viel mehr Freude ans Werk ging, wenn mal was kam. Ich war zwar nicht überrascht bei diesem Brief, doch konnte ich es irgendwie kaum fassen. Es gab Zeiten in meinem Leben, da dachte ich, dass ich mit meinem Körper und meinen Gewohnheiten nie auf einen grünen Zweig kommen würde. Nur um einmal mehr in meinem Leben festzustellen: Wo eine echte Sehnsucht und die Bereitschaft beziehungsweise der Mut zu transformieren da sind, kommen unvorhergesehene Dinge hinzu, welche den Prozess bereichern. Geduld, Entschlossenheit und Feingefühl waren in jenen Tage für mich die Schlagworte.

Am nächsten Tag gab es eine Schwitzhüttenzeremonie für alle Retreatteilnehmer, um die eigene Absicht für den bevorstehenden Transformationsprozess klar zu fokussieren. Ich war schon in der ersten Runde gleich in einem meditativen Zustand und erhielt sofort eine Vision, welch Geschenk! Der Adler erschien mir, und auf einer Geistreise sah ich mich selbst bald als Adler. Ich flog zwischen den Wolken und sah mich nun vor einem großen Gebäude. Es stellte symbolisch eine Manager- und Führungsebene unserer Gesellschaft dar. Ein Ort, an dem Geld, Geschäfte, Zahlen, Wirtschaft und Burnout groß geschrie-

ben wurden. Dann erkannte ich, wie wichtig es natürlich sei, all die Interessierten und nach neuen Wegen suchenden Menschen wieder mit der, beziehungsweise *ihrer* Natur zu verbinden. So, wie ich es bisher bereits durch meine Naturkurse getan hatte. Nun richtete sich mein Augenmerk jedoch auf eine andere Gesellschaftsebene und ich sah, welche Auswirkungen die Verbindung mit der Natur dort haben könnte. Fast schon wie ein Kind bat ich um alle Unterstützung und innere Führung für diese neue Aufgabe und wusste, dass eine Vision nicht bedeutete, dass etwas zwingend so kommen wird – sie zeigt aus meiner Erfahrung einen möglichen Ausgang der Zukunft. Es lag nun an mir und meinem Willen und Mut, diesen Weg weiterzugehen.
Frische Ananas und Wassermelone gab es nach der Schwitzhütte, und wie noch in einem anderen Space ging ich zu meiner Casita, um über den Mittag hinweg etwas zu ruhen. Als ich dort auf meinem Bett lag, spürte ich Rastlosigkeit in mir. Der Vollmond nahte, und mein Inneres sprach „Annehmen und Hingeben".

Einen Tag später begann also der erste Workshop: fünf Tage Körperreinigung. Und gleich am ersten Tag passierte mir etwas, das ich aus der Vergangenheit bereits kannte. Besonders an den Vollmondtagen kam dies, wenn ich nicht achtsam genug war, zum Vorschein: der Übermut. Ich war am Morgen bereits etwas schwach, doch wollte ich das nicht wahrhaben und nahm mir vor, während der Körperreinigungstage total energetisiert zu sein. Ich wollte nicht schwach sein und plante verschiedene Aktivitäten für diese Tage ein. Schließlich aß ich ja auch die Zeit vor dem Workshop nicht und war bei voller Energie, also warum sollte es während dieser Tage anders werden?
Wir starteten den Tag mit Yoga, und von morgens bis abends bekamen wir fast stündlich frische Säfte aus hochgesunden Zutaten. Doch war dies nicht die Art von Mixturen, welche ich mir zu jener Zeit mischte. Sie waren kaum süß, mal sauer, mal bitter, mal fruchtig, mal gemüsig. Und auch, wenn ich mir nicht mehr so viel zuführen musste, um ausreichend genährt zu sein, so kam ich hier doch an inneren Diskomfort, da der geschmackliche Genuss schon noch ein emotionaler Anker für mich war! Und der war nun fast weg.
Später an diesem Tag hatten wir zudem Akupunktursitzungen. Und frohen Mutes ging ich zum Akupunkteur. Ich hatte so etwas noch nie erlebt und war einfach naiv offen dafür. Als ich vor dem glatzköpfigen Mann mit strahlenden Augen und einer sehr warmen Ausstrahlung saß,

nahm er meinen linken Arm und fühlte eine Weile meinen Puls. Dann erzählte er mir, dass ich viel Sonnenenergie hätte, also Schöpfer- und Schaffensenergie. Energie, welche im Außen wirkt – und dass dies sehr schön sei. Jedoch fehle mir der entsprechende Ausgleich, die Nacht und das Ruhen, das einfache Sein, und das könnte mich auf Dauer auslaugen. Mit einem herzlichen Lächeln bemerkte er in einem Nebensatz, dass ich schöne Augen hätte, und ich dachte mir kurz zuvor noch dasselbe über ihn. Es war, als ob wir uns direkt in die Seelen sähen. Ich verstand, wovon er sprach, und war überrascht über seine präzisen Aussagen. Unter anderem kam ich ja deswegen zur alternativen Gemeinschaft: um mein *einfaches Sein* zu stärken! Er fragte mich noch, ob ich ein Instrument spiele, und ich antwortete, dass ich für mein Leben gerne tanzte. Das passe gut zu mir, meinte er und fügte hinzu, dass auch das Spielen eines Instruments gut für mich wäre. Dann ging's ab auf die Matte.
In dem Raum lagen bereits vier weitere nadelbepiekste Leute in meditative Musik gehüllt. Erst gab er mir jeweils drei Nadeln in die Nähe der Schienbeine, das spürte ich kaum. Die erste am Bauch piekte etwas, doch ging das noch. Jedoch die zweite am Bauch traf mich heftig, und der Schmerz zog bis in die rechte Leiste herunter! Es ging, wenn ich schön gleichmäßig atmete. Das brachte mich schnell in diesen Moment, und der Akupunkteur fuhr mit einer Nadel pro Hand und einer letzten in meinen linken Fuß fort. Er sagte mit ruhiger Stimme, dass dies meinen Entgiftungsprozess unterstützen würde, und ging. Da lag ich nun und war alles andere als stark. Ich wurde ziemlich auf den Boden geholt und mein System fuhr schlagartig herunter. Der Schmerz im Bauchorgan legte sich, sobald ich mich endlich der Situation hingab und in eine nicht-tuende Haltung ging. So verbrachte ich eine halbe Stunde und spürte gegen Ende, dass es an verschiedenen Stellen meines Körpers so brannte, als ob sich eine aggressive Ameise in meine Haut bohren würde. Als ich ihn rief und er mir die heftigste Stelle streichelte, erklärte er mir, dass dies freiwerdende Energie sei. Danach war ich definitiv müde, schwach und verlangsamt. Es arbeitete ziemlich in mir und mein innerer Prozess hatte endlich Platz für seine Entwicklung.

Von wegen aktiv bleiben! Ich sann über die Rastlosigkeit nach, welche am Vormittag so präsent war. Das hatte ich schon öfters an Vollmond, und ich konnte nun die Zusammenhänge, welche diese Mondphase da immer wieder in mir hervorkitzelte, besser verstehen: viel tun, Push durch Getränke/Nahrung, Überlastung und auf Dauer eventuell eine

Schwächung meiner spirituellen Anbindung.
Nachmittags hatten wir wieder Zeit für uns und ich spürte den Zuckerentzug. Entweder wollte ich etwas tun, dann konsumierte ich auch nicht so viel – oder, wenn ich nichts tat, begann ich, vermehrt Dinge in meinen Mund zu gießen – bevorzugt süße Getränke. Wenn ich beides nicht zur Verfügung hatte, kam ich in eine Art Entzug. Natürlich war das nicht immer so, doch immer wieder über die Wochen hinweg, und dies wurde mir nun sehr deutlich vor Augen gehalten. Dieses zerrissene Gefühl war erst einmal schwer für mich anzunehmen. Denn immer wieder kam ich in jenen Zwiespalt, da ich mein derzeitiges Leben, mit all den Dingen, welche ich umsetzen wollte, so sehr mochte. Ich sah darin nicht nur für mich Freude und Erfüllung, sondern hatte auch das Gefühl, etwas Sinnvolles für andere und den Planeten zu tun. Und zur gleichen Zeit verstand ich auch, dass, wenn ich mich über die Jahre hinweg zu sehr verausgabte, vielleicht am Ende weniger bewirkte, als wenn ich nach dem Zen-Sprichwort handelte: „Gehe langsam, wenn du es eilig hast!"
Es war vor allem deshalb nicht so leicht hinzunehmen, da ich während dieser Tage vor guten Ideen geradezu übersprudelte und einen solchen Tatendrang hatte, dass ich mich manchmal am liebsten dreimal zur Verfügung gehabt hätte! Und als ich so dasaß und mit mir und meiner Innenwelt sprach, sagte ich mir ganz offen, dass ich nicht wusste, ob ich momentan bereit war, das zu ändern oder auch nur einzuschränken!? Sowohl den Komfortnahrungspush als auch die Geschäftigkeit. Etwas niedergeschlagen trank ich einen würzigen Saft aus Zitrone, Ingwer, Gelbwurz, Cayennepfeffer und Stevia. Hui, war der scharf, doch auch auf seine Art lecker. Dann schleppte ich mich müde zu meiner Casita und ließ bewusst die Abendmeditation ausfallen. Schon um sechs Uhr abends schlief ich schnell ein.
Der Wecker holte mich um fünf Uhr aus meinen elf Stunden Dornröschenschlaf. Während der Nacht war ich immer wieder erwacht oder mit halb offenen Augen dagelegen und hatte mich vor Situationen aus meiner Vergangenheit gesehen, in denen ich viel Energie abrief und dann nach einer gewissen Zeit verausgabt war. Viele Szenen zogen an mir wie in einem Kinofilm vorbei und ich bekam einen besseren Überblick über mein bisheriges Verhalten. An diesem Morgen hatte ich alles andere als Lust auf Yoga. Doch machte ich trotzdem mit und überwand meine innere Resistenz.

Am Mittag trafen wir uns dann alle zum Tanzen. Wie Zombies schleppte sich die Fastengruppe dahin, und bei dem Gedanken an Bewegung grauste es den meisten. Doch als wir langsam in Schwung kamen und die peppigen Rhythmen unsere müden Glieder erweckten, kam wie aus dem Nichts jede Menge Energie in den Körper. Auf einmal tanzten die meisten, mich eingeschlossen, wie wild. Erstaunt stellte ich wieder fest, dass Energie durch wesentlich mehr Quellen als feste Nahrung bezogen werden kann! Während dieser Tage sprachen wir auch über gesunde Ernährung, welche Nahrungsmittel eher ungut für den menschlichen Körper wären, über Gifte und chemische Substanzen in Lebensmitteln, welche sich in unseren Körpern ansammeln, und analysierten das Verdauungssystem. Bei letzterem blieb es jedoch nicht nur bei der Theorie, da wir zweimal täglich eine professionelle Darmspülung vollzogen. Das war stets gut und reinigend und gleichzeitig auch entkräftend für meinen Körper.
Nach dem Tanzen standen Strandtaxis bereit und wir fuhren zum wundervollen Meer mit seinen seichten Wellen. Ausziehen und ab ins salzige Nass. Den Körper kräftig mit Sand schmirgeln und Sonne tanken war angesagt. Das Ambiente: ein Traum, hinter uns die dunklen Riffe und der Dschungel und vor uns die blauen Wellen unter der strahlenden Sonne. Doch trotz allem spürte ich Diskomfort in mir. Denn obwohl ich die letzten Wochen kaum aß, hatte ich nun mehr Hunger als zuvor. Ich hätte in diesem Zustand alles weggefuttert und merkte, wie der Entzug in mir arbeitete. Es war nicht notwendigerweise Essensentzug, sondern der Entzug, nichts zu werken zu haben, einfach nur zu sein, die Mondzeit wirken zu lassen und in meine Tiefen zu blicken. Melancholisch ging ich am Strand spazieren und setzte mich irgendwann hin. „Wie soll man im Außen das Paradies genießen, wenn es nicht auch im Inneren spürbar ist?“ fragte ich nachdenklich die Wellen des Meeres.

Auf das große Gewässer starrend kam ich in eine Art zeitlose Trance und berührte endlich meine inneren Tiefen. Nichts, das mich davon abgelenkt hätte, und endlich kam ich dahin, wo der Prozess mich haben wollte. Ich verband mich mit meiner inneren Göttlichkeit, spürte meinen wahren Kern und wer ich wirklich bin. Weit mehr als ein Schläfer, Esser und Macher! Wie von selbst begann ich ganz bewusst zu atmen, und mit jedem Atemzug zog das Universum ein Stück mehr in mich ein. Plötzlich war die Spitze des Entzugs überwunden, und aus Erfahrung

wusste ich bereits, dass nach dem Durchschlüpfen durch diese Durststrecke großartige Dinge warteten. Und so war es – aller Hunger war weg, ich war einfach bloß da und glücklich mit mir und der Schöpfung. In diesem Moment gab ich das Versprechen ab, mich mit besten Kräften dem Weg zu meiner inneren Wahrheit zu widmen und dies für mein Leben zur Priorität zu machen. Dabei vernahm ich in mir sowohl Angst als auch Entschlossenheit. Noch den ganzen Nachmittag und Abend weilte ich in meinem inneren Sein, war voll da und atmete ununterbrochen bewusst ein und aus, als ob es nichts Wichtigeres gab… gibt es das überhaupt?
Am Abend wurde in der alternativen Gemeinschaft Musik gespielt, die Bar gab leckere Smoothies und schokoladige Desserts aus und ich tanzte etwas. Das Kokosnusswasser, das während meiner Körperreinigung als einziges von der Bar bestellt werden konnte, war ein Hochgenuss, und ich atmete jeden Schluck mehrere Sekunden lang in meinem Gaumen, bevor ich die Flüssigkeit freudig in mich gleiten ließ! Was für ein Tag!

Mein Schlaf war besonders erholsam, ich stand auf, trank Wasser, putzte mir die Zähne und widmete mich als erstes bei einer Meditation bewusst meinem göttlichen Selbst. Ich stellte mir vor, wie all die Liebe des Universums in mein Herz floss, und betrachtete mich danach im Spiegel. Ich streichelte meinen weichen Bart und berührte mich liebevoll. Die Person, welche ich da erblickte, war mehr als einfach nur *Alexandros*, da war so viel mehr, so viel Schönheit, die ich nach menschlichen Maßstäben gar nicht in Worte fassen konnte. „Und das steckt also in jedem von uns?!“, fragte ich den Spiegel rhetorisch und gab ihm selbst lächelnd die Antwort „So schön!“

Beim Yoga war ich zwar körperlich schwach, doch innerlich erfüllt, noch immer atmete ich sehr gleichmäßig. Zwischendurch kam wieder ein kleinerer Entzugsschub, doch konnte solch eine kleine Welle mich kaum noch beeindrucken. Als ich später mit meinem frischen Vitamin-C-Bomben-Saft am Tisch saß und ein in sich ruhender Teil der Gruppe war, stellte ich mir mit jedem Atemzug vor, wie mein wahres Selbst Stück für Stück mehr in mich einzog. Als ob es endlich seine Traumwohnung gefunden hätte und diese nun auch bezugsfertig war! Eine Frau hatte ein kleines Krafttierbüchlein auf den Tisch gelegt, und wie fremdgesteuert fragte ich sie, ob ich es haben durfte. Der Adler interessierte mich und ich wollte wissen, welche Botschaft er in diesen

Zeilen bereithielt? Hätte ich nicht schon viele wundersame Dinge erlebt, hätte es mich bei den folgenden Zeilen wahrscheinlich vom Hocker gehauen!

Hier der original übersetzte Text:
„Vor dir liegt eine Gelegenheit, welche du in Erwägung ziehen solltest, also wäre es das Beste, den Vorteil bald zu ergreifen! Es wird einen Neuanfang in eine positive Richtung geben. Diesem Neuanfang wird eine kurze Phase der Unannehmlichkeiten vorausgehen. Doch während jener Phase wirst du gesünder und widerstandsfähiger werden. Hafte nicht am Normalen/Gewöhnlichen, sondern erhebe dich darüber, so dass du fähig wirst, dein Leben und die Umstände aus einer größeren Perspektive und mit einer weiteren Sicht zu sehen.
Es ist Zeit für ein großes spirituelles Erwachen! Durch dieses Erwachen wirst du eine stärkere Verbindung zum Göttlichen erfahren. Nun ist die richtige Zeit, mit dem Göttlichen zu kommunizieren, um kreative Inspiration zu erhalten. Also achte auf jede Führung, welche dir zuteil wird. Alles, was du von nun an aussendest, ob positiv oder negativ, wird schneller denn je zuvor in irgendeiner Form zu dir zurückkehren. Als Adler hast du eine erhöhte Fähigkeit, zwischen der materiellen und der geistigen Welt zu reisen. Also tauche in deine inneren Tiefen und gib gut auf jegliche Visionen und Inspirationen acht!"

Vollauf war ich begeistert über diese Botschaft, sie spiegelte genau wieder, was ich in mir spürte; ich hatte in den letzten Wochen – und das sollte sich in den kommenden nicht ändern – mehr Visionen und Inspirationen als je zuvor bekommen. Fast täglich schwappte es in mich, und manchmal fragte ich mich schon, wie ich das alles umsetzen sollte und zur gleichen Zeit den ruhenden Pol in mir behalten? „Vertrauen und Geduld", hörte ich in mir, und mit einem Lächeln gab ich zur Antwort „Ja, ich weiß doch…"

Im Laufe des Tages kamen wir dann alle zusammen und sprachen über die bevorstehende Leberreinigung. Dabei sollten sämtliche Giftstoffe und Gallensteine aus unserem Körper gespült werden, und es lag bereits bei dem Gespräch darüber in der Luft, dass dieser Prozess gar nicht so ohne werden würde!
Nach dem Leberreinigungsgespräch gestalteten wir bei angenehmer Musik und Räucherduft einen Altar in der Mitte des Yogaraumes. In der kommenden Nacht würden wir nämlich alle zusammen dort schlafen und gemeinsam die Leberreinigungstinktur trinken. In einer Art kleiner

Zeremonie legte jeder einen Gegenstand aus einem Körbchen auf den Altar. Diesen sollte man mit bestimmter Absicht als Unterstützung für den bevorstehenden Prozess legen. Beim Legen des Gegenstandes sollte man diesen energetisch mit einer Sache, einem Ort, Mensch, Tier oder Heimat verbinden, die einem während der Reinigungszeit Kraft geben sollte. Nacheinander gingen die Leute in die Mitte, legten ihren Stein und erzählten dann, mit wem oder was dieser verbunden war. Manchmal flossen auch Tränen. Die Leute aus der Gruppe erzählten dabei von Freunden, Verwandten, Haustieren, ihrer Heimat oder den Eltern, doch ich spürte, dass sich in mir diesbezüglich gerade etwas änderte…
…eine neue Heimat bildete sich gerade in mir, als ob ich bereits aus dem alten Haus ausgezogen wäre, jedoch die Möbel noch darin stünden. Das neue Haus war schon da, nur noch nicht bezogen. In den letzten Monaten und Wochen und vor allem jetzt spürte ich immer weniger ein Gefühl von Heimat, wenn ich an meinen Herkunftsort, meine Familie, liebgewonnene Leute oder andere Dinge aus meiner Vergangenheit dachte. Das neue Haus in mir fühlte sich nun wie Heimat an: meine innere Wahrheit! Ich teilte dies im Kreis, und fast wie ein unbeteiligter Dritter beobachtete ich mich beim Sprechen dieser Worte. Etwas Tiefgreifendes änderte sich gerade in mir. Das bedeutete natürlich nicht, dass mir nun all die anderen Dinge egal waren, ganz und gar nicht. Ich würde einfach bloß umziehen…
Die zweite Darmreinigung am Nachmittag ließ ich ausfallen. Auch wenn diese auf dem Programm stand, signalisierte mir mein Körper deutlich, dass ihm dies gerade zu viel gewesen wäre. Ich bemerkte auch, wie meine Geschmacksnerven sich wieder mehr neutralisiert hatten, und die fruchtigen, bitteren, sauren, aber nichtsüßen Säfte schmeckten nun angenehmer und sogar leicht süßlich. Bald sollte also diese ominöse Leberreinigung beginnen. Ab vier Uhr nachmittags tranken wir nichts mehr – mit der Ausnahme von Salzlösungen. „Was das wohl wieder ist?“ fragte ich mich. Jeder bekam einen halben Liter von dieser durchsichtigen, geruchlosen Flüssigkeit. Viermal sollten wir je 125 ml trinken. Zweimal vor der Leberreinigung und zweimal danach.
Ich lag in meiner Casita und hörte ruhige Musik. Jedes Mal wenn ich aufstand wurde mir schwindelig. Um 18 Uhr segnete ich dann die Salzlösung und nahm den ersten Schluck. Im großen und ganzen würde ich sagen, dass ich bei so etwas nicht zimperlich bin, doch das war selbst mir zu viel des Guten. Seit langem war dies die erste Flüssigkeit, bei der es mir ernsthaft schwer fiel, beim Trinken Dankbarkeit zu entwickeln!

Wie könnte ich am besten den Geschmack beschreiben? Stell dir vor, du mischst Absinth, jedoch ohne Alkohol, Salz, Metall und Kerzenwachs. Es war widerlich für mich und mein ganzer Mund und Hals schnürten sich zu. Doch trank ich wie geheißen ein Viertel der Flasche und legte mich wieder hin.

Etwas später stand ich auf und machte mich fertig für die Abendmeditation. Nun war der Höhepunkt meiner Schwäche erreicht. Mir war so schwindlig, dass jede schnelle Bewegung mein System überlastet hätte. Also ging ich mit meiner Taschenlampe im Kleinschritttempo in Richtung Gemeinschaftstempel. Jede kleine Stufe war ein enormer Energieaufwand, doch spürte ich genügend innere Stabilität, um zu wissen, dass ich nicht in Gefahr war, solange ich mich meiner Schwäche hingab und nichts überstürzen wollte. Beim Meditieren dachte ich fast ununterbrochen an selbstgemachte Kuchen und sehnte mich nach dem Komfort der Nahrung. Meine innere Stimme wies mich wieder an, zu vertrauen, auch dies sei am Ende zu meinem Besten, und ich hatte keine ernsthaften Ambitionen abzubrechen. Ich bat nach der Meditation noch einmal um Kraft und stand langsam auf. Minimal ging es mir besser als noch vor dem Meditieren, und ich begab mich in Richtung Yogaraum. Dort richteten wir uns schon alle unsere Matratzen auf dem Boden her und lagen müde, schlaff und schlafbereit da. Um acht tranken wir dann das zweite Viertel der Salzlösungen. Stell dir vor, du müsstest 125 ml Nagellackentferner trinken!
Dann kamen die Workshopleiter, machten Musik an und baten uns, alle Matratzen vorerst wieder wegzuräumen. Stöhnend taten wir das auch und begannen langsam zu tanzen. Der Abend war noch nicht vorbei. Ich hielt fast sekündlich mit meiner Innenwelt Absprache, wie weit ich gehen konnte. Stehen ging also und eine Weile später bewegte ich sogar meine Arme und Beine langsam im Rhythmus. „Bloß keine zu schnelle Bewegung machen“, ermahnte ich mich. Manche waren schwach wie ich, andere konnten richtig herumtoben. Naja, Vergleichen brachte aus Erfahrung nichts und ich blieb mit Vertrauen in meinem eigenen Prozess.
Während einem Partneraustausch bezüglich der Zufriedenheit in unserem momentanen Leben kam wie aus dem Nichts wieder Energie in mich. „Schon seltsam…“, dachte ich „…wie das einfach von alleine auf und ab geht?“ Dann war es 22 Uhr, jeder bekam nun das Leberreinigungsgetränk. Ein großes 400-Milliliter-Glas mit überwiegend Oli-

venöl und etwas frischem Orangen-Grapefruitsaft, damit man das auch herunterbekam. Da ich es vom Wildnisjahr gewohnt war, größere Mengen Fett in meinem Körper aufzunehmen, hatte ich wenig Probleme, weder beim Trinken der Fettflüssigkeit noch während der Nacht. Ich betete noch einmal für eine angenehme Nacht und bewegte mich, wie uns empfohlen wurde, so wenig wie möglich. Manch andere mussten sich während der Nacht übergeben. Mir ging es bestens; wie ein Baby fühlte ich mich wohlig und doch sehr aufmerksam bezüglich der Geschehnisse in mir. Dann wachte ich inmitten der Nacht auf. Da ich an einer offenen Fenstertüre lag, blickte ich zu den Sternen, und ich begann über den eben erlebten, aussagekräftigen Traum nachzusinnen:
Ich war in der S-Bahn und mit mir zwei Freunde. Wir waren Jugendliche und so „cool", wie ich damals in Jugendjahren auch zu sein versuchte. Es war Nacht, und in unserem Waggon war eine weitere Gruppe Jugendlicher, sie waren zu fünft. Auch so coole Typen. Einer meiner Freunde war in ihrer Nähe, und bald lag Spannung in der Luft. Ich rief ihn zu uns zurück, doch irgendwie war dann klar, dass eine Konfrontation mit der anderen Gruppe nicht mehr zu vermeiden war. Sie kamen auf uns zu, ihr Anführer voraus. Ich war sozusagen der Anführer unserer Gruppe und stand überheblich selbstbewusst, fast schon arrogant da. Ich wusste, es würde zu einem Kampf kommen, doch ließ meine Überheblichkeit mich viel zu langsam reagieren, und der andere war so zielstrebig und ohne Umschweife, dass er mich mit einem unerwartet direkten Schlag ins Gesicht zu Boden brachte. Ich beobachtete die letzten Sekunden der Szene nur noch aus objektiver Sicht, wie einen Film, und fühlte mich gedemütigt.
Kurz darauf die nächste Szene: Ich beobachtete nun einen zirka achtjährigen Jungen und spürte, dass ich der Junge war, auch wenn ich ihm von außen nur zusah. Er trug ein Kleinkind in den Armen, dieses war extrem angeschlagen, schwach, und es lag in der Schwebe, ob es überleben würde. Wie ein Vogelbaby, das gerade aus dem Nest gefallen war. Der Junge versuchte, irgendwo an dieser S-Bahnstation jemanden oder etwas zu finden, um das Kind zu retten. Es war kalt und dunkel, die Aussichten düster. Doch er gab trotz der lähmenden Hilflosigkeit nicht auf. Ich spürte alles, was er durchlebte, auch in mir. Zwischen Verzweiflung und Hoffnung neigte sich das Leben des Kleinkindes nun sichtlich dem Ende zu… wahrscheinlich würde es sterben. Einfallsreich und nicht aufgebend, wie der Junge war, wärmte er das Kind in den letzten Minuten mit seinem eigenen Körper und verlängerte somit

dessen Lebensspanne um ein Minimum. Endlich entdeckten wir ein Haus – und plötzlich war ich als Erwachsener auch mit in der Situation. Ich spürte, dass ich stolz auf ihn war, drückte schnell all die vielen Klingeln an diesem Haus und betete, dass wenigstens eine Person die Türe öffnen würde! Als die Türe sich tatsächlich öffnete, erklärte ich dem Mann schnell unseren Notfall und er ließ uns auch sofort hinein. Gerettet! Dem Baby ging es auf Anhieb besser, ich nahm es in die Arme und versorgte es so gut ich konnte – das war knapp, und kurz darauf kam Freude und Erleichterung auf.

Meine Deutung: In der ersten Szene bringt eine mir bei weitem überlegene Instanz mich beziehungsweise mein Ego ohne Probleme zu Boden. Aus Überheblichkeit wird somit (endlich) Demut. Schließlich fühlte ich mich ge-demütigt. Die Szene darauf war energetisch mit der ersten verbunden und eine Art Folge. Schwäche und Hilflosigkeit, ich suchte jedoch mit letzter Hoffnung nach Möglichkeiten und gab nicht auf, es *musste* einfach möglich sein zu überleben! Das Durchhaltevermögen (Geduld) und die Hoffnung (Vertrauen) machten sich bezahlt, da der Junge (also ich) einen Weg fand, über die Notsituation hinauszuwachsen. Und trotz dem Wissen, dass ich es alleine nicht schaffen würde, machte ich weiter, und dadurch ergab es sich auch, dass mir Hilfe wie aus dem Nichts zuteil wurde.
Der Traum war ein direkter Spiegel meiner momentanen Situation während der Leberreinigung und wies mich auf den neuen Abschnitt meines spirituellen Weges hin: Alle Überheblichkeit fallenzulassen und demütiger zu werden. In jeder Situation mich hinzugeben und völlig zu vertrauen. Durch diesen ausdauernden Glauben entsteht dann im Leben die Möglichkeit, dass ich Gnade (Hilfestellung) erhalte. „Demut und Glaube…“, so dachte ich, „…wie wichtig sie sind, auf dem Weg zu meiner inneren Wahrheit!“

Um sechs Uhr morgens hieß es aufwachen, wieder ein Viertel der Salzlösung, und das gleich am Morgen! Alle lagen wie Halbtote in den Matratzen, manchen ging es noch ganz gut und anderen gar nicht. Acht Uhr – das letzte Viertel der Salze, endlich geschafft! Dann ab auf die Toilette, beim Blick aufs Geschäft sah ich dann all die kleinen grünen Steinchen an der Wasseroberfläche schwimmen. Aha, die waren also alle in meiner Leber und Gallenblase!? Später bei der Darmreinigung spülte ich noch viele Steinchen mehr hinaus, teilweise fingernagelgroße. Mein

Magen krampfte sich bei der Darmreinigung zusammen und es war sehr unangenehm. Schwach und gedemütigt kam ich aus der Kabine. Endlich vorbei! Doch bei so viel Unannehmlichkeiten kamen wieder Entzugsschübe, und ich wollte essen, einfach nur, um mich über alles hinwegzutrösten! Die Säfte schmeckten heute auch komisch, die Geschmacksnerven waren durch die Salze wohl etwas in Mitleidenschaft gezogen worden. Alles war eklig, und ich spürte etwas Wut und Trauer in mir, mein inneres Kind wollte es doch bloß wieder behaglich haben! Dann passierte etwas, das ich nur zu gut vom Wildnisjahr kannte. Ich wurde teilnahmslos und resignierte dem Leben gegenüber. Wollte nichts mehr machen, saß einfach bloß da und litt innerlich. Die Ambition, irgendetwas zu tun, damit es mir besser ging, war weg. So saß ich zwei Stunden und durchlebte nochmal eine meiner tiefsitzendsten, zu nichts führenden Verhaltensweisen. Dann raffte ich mich auf, und immer wieder sagte ich mir, dass ich vertrauen konnte – meine innere Stimme wies schließlich auch grünes Licht. Also bewegte ich mich auf die Hängematte und begann zu meditieren. Ich suchte den bewussten Kontakt zu Gott in mir. Und da war er wieder, ich fand etwas Trost und Komfort und drückte meine Dankbarkeit für die kürzlich erfahrenen Lehrstunden aus.

Nachmittags sprachen wir noch über die Ernährung, wie wir sie in den nächsten Tagen fortführen sollten, und abends gab es einen sehr gut gemachten Film zum Thema Ernährung, welcher am Ende sogar auf die emotionalen und mentalen Ebenen des Hungers und der Ernährung einging. Doch das, was ich in der letzten Zeit und in genau diesen Tagen hatte erfahren dürfen, wurde auch dort noch nicht erwähnt. Die eine Quelle, von der ich aus heutiger Erfahrung behaupte, dass sie uns tatsächlich nährt. Die ursprüngliche Quelle, die unendliche Fülle des Universums. Stück für Stück offenbarte sich mir gerade eine neue Welt… und doch blieb ich Mensch mit all meinen Schwächen und Fehlbarkeiten, inmitten meiner wahren Größe.
Am letzten Körperreinigungsmorgen gab es nochmal Säfte und eine letzte Darmspülung. Diesmal spülten wir probiotische Stoffe ein, welche unsere Darmflora wieder aufbauen sollten, denn nicht nur all die Giftstoffe, sondern auch die guten Bakterien waren in den letzten Tagen aus dem Darm genommen worden. Und ab Mittag war dann Schluss. „Das war 'ne Erfahrung!“ hörte ich mich denken. Während sich die meisten der Gruppe auf die leichten Suppen, Reis und Gemüse stürzten,

machte ich mir wieder einen Bananensmoothie. Noch ohne Kokosfett und Honig. Doch mit viel Freude über diesen weltlichen Genuss! Die Kräfte kamen schnell zurück und ich war erstaunt, denn sobald mein innerer Prozess abgeschlossen war, war ich wieder mit Energie und ohne Schwindel am Laufen. Verblüffend, ich konnte einfach nicht mehr glauben, dass es bloß der Smoothie war, der mir wieder auf die Beine half…

GEHEN ODER BLEIBEN?

Der zweite Workshop des Retreats beinhaltete vier Tage Yoga intensiv. Den Winter zuvor, in Indien, hatte ich mich das erste Mal für mehrere Wochen auf Yoga eingelassen, und es war nett, doch nichts, das ich auch nur einen Tag länger für mich alleine praktiziert hätte. Da war einfach kein großes Interesse da, und daher war ich auch nicht scharf auf die kommenden vier Tage. Doch stellte ich mich innerlich darauf ein; schließlich hatte mich irgendetwas in diese Situation geführt. Im Eröffnungskreis teilte ich auch mit der Gruppe, dass ich bislang keine Begeisterung fürs Yoga verspürte, jedoch offen sein wollte für das, was die beiden netten Menschen uns bald präsentieren würden. Nachdem jeder im Kreis ein paar Worte zu seiner bisherigen Yogakarriere gesagt hatte, erklärten die Yogalehrer, um was es bei ihnen ging. Nämlich vor allem nicht darum, irgendwelche Posen zu schaffen und den Körper auf Biegen und Brechen zu trainieren, nein. Sondern um Achtsamkeit, zu lernen, den Körper mit seinen Bedürfnissen zu hören und über den bewussten Atem immer wieder im Jetzt anzukommen. Das freute mich schon mal.

Am ersten Tag gelang es mir sehr gut, durchgehend bewusst zu atmen, und an einem bestimmten Zeitpunkt stand ich so richtig gut verwurzelt da, es machte auf einmal *klick* in mir und ich konnte zum ersten Mal die Schönheit des Yogas spüren. Ein Gefühl der Verbundenheit, das ich durch andere Aktivitäten oder Praktiken oder vom Sein in der Natur bereits kannte. Doch half es mir zu verstehen, warum täglich viele tausend Leute auf die Yogamatte steigen.

Nach dem Vormittag hatten wir zwei Stunden Pause und ich wurde wieder etwas rastlos, wollte schnell noch ein paar Dinge erledigen, da die Yogatage schließlich voller Programm waren. Dabei durfte ich erneut erkennen, wie ich aus dem *einfachen Sein* falle, wenn ich alles Mögliche schnell erledigen möchte. Ein Muster, das mir immer dann begegnet, wenn ich weiß, dass die nächste Zeit voller Geschäftigkeit sein wird und ich voraussichtlich nicht so viel Zeit haben werde, um einfach nur zu sein. So passiert es zu Hause dann auch, dass ich über die geschäftigen Wochen hinweg Stück für Stück meine gute Anbindung opfere. Denn eigentlich wollte mein Körper nach der Yogastunde erst einmal etwas ruhen. Und dann von diesem ruhenden Pol aus die Erledigungen machen. Man kann Dinge auch mit innerer Ruhe zügig erledigen, doch wenn ich mich im Verstand stresse, dann ruhe ich nicht im Tun und falle

aus dem angenehmen Sein. Ja, somit ging die spirituelle Lehrstunde dieser Tage nahtlos weiter. Die konkreten Dinge, welche ich in diesem Transformationszyklus erfuhr, waren eher nebensächlich, doch die Prozesse und Erkenntnisse, welche mir mein Leben dabei spiegelte, waren es wohl, warum mich meine innere Führung genau hierher brachte – genial!
Bei den beiden Yogaarten dieser Tage ging es um bewusste Langsamkeit in der Übung und darum, immer zu spüren, wie gerade die Energien im Körper flossen. Ich musste zugeben, die Art und die Form des Yogas waren wunderschön, doch war ich bald schon etwas müde. Sechs Stunden Yoga am Tag war weit mehr als ich wollte.

Am nächsten Tag hatte ich überhaupt keine Lust auf Yoga. Ich fühlte mich unfrei, wollte nicht schon wieder etwas machen, das mich gar nicht so sehr interessierte, und vor allem nicht den ganzen Tag! Mein Körper wollte bloß ruhen. Naja, wir hatten immer die Gelegenheit, auch einfach auf der Matte zu liegen und zu atmen, doch da neben dem realen Körperbedürfnis zu ruhen auch das weniger reale Bedürfnis meines Verstandes, der einfach keine Lust hatte, da war, war ich im Zwiespalt und haderte den ganzen Vormittag. Ich erwog, die nächsten zwei Tage am Yoga nicht teilzunehmen, mich um mich selbst zu kümmern und den Dingen nachzugehen, welche gerade so sehr in mir brannten: unter anderem das Schreiben, welches ich nun während des Retreats hintanstellte. Nach mehrmaligem Abwägen kam ich darauf, dass ich damit wohl für mich im Reinen wäre, nicht mehr am Yoga teilzunehmen, doch aus meinen Gruppenerfahrungen der letzten Jahre konnte ich nun im Voraus sehen, dass dies die Gruppe geschwächt hätte! Denn ich war nicht der einzige, welcher kein Yogabegeisterter war, und wenn ich den ersten Riss in die Yogafluchtmauer gemacht hätte, wären mir vielleicht einige gefolgt. Und wer weiß, welche Lehrstunden auf mich und auch auf die anderen in den kommenden zwei verbleibenden Tagen noch warten sollten? Also sagte ich meinem herausgeforderten Verstand, dass wir da bleiben würden, dass all die Zweifel und der Missmut auch einfach da sein durften und wir darauf vertrauten, dass ich hier mehr lernen würde als einfach nur Yoga. Des Weiteren verbrachte ich auch noch die Nachmittagsstunde mit einer Mischung aus innerer Resistenz und dem Mich-hingeben an diesen Moment.
Abends, nach der Gemeinschaftsmeditation, beobachtete ich, dass die Meditationszeit immer kürzer wurde. Wurde sie das wirklich? Nein,

natürlich meditierten wir jeden Tag eine Dreiviertelstunde. Doch mein Geist war in den letzten Wochen millimeterweise konzentrierter geworden, ich sank tiefer in mein Inneres und das zeitliche Empfinden wandelte sich so langsam von „Wann sind endlich 45 Minuten vorüber…“ zu „Ach, schon vorbei…“ Dies freute mich und ich hatte nun auch morgendlich konsequent eine halbe Stunde für das bewusste Sein mit meiner inneren Wahrheit eingeräumt.

Am dritten Tag stand ich sogar noch vor meinem Fünf-Uhr-Wecker auf und war ganz frisch. Super, Yoga begann erst um neun Uhr, und dadurch hatte ich noch jede Menge Zeit zu meditieren und in Ruhe und Balance meinen geliebten Geschäftigkeiten nachzugehen. Sobald die Ruhe ins Tun einkehrt, wird daraus eine Wohltat, auch wenn's mal mehr zu tun gibt. Und auch die Ruhe möchte das Tun integriert wissen, denn sonst wird aus dem ruhenden Sein ein schlaffes Schnarchen. Auch das war ein essentieller Teil des Yogas, denn wir sollten stets versuchen, im ganzen Körper locker zu bleiben, nicht zu verkrampfen oder anzuspannen. Immer wieder den Atem in bestimmte Körperteile zu lenken, diese zu entspannen und gleichzeitig eine gewisse Energie in unserem Körper aufrechtzuerhalten. Durch die Balance zwischen Energie und Entspannung kann man dann in jeder noch so anstrengenden Yogapose umso länger verweilen.
Immer dann, wenn ich nicht mehr bewusst atmete, begann ich mehr nachzudenken, dadurch verspannte ich und dies führte zu weniger Kraft. Na, wenn das mal keine weitere Metapher für das Leben war! Oh mein Gott, je länger ich diesen spirituellen Weg ging und wuchs, desto mehr erkannte ich auch, wie wenig ich wusste beziehungsweise verinnerlicht hatte. In aller Demut gestand ich mir dies an jenem Tage während des Vormittagsyogas ein und erkannte jedoch auch gleichzeitig an, wo ich stand und dass alles gut war so wie es war. Ich musste zugeben – nach dem Vormittag fühlte ich mich so richtig gut verbunden und genoss sogar die Session! Nachmittags war ich dann schon ziemlich müde. Aber das war ok, müde sein, wenn der Verstand in Frieden ist, ist nicht so anstrengend wie die lähmende Rastlosigkeit. Ich machte einfach langsam und achtete gut auf meinen Körper.
Abends fand dann nach der Gemeinschaftsmeditation der erste Satsang mit dem Gründer der alternativen Gemeinschaft statt. In seiner kurzen Jeans und einem einfachen farbigen T-Shirt saß er da vorne auf dem Stuhl und zirka hundert Leute füllten den Gemeinschaftstempel. Ein

paar Leute stellten Fragen und er antwortete darauf. Es war anders, als ich es in Indien erfahren hatte, und berührte mich erst einmal bei weitem nicht so tief, doch war ich in mir so zufrieden und hatte auch gar keine Ansprüche an diese Veranstaltung. Ich war einfach da, genoss mein präsentes Sein und urteilte nicht über das Erfahrene. Das bewusste Atmen stand ohnehin gerade für mich im Vordergrund, und es war fast schon lustig zu beobachten, wie undramatisch die Welt ist, wenn mein Atem und die bewusste Verbindung zu meinem Innersten ganz an erster Stelle standen. In diesem Zustand nahm ich voll am Leben teil und ließ mich nicht durch den Sturm zu Fall bringen. So langsam bekam ich eine Ahnung, was der Begriff *Zen* bedeutet!

Wieder früh wach und voller guter Energie erledigte ich meine Sachen und war kein bisschen mehr an Yoga interessiert. Zugegeben, mein Verstand war bereits in der Zukunft nach dem heutigen, letzten Yogatag, und als ich erfuhr, dass wir nur noch am Vormittag eine Session haben würden, jubelte ich innerlich! Dementsprechend war ich auch nicht sonderlich präsent, mein Körper wollte auch ruhen und ich legte mich immer wieder hin und genoss das einfache Atmen. Warum ich immer wieder von diesem Atmen spreche? Ich lernte dieser Tage eine Person kennen, welche mir von einer Frau erzählte. Diese reiste um die ganze Welt, traf Schamanen, Yogis, meditierte, machte Yoga, studierte alte Kulturen und spirituelle Praktiken und erkannte, dass am Ende alle Übungen auf eine Sache hinausliefen: das Atmen. Also lehrt sie heute bewusstes Atmen. Achte einmal darauf, wie oft am Tag du mehrere Sekunden lang den Atem anhältst und nicht mehr in einem gleichbleibenden Rhythmus oder überwiegend flach atmest! Ich finde das erstaunlich, vor allem, wenn ich dann in Kontakt mit anderen Menschen gehe, verliere ich schnell mal den bewussten Atem und riskiere dadurch, eher aus meiner Mitte zu kommen. Und dass unregelmäßiges Atmen mehr Hunger zur Folge hat, wurde mir nun auch klar! Unregelmäßig zu atmen ist, als ob dir beim Essen immer wieder jemand die Gabel aus der Hand nähme – das wäre doch frustrierend, oder?
Dann war auch die letzte Yogasession vorbei, wir saßen alle noch einmal im Kreis und jeder teilte seine Empfindungen bezüglich der vergangenen Tage. Ich erwähnte, dass ich vor allem den herzlichen Raum und die angenehme Art des Kurses genossen hatte. Dann erwähnte ich auch, was ich nicht so sehr genoss: das Yoga. Alle mussten lachen, doch fügte ich hinzu, dass ich die Inspiration für mehr Achtsamkeit bezüglich

meiner Körperempfindungen und des Atmens aus diesen Tagen mitnehmen würde.

Am Abend gab es dann noch eine spezielle Veranstaltung in der alternativen Gemeinschaft. Eine Feier, genauer gesagt eine *Medizinmusikreise.* Mitten im Dschungel wurde ein Platz wundervoll dekoriert und mit DJ-Pult, Boxen, Bodensitzen, einer Teebar und der Tanzfläche mit Feuerstelle gut vorbereitet. Bei dieser Medizinreise nahmen wir den Peyote-Kaktus zu uns. Nach der Ayahuascazeremonie durfte ich also die nächste Medizinpflanze kennenlernen. Der Rahmen bei dieser Zeremonie war jedoch ziemlich anders. Während die meisten Leute die ganze Nacht bis zum Nachmittag des nächsten Tages tanzten oder bei inneren Reisen abhingen, konnte ich mich nicht ganz darauf einlassen. Es hatte alles ein gewisses Woodstock-Hippie-Flair, und entweder war ich meilenweit zu müde, oder ich war an diesem Punkt meines Lebens einfach nicht fähig, mich für die gespielte Musik zu begeistern? Mein Körper sprach auch nicht darauf an, und das, obwohl ich doch sehr tanzbegeistert war!
Die zweite Peyoterunde machte ich noch mit, und als es wieder hell war, verließ ich die zeremonielle Feier im Laufe des Morgens. Während der Nacht wurde eine Bildershow auf eine Leinwand projiziert: Fotos von der Natur und den Tieren Afrikas. Dazwischen wurden Zitate von bekannten Leuten auf dieser Welt eingeblendet. Ich weiß zwar nicht mehr, von wem das folgende Zitat war, doch behielt ich es in Erinnerung, da es mir gut gefiel: *„Der Mensch hat gelernt, auf die höchsten Berge zu klettern, in die tiefsten Gewässer zu tauchen und wie die Vögel zu fliegen, doch wann beginnt er endlich, wie ein Mensch auf der Erde zu gehen?“*

Vor der Veranstaltung hatte ich eher Neugierde gespürt als den inneren Impuls, diese Erfahrung zu machen. Und trotz der leichten Enttäuschung, welche ich danach verspürte, kamen mir auch nun einige Erkenntnisse, und mit Freude vernahm ich wieder meine innere Stimme, welche folgende Botschaft für mich bereithielt: „Es ist mindestens genauso wichtig zu wissen, was man nicht möchte, wie zu wissen, was man möchte!“ Da mein Körper auch mittags immer noch etwas taub und nicht ganz gelandet war, entschied ich mich dafür, am allgemeinen Mittagessen teilzunehmen. Es war das vierte volle Mahl seit meiner Umstellung. Da meine Geschmacksnerven auch irgendwie betäubt waren, genoss ich die vegane Kost nicht so sehr wie ich es sonst getan hätte und fühlte mich danach auch wie ein aufgeblasener Luftballon. Früh schlief ich am Abend ein und verdaute die neuen Erfahrungen. Um sechs Uhr morgens wachte ich auf, war voll da und mein Magen wieder leer. Er hatte gute Arbeit mit der Verdauung geleistet, alle Achtung! Eine Morgenmeditation und die Verbindung zur innewohnenden Liebe schufen wieder so etwas wie eine menschenwürdige Flora in mir.

Am Tag vor dem herannahenden Emotionsworkshop hatten wir ein Vortreffen mit den Workshopleitern. Sie erklärten die Rahmenbedingen und dass wir außerhalb des Workshops mit Schildchen am T-Shirt herumlaufen würden, auf denen stand „In Stille". Also würden wir während der Workshoppausen keinen Kontakt zu anderen Menschen haben, damit wir uns voll und ganz auf unsere inneren Prozesse konzentrieren konnten. Das machte ich ohnehin gerne und brachte das Stilleschildchen gleich an.
Bezüglich des Workshops nahm ich mir wieder vor, so offen wie möglich zu sein, und spürte bereits zwei Dinge in mir: Einerseits „Oh mein Gott, ich möchte nicht so lange in diesen intensiven Kontakt gehen, mich wieder für fünf Tage von meinen Leidenschaften trennen und so weiter…" und zur gleichen Zeit „Hey super, ich freue mich auf diesen intensiven Kontakt zu den anderen, welche mir als Spiegel für meine Seele dienen, und fühle, dass dies zu meinem Besten sein wird und zu meinem spirituellen Wachstum beitragen wird!" Mal sehen, was mich diesmal erwarten würde…

FÜHL' GLÜCK

Noch vor Beginn des Inneres-Kind-Workshops schrieb ich dies in mein Tagebuch: *Nachdem ich gestern Abend um neun Uhr einschlief und so voller Energie war, wurde ich heute bereits um drei Uhr nachts wach und setzte mich um vier Uhr zum Meditieren. Ich war einfach fit! Mein Verstand hatte etwas Bedenken, ob ich im Laufe des Tages noch genügend Energie haben würde, doch wollte ich diesem natürlichen Impuls, bereits wach und fit zu sein, nicht unnötig trotzen und dachte mir „Wer weiß, vielleicht durchbreche ich ja langsam und sanft ein wenig dieses alte Glaubensmuster und werde auch mit dem Thema Schlaf etwas freier und spielerischer." Das ist ehrlich gesagt einer meiner großen Wünsche für die kommenden Monate und Jahre, und doch möchte ich meinem Körper stets genügend Ruhe geben. Das Meditieren ist, wenn ich in mir ruhe, auch sehr erfrischend, muss ich sagen. Doch brauche ich mir noch nichts vorzumachen, ich kann nicht behaupten, dass ich durch zwei Stunden Meditation vier Stunden Schlaf ersetzen kann, wie ich es schon ein paar Mal von anderen gehört hatte. Ich spüre, wie auch dieses Thema in mir kitzelt, und wenn dieses Kitzeln in der Vergangenheit in mir da war, kam bislang stets die Zeit…"*

Zu Beginn des Workshops gab es eine kurze Einführung in die sogenannte *Kindheitsarbeit.* Es ging darum, vergangene Kindheitserinnerungen, aber auch spätere, einschneidende Erlebnisse wieder zu wecken, sie ins Licht zu rücken und bewusst damit zu arbeiten. Dabei waren die Leitsätze während dieser Woche „Fühlen ist heilen" und „Das, wogegen du dich wehrst, bleibt".
Wir stellten uns alle mit geschlossenen Augen irgendwo in die große Tempelhalle. Dann sollten wir an die Zeit denken, kurz bevor wir nach Costa Rica kamen. Dann weiter zurückreisen: Vor drei bis fünf Jahren, was passierte da so alles? Nun gingen wir in die Jugendjahre und sahen ein paar Erlebnisse aus dieser Zeit. Schließlich reisten wir bis in unsere Kindertage zurück und suchten nach schönen Augenblicken, Lieblingsorten oder tollen Erlebnissen aus dieser Zeit. Ich sah einige Bilder und hatte viele schöne Erinnerungen. Interessant war vor allem, dass in meiner Erinnerung fast ausschließlich die Sonne schien, wenn ich an meine Kindheit dachte. Und dann kam mir ein besonderes Bild in den Sinn. Eine Situation, welche ich oft als Kind erlebt hatte: Ich lag abends auf dem Bauch im Wohnzimmer und spielte. Ich war etwa sechs bis acht Jahre alt. Dabei war ich tief in meine selbst kreierte Welt versunken. Hinter dem Wohnzimmertisch saß meine Mutter auf der Couch. Sie war

einfach nur präsent. Diese Szene löste so viel Freude und Wohlgefühl in mir aus, dass mir die Tränen kamen. Ich war so berührt davon! Als nächstes sollten wir die Augen wieder öffnen, uns einen Platz am Boden suchen, bekamen Papier und Buntstifte, und mit der schwächeren Hand malten wir ein Bild aus unseren Kindheitsszenen beziehungsweise unsere Empfindungen. Ich war so emotional, dass ich ohnehin fast nicht mehr denken konnte, was die Authentizität meines kindlichen Filzstiftbildes nur noch *untermalte*. Als erstes kam eine große Sonne ins obere rechte Eck. Dann malte ich ein großes rotes Herz in die Mitte des A3-Blattes. Links daneben ein blaues, winkendes Männchen, das war ich, also mein inneres Kind. Rechts oben entstand auf einmal ein toller Laubbaum und Vögel flogen darüber. Rechts unten kam eine große, schöne Blume hin und links unten ein Flüsschen mit gelben Herzfischen, wie ich sie als Kind immer malte. Ich erinnerte mich, dass ich als Kind kaum ein Bild ohne Herzen gemalt hatte. Während des Malens begann ich so sehr zu weinen und war einfach überwältigt von der Schönheit und Freude dieser Kindheitsempfindung! Dann malte ich meine Mutter neben mich und zuletzt ein Tischchen mit etwas zu essen darauf. Ich musste sogar noch mehr weinen, als ich erkannte, dass dieses Bild alles widerspiegelte, was ich mir im Leben wünschte, um vollends glücklich zu sein. Dies waren meine Empfindungen und Interpretationen zu den Symbolen:

Sonne: In fast allen Kindheitserinnerungen scheint sie. Das Leben sieht für mich in erster Linie strahlend und positiv aus!

Herz: Meine Kindheit war von so viel Liebe geprägt, und das Herz stand immer im Zentrum jener Tage.

Kind: Ich bin fröhlich mittendrin, überall ist Natur und Schönheit.

Essen: Essen und geschmacklicher Genuss spielte immer eine große Rolle für mich. Als Kind ging ich beispielsweise oftmals, besonders nach Großeinkäufen, einfach so zum Kühlschrank, öffnete die Türe und sah mir all die guten Dinge an, welche ich mir ausgesucht hatte. Ich wollte sie einfach nur betrachten und schloss dann zufrieden wieder den Kühlschrank. Das Essen auf dem Bild betrachte ich heute aus dem Blickwinkel der inneren Nahrung!

Mutter: Es war immer jemand für mich da, ich war so gut wie nie alleine und fühlte mich sehr geborgen. Auch die Mutter sehe ich heute als Symbol für die fürsorgende Instanz in mir.

Spielen: Am liebsten hatte ich jede Menge freie Zeit zum Erfinden und Spielen. Termine, wie Schule, Hausaufgaben oder Erledigungen, waren mir lästig und langweilig. Ich wollte einfach meine Welten erschaffen und darin spielen, das war wie Meditation für mich und mitunter meine größte Freude. Ich hatte viele Freunde und sie waren oft zu Besuch bei uns. Ich lachte gerne mit meiner Mutter oder wir machten Blödsinn, ich freute mich also am Kontakt mit anderen, doch das ruhige Eintauchen in die von mir kreierten Spielwelten war meine Grundlage und mit das Wichtigste.

Durch diese Symbole konnte ich sehr genau all das sehen, was ich auch heute noch brauche, um absolut zufrieden zu sein. Quasi meine gemütlichste Komfortzone: Die Grundlage für meine Zufriedenheit ist die Liebe im Zentrum und freie Zeit, welche von mir beliebig einteilbar ist, um meditativ zu kreieren und mit meinen Kreationen zu spielen. Dann bin ich offen für Kontakt und möchte meine Kreationen mit anderen teilen, beziehungsweise sie in die von mir geschaffenen Welten eintauchen lassen. Schon immer zog ich irgendwie Leute an und mag auch den Kontakt, doch ist die meditative Zeit mit mir selbst am wichtigsten. Wenn ich aber zu viel alleine bin, fühle ich mich auch einsam, deswegen bin ich am liebsten unter mir vertrauten Menschen und in ihrer Anwesenheit in meiner kreativen Welt. Da mir Fülle und Vielfalt sehr wichtig sind, genieße ich immer wieder zwischendrin etwas Wohlschmeckendes, meist auch ohne Hunger zu haben.
Und wie ich da so am Marmorboden der Halle lag, mein Gesicht zu einem fröhlich-verweinten Lächeln geformt, erkannte ich, dass dies eigentlich alles war, was ich brauche, damit es mir gutgeht und ich mich der Schöpfung nahe fühle!

Am Nachmittag gab es etwas Theorie über die Empfindungen, die man als Baby hat. Die Workshopleiter erklärten, dass ein Baby bloß vier Empfindungen kennt: Schmerz (körperlich), Angst, Aggression und Freude. Die ersten drei sind Überlebensempfindungen und waren besonders in der Kleinkindzeit sehr wichtig, um unser Überleben zu sichern. Denn was macht ein Baby, wenn es sich körperlich unbequem fühlt, verängstigt oder wütend ist? Genau: „wuuääääähhh…“ Nur die Freude ist mehr als eine Überlebensempfindung, sie ist eine Lebensempfindung und somit auch unser natürlicher Urzustand!
Bei der folgenden Übung sollten wir mit geschlossenen Augen im Raum sein. Auf der Grundlage der drei Bedürfnisse eines Babys – *Atmen, Bewegen* und *Töne machen* – sollten wir Erinnerungen aus unserem Leben

ausgraben – vorwiegend aus der Kindheit – und so intensiv wie möglich zum Ausdruck bringen: Töne, Schreie, Rufe, Atemlaute, Bewegungen, Tanz, Grimassen, Weinen, Wut – einfach alles, was man loslassen konnte. Zuerst lag ich am Boden und wusste nicht, was nun wohl mit mir passieren würde, ich war einfach offen. Dazu wurde gut tanzbare, emotionale Musik gespielt. Dann knüpften meine Erlebnisse nahtlos an die Erkenntnisse des Vormittags an. Schließlich wusste ich nun sehr genau, was ich brauchte, um die volle Freude im Leben zu erfahren.
Die Workshopleiter erinnerten uns immer wieder ans Bewegen, denn dadurch kamen die im Körper gespeicherten Erinnerungen auch in Bewegung. Doch bei der guten Musik hatte ich ja gar keine andere Wahl als richtig loszutanzen! Nun kamen mir Szenen in den Sinn, was mit mir passiert, wenn Teile meiner glückseligen Komfortzone auf einmal wegfallen. Die Bilder setzten so in etwa mit der beginnenden Schulzeit ein, und mit steigendem Lern- und Leistungsdruck fiel ich sukzessive spürbar aus meinem Paradies. Je älter ich wurde, desto intensiver wurde mein unangenehmes, innerliches Gefühl, und spätestens mit den Jugendjahren wurden mir die Folgen daraus sehr deutlich vor Augen gehalten: Ich sah, wie ich so sehr aus meiner paradiesischen Komfortzone fiel, dass ich langsam aber sicher begann, mich selbst zu zerstören! Diese Bilder brachten mich erneut zum Weinen, Verkrampfen und Schreien. Ich war voll in diesem Schmerz, und auch die anderen in der Halle, vernahm ich unterbewusst, waren in Trauer und Wut getaucht. Hier war nun Platz für alles! Wer sich öffnete, für den war die Bahn frei, jegliches Gefühl herauszulassen.
Aufgrund dieser Kindheits- und Jugendbilder konnte ich nahezu meine komplette nachfolgende Erwachsenenzeit ablesen und verstehen. Anhand meiner Komfortzone und deren Verlust sah ich klar, woher verschiedenste Verhaltensweisen kamen. Und jeder Mensch hat eine etwas andere Komfortzone. Also was ist ein Konflikt zwischen friedlich gesinnten Menschen anderes als der Crash zweier unterschiedlicher Komfortzonen? Für mich ist dies eine sehr interessante Frage, und ich erkannte nun einmal mehr die folgenden zwei Dinge in ihrer Wichtigkeit:

1. Die Komfortzone meines inneren Kindes zu kennen und die Fähigkeit zu behalten, sie um mich herum zu erschaffen, so dass es mir im Leben gut geht und ich meine persönliche Energietankstelle habe. Sowie: diese auch zu *beschützen*.

2. Zu lernen, mich auch außerhalb meiner Komfortzone bewegen zu können und gleichzeitig im Laufe meines Lebens diese Komfortzone zu erweitern, statt sie krampfhaft (nur) zu schützen. Sozusagen das innere Kinderzimmer zu erweitern.

Ich erinnerte mich auch an das Wildnisjahr. Diese Erfahrung war für mich wie die Abrissbirne, welche mein Kinderzimmer zerstörte, und mein inneres Kind hing oft hilflos in der Luft. „Wegen Bauarbeiten geschlossen“, hieß es da sozusagen! Das war auf eine Art echt grausam. Das Schöne war jedoch, dass ich nach dem Durchleben der Wildniserfahrung ein größeres Zimmer denn je zuvor hatte! Nach diesen tiefen Einsichten in mein bisheriges Leben tanzte ich noch wie wild und voller Freude, und später ruhte ich tief in meiner Casita. Welch ein herrlicher Tag, das hatte ich nicht erwartet. Trotz des wenigen Schlafs hatte ich den ganzen Tag bis zum Abend eine Wahnsinnsenergie. Es war spannend zu beobachten, und ich fragte mich, wie das die nächsten Tage wohl weitergehen würde?

Am nächsten Morgen unterhielten wir uns als erstes über zwei emotionale Grundtypen. Natürlich hat jeder Charakteristiken von beiden Typen, doch haben die meisten Leute eine stärkere Tendenz zu einem von beiden. Die beiden Typen basieren auf zwei der unangenehmen Emotionen, welche ein Baby wahrnehmen kann: Wut oder Angst. Der JA-Sager: sagt auch dann noch *ja*, wenn er/sie eigentlich *nein* meint. Dadurch entsteht Wut, welche unterdrückt wird. Diese Menschen wurden oftmals in Kinderjahren oder auch später noch entweder verlassen oder vernachlässigt. Durch ihre Angst vor Zurückweisung tun sie Dinge für andere, um diese Menschen bei sich zu halten, stellen sich selbst dabei zurück und nehmen sich dadurch auf ungesunde Art und Weise nicht so wichtig.
Der NEIN-Sager: sagt erstmal grundsätzlich bockig *nein* zu fast allem. Lebt in ständiger Angst, kontrolliert oder dominiert zu werden, da dies die vorherrschende Kindeserfahrung war. Und um diese Erfahrungen nicht mehr mitmachen zu müssen ist er/sie selbst kontrollierend und dominant. Kalte Wut ist oftmals das Druckmittel gegenüber anderen, um lieber diese zu dominieren als selbst dominiert zu werden. Dieser Typ kann sehr unangenehm eifersüchtig sein.
Für mich war es interessant, dass ich in Jugendjahren eher ein rebelli-

scher Nein-Sager war und nach meiner zweijährigen emotionalen Tiefphase zwischen 18 und 20 Jahren zum Ja-Sager mutierte. Spätestens im Wildnisjahr wurde mir der innere Ja-Sager ordentlich von der Gruppe gespiegelt und ich konnte dadurch an mir feilen. Durch das extreme Leben beider Pole kann ich heute besser einschätzen, wann ich zu sehr in die eine oder andere Richtung tendiere. Wo siehst du dich eher?

Danach sollten wir uns mit unserer inneren Wut konfrontieren, und bei gut tanzbarer, lauter Musik ging's wieder rund in der Tempelhalle! Was war das Ziel des ganzen? Wütend zu sein? Nein, doch wieder die Fähigkeit zu erlangen, überhaupt die innere Wut zu spüren und ihr Ausdruck zu verleihen. Denn wer keine Wut zulassen kann, kann auch keine positiven Gefühle wie Freude vollkommen zulassen. Bei den Gruppenbefindlichkeitsrunden sollten wir stets drei Adjektive nennen, wie es uns gerade ging. Und immer wieder kam dabei eine Mischung heraus wie: genervt, müde und fröhlich. Oder ängstlich, verzweifelt und hoffnungsvoll. Wie konnte das sein, das machte doch keinen Sinn!? Und genau das galt es zu erkennen – Gefühle machen nicht notwendigerweise Sinn! Und das ist auch gut so, denn oftmals nennen wir bloß eine Empfindung, wenn uns jemand fragt, wie es uns geht, doch bei genauerer Betrachtung haben wir meist verschiedene Gefühle zur gleichen Zeit, und diese können auch noch so richtig schön paradox sein! Dann gab es eine zweistündige Pause, meine Smoothiemengen wurden mehr während dieser Tage, Erdung war angesagt. Es war anstrengend, so viel Intensives zu fühlen, doch hatte ich gleichzeitig eine Riesenfreude an dem Workshop und hatte nicht erwartet, dass ich gar so offen dafür sein würde.

Dann sprachen wir darüber, was passiert, wenn ein Mensch ein Trauma erfährt. Denn grundsätzlich befinden wir uns in einem relaxten und entspannten Grundzustand. Wenn Unannehmlichkeiten in unserem Leben auftreten, reagieren wir aus unserem Überlebensmodus heraus entweder mit Kampf oder Flucht. Egal, ob es sich um eine körperliche Bedrohung handelt oder eine psychische. Ist die Bedrohung recht groß, reagieren wir in gesteigerter Form mit Rage oder Panik. Nun kann es jedoch vorkommen, dass eine Bedrohung so heftig und intensiv für unser Nervensystem ist, dass sich ein Notschalter in uns umlegt und wir emotional taub werden. Diese Erfahrung steckt uns dann so tief in den

Knochen, dass wir wahrscheinlich auch nachhaltig weniger oder kaum noch Emotionen fühlen können. Weder unangenehme noch angenehme Gefühle. Solch ein Trauma lässt unsere Gefühlswelt zombieartig werden. Man kann kein Trauma rückgängig machen, doch kann man lernen, damit umzugehen. Folgende Empfehlungen bekamen wir von den Workshopleitern:

1. Erkenne im Moment des emotionalen Auslösens, in welchem Zustand du dich befindest: Wut, Angst oder taub, beziehungsweise nicht-fühlend?

2. Natürliches Entladen: Der Körper hat eingebaute Mechanismen, um Stress abzubauen, lasse diese zu: Frösteln, Zittern, elektrisiert Sein, Weinen, Schwitzen, Gähnen und so weiter.

3. Mache dir bewusst, dass Essen, Drogen, Medikamente, Zigaretten und wie sie alle heißen bloß das Symptom kurzzeitig ausschalten, dir jedoch keine tatsächliche Entspannung bringen und dich schon gar nicht in den Urzustand zurückbringen.

4. Halte dir vor Augen, dass nicht das, was früher mit dir passiert ist, ein Problem ist, sondern dass es heute immer noch in dir feststeckt! Trage nicht nach (Opferhaltung), sondern erforsche, was du tun kannst, und komme in deine Kraft.

5. Verlangsame: Wer aus dem Alltagsrad immer mal wieder aussteigt, hat bessere Chancen, wieder an die Gefühle zu kommen. Es gibt heute viele Therapien, Workshops und andere Möglichkeiten. Suche, was zu dir passt, und nimm Hilfe an. Öffne dich und gehe bewusst durch deine Themen hindurch. Lass Liebe um deine alten Wunden wachsen. Und wer weiß, eines Tages werden vielleicht genau diese tragischen Dinge zu deinen größten Geschenken! Denn alles, was du für dich heilst, kannst du wieder an andere weitergeben, und all das kann als Beispiel dafür dienen, wie es aussehen kann, dieses oder jenes Trauma *eingeliebt* zu haben.

6. Fühl' Glück!

Nach der Theorie fanden wir drei eingerichtete Ecken in der Halle vor. Eine mit ganz vielen Matratzen und Kissen. Dort konnten wir so richtig alle Wut herauslassen und ganz bewusst diese Empfindung spüren. Einen weiteren Bereich, in dem wir uns in den Flucht/Panik-Modus versetzen sollten, und einen dritten Bereich, in dem wir die Lähmung, Betäubung, gefühllose Kälte erspüren konnten. Die Musik ging an und die Leute verteilten sich. Wie ein Krieger auf dem Schlachtfeld ließ ich bei den Kissen all meine Wut in mir aufkommen und aus mir herausfließen. Dann kam ein Stop und wir sollten „einfrieren", um die Emotion quasi in flagranti zu spüren. Mein Körper war total verkrampft und es war nicht sonderlich schön, so zerstörerisch zu sein. Dann ging die Musik wieder an und ich flüchtete zur Fluchtecke. Dort lief ich umher wie ein geschändetes Huhn und fühlte mich auch so. Ständig hatte ich das Gefühl, etwas falsch gemacht zu haben, suchte nach Verstecken und hatte zudem das Empfinden, verfolgt zu werden. Dann wieder ein Stop und hineinspüren: Das war vielleicht unangenehm! Ab zur dritten Station, ich stellte mir einfach wieder vor, ich hätte das Gefühl „Sie kümmern sich nicht um mich" und verfiel auch gleich in eine gefühllose Teilnahmslosigkeit. Ganz ehrlich: Das war mit Abstand das unangenehmste Gefühl oder auch: Nicht-Gefühl. Es war, wie ein lebender Toter zu sein. Wo war das Leben, wo die Freude?

Als ich am nächsten Tag erwachte, merkte ich gleich am Morgen, dass mein System völlig durch den Wind war. Ich war sehr schwach und mir war leicht übel. Zum Einstieg begannen wir heute als erstes zu tanzen. Freies, wildes Tanzen. Ich konnte mich kaum aufraffen, doch die ersten beiden Lieder waren relativ langsam, und zärtlich bewegte ich mich wie ein Blatt im Wind zur Melodie. Dies war heilsam. Dann wurde die Musik wilder und es überforderte mich. Klares Körpersignal: hinlegen! Also legte ich mich mit einem Kissen auf den Boden und schloss meine Augen. Mir war nun richtig übel und schwindlig. Doch im Liegen gings. Mit halb offenen Augen sah ich ab und zu den anderen beim exzessiven Tanzen zu, doch ich war nicht der einzige, der am Boden lag. Trotzdem war ich zufrieden mit meiner Situation und gab mich einfach hin – wieder einmal. Dann legte sich eine Frau in meinem Alter neben mich und wir ließen unsere Arme und Hände in einer Art synchronem Tanz sich zärtlich berühren. Dies fühlte sich gut an und war heilsame Energie für mich.

Danach kamen wir in Dreiergruppen zusammen und machten eine

kleine Familienaufstellung. Die anderen beiden Personen stellten dabei meine Hauptbezugspersonen – Mutter und Großmutter – aus der Kindheit dar und ich konnte ausprobieren, wie es sich anfühlte, wenn sie weiter oder näher bei mir standen. Das hatte erstaunlich reale Intensität! Später setzten wir uns in Zehnergruppen zusammen und jeder hatte fünf Minuten, um seine Erlebnisse zu teilen. Eine Frau sprach ihre Verzweiflung über ihr Verhältnis zu ihrer Mutter aus, und dass es doch sowieso nichts bringen würde, Workshops und Therapien zu machen, da die andere Person – ihre Mutter – diese ja nicht machen würde und somit immer nur sie versuche, sich zu ändern. Ich verstand, was sie meinte, denn auch ich war vor zwei bis drei Jahren an diesem Punkt angelangt. Bis heute durfte ich dazulernen, dass dies immer noch eine Opferhaltung ist und nicht meine wahre Kraft. Die letzten Jahre lehrten mich nämlich, dass nur ich mich ändern kann. Ich kann keine Erwartungen an irgendjemanden stellen, sich zu ändern, dies wird mich immer bloß verzweifeln lassen. Wenn sich jemand anderer auch etwas mehr öffnet für das Verhältnis, dann sehe ich dies heute als Segen und Geschenk, doch erwarte ich nichts mehr, denn ich möchte mein eigenes Glück nicht mehr von anderen abhängig machen! Ich fand folgendes „Rezept" für verworrene, verletzende oder anstrengend gewordene Verhältnisse als heilsam:
Solch ein Verhältnis scheint mir wie der gordische Knoten, und nach tausendundeinem Versuch, ihn erfolglos zu entwirren, nehme ich mein Schwert und zerteile ihn in der Mitte. Praktisch: Ich gehe oder entferne mich von dieser Person ganz bewusst physisch. Am besten für eine etwas längere Zeit, um die schnell aufkochenden Emotionen endlich abkühlen zu lassen und vorerst mehr Frieden mit diesem Menschen zu finden, wenn auch nur oberflächlich. Dann treffe ich auf meinen Wegen und an anderen Orten auf neue Menschen. Und ich weiß heute garantiert, dass ich die verlassene Person in einer anderen Person wiedertreffen werde!
Wie einst, als ich Verhaltensweisen eines mir nahe stehenden Menschen aus meiner leiblichen Familie in einer alternativen Gemeinschaft an einer anderen Person wieder traf oder alte, verworrene Partnerschaften – wie oft traf und treffe ich auch heute noch meine ehemaligen Partnerinnen an anderen Orten! Nur in Form eines anderen Menschen. Die emotionalen Auslöser sind dann durch die neue Person ziemlich schnell wieder da. Doch durch mein bewusstes Erkennen der Auslöser und dadurch, dass ich mit dieser neuen Person keine verworrene Ver-

gangenheit habe, fällt es mir leichter, statt in ein altes Reaktionsmuster zu verfallen, gleich von Anfang an ein neues Verhaltensmuster ihr gegenüber zu entwickeln. Das war für meine zwischenmenschlichen Verhältnisse der Clou! Denn durch das bewusste Weben eines neuen, gesünderen, weniger emotional geladenen Reaktionsmusters lernte ich endlich, auf heilsame Art und Weise mit dieser Situation umzugehen. Und dann, wenn ich das nächste Mal auf die tatsächliche Person aus der Vergangenheit treffe, wähle ich bewusst das neue Verhaltensmuster, welches ich mir erarbeitet habe.

Genau hier erfuhr ich bereits die größte Magie, denn mehr als einmal erlebte ich, wie sich mein Gegenüber auch veränderte und auf energetischer Ebene sich zwischen uns etwas gelöst hatte. Auf einmal waren Respekt und Mitgefühl größer als Verletzung und Kampf. Natürlich ist das alles nicht unbedingt einfach und immer wieder falle auch ich ins alte Muster zurück. Doch ist es eine Art Training, und wenn ich wieder zu verworren im Alten festhänge und wir uns wieder nur verhaken, dann schaffe ich erneut etwas Abstand und lerne erst wieder woanders, bevor ich zurückkehre. Dies half mir im Laufe der letzten Jahre, wieder in einem angenehmen Verhältnis zu manchen Menschen zu sein, ohne dass ich von ihren Entwicklungen abhängig war. Sind es wirklich die anderen Menschen, welche das Problem sind? Nein, gewiss nicht, in Wirklichkeit spüren wir zumeist, dass wir uns gern haben. Doch meine Aspekte, welche diese Menschen äußerlich darstellen, werden mir vom Leben freundlicherweise gespiegelt, und ich darf lernen, mit ihnen in mir und für mich in Frieden zu kommen.
Dabei hilft mir besonders, Situationen mit dieser Person zu kreieren, welche wir beide gemeinsam genießen können. Wenn ich beispielsweise weiß, dass es beim Kochen mit einer anderen Person grundsätzlich so weit auseinander geht, dass immer gleich wegen Kleinigkeiten Diskussionen ausbrechen, dann sehe ich lieber zu, dass ich mit dieser Person etwas mache, das wir beide mögen. Das schafft zumindest wieder eine friedliche Grundlage, auf der man dann vielleicht auch beim gemeinsamen Kochen aufbauen kann. Die friedliche Grundlage ist es, welche es wieder herzustellen gilt. Schaffe so viele positive Erfahrungen in dem Verhältnis, das du heilen möchtest, und sei dabei einfallsreich! Eines Tages kaufte ich zum Beispiel ein Puzzle. Und als ich bei meiner Mutter war, kam mir die Idee, es mir ihr zusammen zu machen. Seit vielen Jahren hatte ich nicht mehr gepuzzelt, doch in den folgenden Tagen

hatten wir die beste Zeit beim meditativen Puzzeln, Teetrinken und Musikhören. Das war genial und sehr angenehm.
Und ich möchte ehrlich sein: Wenn ich merke, dass es mit einer Person einfach hinten und vorne nicht klappt, dann halte ich auch auf Dauer Abstand und begegne meinen Aspekten an anderer Stelle – beziehungsweise wenn ich reif genug für diese Begegnung bin. Heute bin ich so frei und wähle, mit wem ich meine Zeit verbringen möchte, und suche zur gleichen Zeit auch immer wieder die heilsame Herausforderung. Eine lehrreiche Gratwanderung.

Tags darauf wachte ich bereits um halb fünf Uhr morgens auf, war wieder topfit und hatte volle Energie. „Das ist aber eine echte Achterbahn dieser Tage!“, dachte ich erstmal. Die Männer waren am ersten Workshoptag zudem gebeten worden, ihre Bärte zu rasieren. Mit dem Hintergrund, dass *Mann* dadurch meist wesentlich jünger, etwas kindlicher aussah und dass durch die äußere Veränderung ein besserer Kontakt zum inneren Kind hergestellt werden konnte. An diesem Morgen rasierte ich mir den kompletten Bart ab, und ich wusste nicht mehr, wann ich mich das letzte Mal blank rasiert hatte? Schließlich wusste ich ja, dass mich dies um geschätzte fünf Jahre jünger aussehen ließ. Plus die Fünfjahresverjüngung durch den neuen Kurzhaarschnitt sah ich nun wieder aus wie zirka 18 oder 20 Jahre.
Früher machte mir das sehr zu schaffen. Nun kam ich besser damit klar, auch wenn dieser Tage immer wieder ein komisches Gefühl bei mir anklopfte. Stark konfrontierende Stimmen waren wieder lauter in mir und wollten mich aus der Reserve locken: „Wie sehe ich aus? Kurze Haare, Bart weg, zu jung, zu dünn? Werde ich dann noch ernstgenommen? Wie sehen die anderen mich? Sehen sie mich überhaupt? Bin ich auch attraktiv? Kann ich mich so zeigen? Werde ich akzeptiert, wenn ich mich authentisch zeige und keine Maske trage? Mögen sie mich und vor allem: Werde ich geliebt? Und als letztes kam die Frage: Hätte ich auch all diese Fragen in mir, wenn ich alleine auf einer einsamen Insel wohnen würde? Klare Antwort: Nein!
Das weitere Kultivieren von Selbstliebe stand auf dem Programm – und meine äußerlichen, Bestätigung bringenden Anker vorerst zu entfernen. Dadurch wurde jeder Blick in den Spiegel und jede Situation, wo jemand an mir vorbeilief, zur Konfrontation mit der Frage: Wie sehr liebe und akzeptiere ich mich selbst? Besonders an diesem Morgen bei meiner Meditation gingen mir solche Gedanken und Gefühle vermehrt durch

den Kopf. Denn was hatte ich in der Vergangenheit nicht schon alles gemacht und angstbasiertes Verhalten gepflegt, nur um mich anerkannt und geliebt zu fühlen! Natürlich war ich in den letzten Jahren schon viele Schritte in Richtung Authentizität gegangen, doch forderte nun auch der innerste Kern meiner Maskerade mich zu einem provokanten Tanz auf. Ich spreche nicht davon, dass man sich nicht auch äußerlich schön machen soll, nein. Sondern von diesem falschen Stolz, welcher das Äußere mit einer Egoabsicht benutzt und nicht aus dem inneren, bedingungslosen Erblühen heraus Schönheit zeigt. Welche Armut doch in diesem Stolz und in dieser Angst steckt; wer sind wir, wenn wir die Bestätigung anderer brauchen, um uns geliebt zu fühlen?
Während der Meditation ließ ich bewusst all diese Ängste fallen und lud mich, wie mittlerweile fast jeden Tag, mit bedingungsloser kosmischer Liebe auf. Ich spürte sehr deutlich, dass es in meiner innersten Welt keine Konditionen für Liebe und Akzeptanz gibt – und wie lächerlich diese Schamgefühle doch waren! Danach fühlte ich mich sehr gut, und gleich darauf begann auch schon die erste Session des Tages.

Wir sprachen passenderweise über blockierende Glaubensmuster und wie diese unser Leben negativ beeinflussen können. Ein Klassiker „Ich bin nicht gut genug!“ oder „Ich habe es nicht verdient!“ Gedanklich fügte ich der Aufreihung verschiedenster Glaubensmuster noch hinzu „Ich muss essen, um zu leben!“ und schmunzelte ein wenig. Dann hatten wir ein paar Minuten Zeit, um über eines oder mehrere unserer tiefsten Glaubensmuster nachzusinnen. Dies knüpfte also perfekt an meinen inneren Prozess vom Morgen an. Der Glaubenssatz, mit dem ich mich auseinandersetzte, war: „Sie mögen mich nicht, wenn ich mich nicht so verhalte, dass sie sich gut fühlen!“ Mit diesem Satz war ich im Laufe meiner spirituellen Entwicklung oft konfrontiert, da ich im Zuge dessen immer öfter Dinge hinterfragte und dadurch anders lebte, Sachen ausprobierte, welche für viele Leute, vor allem im gesellschaftlichen Mainstream Lebende, sehr befremdlich bis hin zu beängstigend waren. Beispielsweise fröhlich in Stille zu sein, nicht so viel zu essen, nicht so viel Wert auf äußerliche Dinge zu legen. Immer wieder ertappte ich mich dabei, dass ich in Momenten mangelnder Selbstliebe nicht meine Wahrheit lebte, unauthentisch wurde und somit versuchte, die mir fehlende Liebe von außen zu bekommen. Zudem schwingt dabei stets die Angst mit, dass mein Gegenüber sich zurückgewiesen fühlen könnte und ich mich dadurch wiederum schlecht fühle, da ich die

Emotionen des anderen wahrnehme und sie nicht dort lassen kann. So beginnt der Teufelskreis, und ich mache daraufhin Dinge, um zu gefallen, und lebe nicht mehr meine Wahrheit. Natürlich bedeutet das Leben meiner Wahrheit auch immer, in respektvollem Umgang mit meinem Umfeld zu bleiben – und somit beginnt auch hier ein heißer Tanz!

Wo ich gerade vom Tanzen spreche: Am Nachmittag machten wir einen sogenannter *Trancedance*. Dabei wurde gute Abtanzmusik gespielt, wir verbanden uns die Augen und atmeten wie folgt: Zweimal hintereinander scharf einatmen und einmal länger ausatmen, dies oftmals wiederholen und den Körper so richtig mit Sauerstoff füllen und dadurch hochpumpen. Man nennt diese Atemmethode auch Feueratmen. Es ging darum, den inneren Tiger zu erwecken und sich mit der inneren Kraft, dem Feuer, zu verbinden. Erst wurde ich etwas müde und schwächelte, als sie diese Übung erklärten, doch ich ließ mich einfach darauf ein. Die gute Musik und das intensive Atmen brachten mich bald in Fahrt. Nun konnten wir, ohne dass uns irgendjemand sah, so richtig alles geben. Natürlich achteten die Leiter darauf, dass wir nicht ineinander knallten.
Die Feuerenergie war mir gewiss nicht fremd und es dauerte nicht lange, bis ich mich energetisch mit den Qualitäten des Tigers verband. Ich tanzte also ordentlich, stand wie ein selbstsicherer Krieger mit beiden Beinen fest auf dem Boden und war gut mit der Erde verwurzelt. Eine spirituelle Reise begann vor meinen Augen, und ich sah mich bald vor meinem inneren Tiger, ringsum nahm ich immer wieder das Brennen von Feuer wahr, und ich sah mich ihm gegenüber stehend und fühlte mich konfrontiert. Erst war es ein Machtkampf und er forderte mich heraus. Er kitzelte provokant meine volle Energie hervor, denn mit weniger als dieser würde ich ihn nicht bekommen! Ich geriet in eine Art Rage und brüllte und fauchte, während ich mich auf allen vieren selbst in einen Tiger verwandelte. Ich spürte, wie ich mit meiner inneren Hölle tanzte. All meine Schatten standen mir plötzlich gegenüber – Kollegen wie Rastlosigkeit, Esssucht, Ungeduld und wie sie alle hießen – und riefen provozierend, ob ich denn überhaupt stark genug sei, diese Schattenaspekte in mein eigenes Wesen für meine Vollkommenheit zu integrieren?

Ich schrie, brüllte, tanzte heftig, klopfte mir mit den Fäusten auf die Brust und stellte mich diesen Energien! Dabei kamen mir Tränen, doch auch diese integrierte ich, weder schob ich sie weg, noch ließ ich sie mich schwächen. So tanzten der Tiger und ich noch eine ganze Weile und ich war in einen gedankenlosen Energierausch verfallen. Langsam aber sicher verschmolz ich mit dem Feuertiger und forderte ihn nun mit einem entschlossenen Lächeln heraus. Symbolisch riss ich meine Brust auf und holte diese kraftvolle Energie in mein Herz, dorthin, wo sie zur Schöpferkraft werden würde! Ich brauchte keinen zerstörerischen Tiger mehr und wies ihm daher ganz klar seinen Platz in meinem Herzen zu. Nun war klar, wer hier das Sagen hatte, und wir wurden zu einer Einheit. Danach begann ich meinen wildesten Tanz zu tanzen und war von Kopf bis Fuß elektrisiert. Ich spürte nun auch die Sexualenergie in mir aufsteigen und hätte in diesem Moment am liebsten intensiven, respektvoll unkontrollierten Sex gehabt! Irgendwann wandelte sich die Energie ins pure Feiern und meine Bewegungen wurden runder. Ich musste lachen und fühlte mich gleichzeitig stark und sanft. Feminine Bewegungen durchstreiften nun mein kraftvolles Sein. Ich fühlte mich so gut, so losgelöst und gleichzeitig sehr verwurzelt. Dann wurde die Musik ruhiger und meine Bewegungen langsam. Ähnlich einem Bühnenmagier formte ich nun mit meinen Händen Muster in die Luft. Irgendwann kam ich auf dem Marmorboden zur Ruhe. Leise, moderne Indianermusik wiegte mich nun tief in mir. Meine Knie vibrierten und es war ein leichter, fast erleichternder Schmerz zu spüren. „Ja, das bedeutet es, Mensch zu sein…“, stellte ich abschließend fest „…ein Wesen, halb irdisch, halb himmlisch. Dessen Kraft und Liebe den göttlichen Tanz des Lebens feiern!“

Dann kam der letzte Tag des Workshops und am späten Morgen fuhren wir alle gemeinsam zum Meer. Da mein Tag schon wieder ein paar Stunden alt war, wurde ich bald müde. Ich war noch immer nicht ganz bei Kräften von der gestrigen Feuertanzaktion und allem anderen Erlebten, doch stand noch mehr auf dem Programm, und ich ging weiter über meine Grenzen. Beim Meer angekommen, sah ich mit leerem Blick darauf und spürte gar keine wirkliche Freude, dort zu sein. Mein Körper wollte einfach bloß ruhen, doch sollten wir am Strand umherlaufen und einen Gegenstand finden, welchen wir mit unserem inneren Kind verbanden. Ich legte mich erstmal hin und raffte mich nach etwa zwanzig Minuten irgendwie auf und watete umher. Hungrig war ich und wollte mich am liebsten mit Zucker irgendwie aufpäppeln, um weiter aktiv dabei sein zu können. Als ich dann das herrliche Glitzern der heißen

Mittagssonne auf dem Wasser und den Uferriffen sah, kam wieder etwas Energie in mich. Dort verweilte ich und fand wunderschöne Muscheln. Sie waren weiß, rötlich und violett – solche hatte ich noch nirgends auf der Welt gesehen. Dann wurde mir wieder etwas bewusst, als ich das Meer betrachtete:
Ich sah auf das Meer und dachte darüber nach, wie unstetig es seine Wellen einzog und wieder herspülte. Das Wasser – wie die Emotionen fließend, mal da, mal weg. Ich konnte es gerade gar nicht genießen und wollte auch gar nicht hinein, während andere schon freudig badeten. Ich erinnerte mich an gestern, als ich mich dem Feuer hingegeben hatte. Ja, ich hatte mich regelrecht verausgabt, und nun machte es *klick* in mir! Denn genau das passierte mir immer wieder im Leben. Ich erschuf große Feuer mit viel Energie und Manifestation, dies war mein Element und auch durchaus beeindruckend. Doch was kommt danach? Der Fall in die absolute Energielosigkeit – und ich bin daraufhin nicht mehr fähig zu fühlen, von meinen Emotionen getrennt und energielos. Kein Bezug mehr zum Wasser – dem Gegenpol! Da war also wieder solch ein symbolisches Bild, und ich durfte mir erneut vor Augen führen, wie wichtig der Ausgleich für mein Leben war und wie gut es war, wenn ich von vornherein nicht all meine Energie für ein großes Feuer gab, sondern ausdauernder mein Feuer auf längere Strecken verteilte. „Ob mir das gelingen wird bei dem, was ich alles vorhabe im neuen Jahr?" fragte ich mich ernsthaft. „Ich werde mein Bestes geben und hoffe, aus diesen Lehren zu lernen!"

Dann hatten wir drei Tage frei von jeglichen Workshops und Aktivitäten. Diese nutzte ich, um mich so richtig gut auszuruhen, entspannte mich und ging wieder meinen kreativen Dingen nach. Im Retreat war zudem eine Massage enthalten, und es tat gut, meinen verspannten Nacken und die Schultern wieder etwas zu lockern. Da hatte sich nämlich viel gelöst in den vergangenen Tagen – und ich verarbeitete das Erlebte auf allen Ebenen, bevor die nächste Station des Retreats kam.

WER IS(S)T IM INNEREN?

Am dritten Abend nach dem Emotions-Workshop begann der nächste Abschnitt dieses intensiven Retreats: ein Innenschau-Workshop. Eine Stunde vor dem Workshop-Start am Abend schrieb ich folgendes in mein Tagebuch: *„Heute Abend wird die besonderste Zeit des Jahres in der alternativen Gemeinschaft beginnen: die Zeit der Stille. Während die Welt im verrückten Geschenkewahn sein und an Sylvester sich überessen – oder zu viel trinken wird, werden die Menschen hier in Stille und tiefe Innenschau gekehrt sein. Das kenne ich vom Wildnisjahr, da hatte ich nicht einmal genau gewusst, wann diese Feste waren, und auch diesmal freue ich mich auf die kommende ruhige Zeit. Doch ist auch Anspannung in der Luft, denn die drei Tage Innenschau-Workshop heißen: Wir werden dort schlafen, keine Ablenkungen wie Internet oder Bücher, Rauchen, Kaffee, Zuckerprodukte, Körperkontakt mit anderen haben – Paare schlafen getrennt, kein Sex mit sich oder anderen, und außerhalb des Workshops in Stille sein. Nur zum Duschen, Toilette benutzen oder Essen werden wir in Stille die Tempelhalle verlassen und uns auch bei diesen alltäglichen Dingen meditativ unserem Inneren widmen. Diese drei Tage sind der Einstieg in die darauffolgenden sieben Stilletage. Scherzhaft ernst sagte der Gründer der Gemeinschaft beim letzten Satsang, dass wir während des Innenschau-Workshops volle Freiheit genießen könnten, da wir uns um nichts im Außen kümmern müssten, da alles vorgegeben ist: wann wir sprechen, wann wir still sind, wann wir essen, wann wir schlafen, wann wir aufstehen, wann wir Pausen machen – volle Freiheit, um unsere ganze Aufmerksamkeit wie einen Laserstrahl in uns hinein zu lenken. Diese Tage werden wohl intensiv werden, und ein wenig Ängstlichkeit ist bei einigen zu spüren. Aber auch Vorfreude, man weiß ja nicht, was uns erwartet und ich übe mich weiter im offen Sein und will mich einfach wieder hingeben. Je länger das Retreat dauert, desto demütiger und verständnisvoller werde ich."*

Am Abend, als ich mich gerade auf den Weg zum Tempel machte, erblickte ich eine eindrucksvolle, vier Zentimeter große orangene Spinne, welche an einem zwei Meter langen Faden von der Spitze meines Casitadaches bis ungefähr auf Bauchnabelhöhe herunter hing. Es war ein beeindruckendes Tier, ich hatte noch nie solch eine Spinne gesehen, und sie hing an einem zwei Meter langen seidenen Faden. Nur langsam winkend bewegte sie ihre Beinchen, und ich bekam wieder dieses Gefühl von Resonanz! Dem wollte ich, sobald es mir wieder möglich war, nachgehen…

Es warteten zirka achtzig Teilnehmer vor der bereits für den Workshopbeginn hergerichteten Halle. Es gab sechs Matratzenreihen mit jeweils sieben Matratzen pro Reihe. Auf jeder Matratze lagen zwei Meditationssitzkissen. Die Gruppe beobachtete gespannt den restlichen Aufbau der Szene. Trotz Matratzen sah das alles nicht nach Schlaflager aus – was sollte nun kommen? Dann wurden wir hereingebeten. und jeder setzte sich auf ein Sitzkissen, so dass immer zwei Leute pro Matratze sich gegenübersaßen. Nun erklärte die Workshopleiterin den Innenschau-Workshop. Und dieser war simpel, denn es gab nur eine Frage, die wir immer wieder stellen würden: „Wer ist im Inneren?" Die Frage war rhetorisch und diente mitunter dazu, den Verstand müde zu machen, so dass das wahre Wesen der Menschen hindurchkommen konnte.
Sogleich machten wir auch schon den ersten Durchlauf. Das Glöckchen erklang und ich fragte mein Gegenüber „Sage mir: Wer ist im Inneren?" Nun hatte der andere fünf Minuten Zeit, darüber zu sprechen, wer in seinem Inneren sei. Dabei sah ich ihm die ganze Zeit über mit meiner vollen Aufmerksamkeit in die Augen, hörte einfach zu, machte mir (möglichst) kein Urteil und war einfach nur Spiegel. Es war nicht wie bei einem Gespräch. Ich würde keinerlei Art von Zustimmung geben, lächeln oder sonstige Gesten machen. Ich war einfach nur da! Dann erklang das Glöckchen erneut, und er fragte mich „Sage mir: Wer ist im Inneren?" und das Spiel lief andersherum. Nach fünf Minuten wechselten wir wieder, dann nach fünf Minuten wieder, dann erneut, und noch einmal, wieder und wieder. Bis jeder insgesamt vier Mal fünf Minuten gesprochen hatte. Somit redete jeder zwanzig Minuten – und eine Session dauerte insgesamt genau vierzig Minuten. Verblüffung und Müdigkeit lagen in der Luft. So langsam realisierten wir, dass wir die nächsten drei Tage fast ausschließlich diese Übung machen würden, und wer weiß, wie das noch werden sollte?

Am nächsten Morgen wurden wir bereits um viertel vor fünf geweckt. Es war noch dunkel, und da ich draußen schlief, kam ich endlich mal wieder in den Genuss des atemberaubenden Sternenhimmels. Ich war fit, denn dies war mittlerweile ohnehin meine Zeit. Müde und stöhnend regte sich die Gruppe. Wir hatten genau zehn Minuten Zeit, um uns die Zähne zu putzen, für den Toilettengang und um unser Schlafzeug zusammen zu räumen. Dann läutete das Glöckchen erneut und jeder saß vor einem neuen *Wer-ist-im-Inneren-Partner*. Es ging weiter, wieder jeder

zwanzig Minuten. Danach fünf Minuten Pause, alle Matratzen kamen weg und wir machten eine sogenannte dynamische Meditation. Also Meditieren in Bewegung. Musik wurde gespielt und wir schüttelten uns kräftig und atmeten tief in unsere Körper.
Dann folgte eine weitere *Wer-ist-im-Inneren-Session,* und danach konnten alle zum Duschen und Frühstücken. Wir hatten dafür eine Stunde. Am Vormittag machten wir ganze vier weitere Sessions am Stück mit jeweils zehn Minuten Pause dazwischen. Jedes Mal setzte man sich vor einen anderen Menschen, blickte diesem in die Augen und erzählte aufs Neue. Ich sage dir: Das hatte es ganz schön in sich! Die Idee hinter dieser rhetorischen Frage ist, dass der Verstand erst einmal alle Dinge hinausplappert, welche er zu sein glaubt: Ich bin Arbeiter oder Student, so und so alt, habe diese Nationalität, bin ein Mann/eine Frau, verheiratet oder Single, Sohn, Vater, Hobbies, diese oder jene Vorlieben und Abneigungen – also alle Dinge unserer Identität, welche das Ego über die Jahre angesammelt hat und zu sein glaubt.
Es war schon sehr erstaunlich zu hören, was da so aus meinem Mund kam, denn auch, wenn einem fast nichts mehr einfiel, sollten wir trotzdem immer weitersprechen und den durchgehenden Augenkontakt als Seelenspiegel halten. Da ich im letzten Jahr, vor allem in Indien, bereits tiefere Einblicke gewonnen hatte, welche Identitäten ich so über die Jahre angehäuft hatte und dass diese Dinge nichts mit meinem wahren Wesenskern zu tun haben, kam ich relativ schnell in tiefere Ebenen meines Seins. Den Vormittag steckte ich also noch gut weg, erzählte viel und hörte mir selbst erstaunt zu. Es war irgendwie wie ein Interview mit meiner Seele. Der Verstand wurde Stück für Stück gebrechlicher und mein höheres Selbst nahm immer mehr seinen eigentlichen Platz in meiner wachen Präsenz ein.

Danach hatten wir eineinhalb Stunden fürs Mittagessen und um zu ruhen. Ich ruhte die volle Zeit und war bereits sehr müde. Nachmittags folgten weitere drei Sessions, und ich kam an meinen ersten Tiefpunkt. Extreme Müdigkeit, der Körper wollte nicht mehr sitzen und der Verstand fühlte sich wie auf der Folterbank und suchte nach Auswegen. Dies waren jene Momente, welche ich bereits vom Wildnisjahr oder anderen Ausflügen, bei denen ich total außerhalb meiner Komfortzone war, kannte. Es sind diese Momente, in denen man beginnt, alles anzuzweifeln, seinen Frust auf den Workshop oder die Workshopleiter zu projizieren; unangenehme Gefühle stehen an, und durch diese hin-

durchzugehen verlangt klare Entschlossenheit und Ausdauer.
Auch jetzt versuchte mein Verstand zu rationalisieren, denn was bedeutete solch eine Übung für ihn? Genau: Er trat in den Hintergrund und das mochte das Ego nicht. Keine Zukunftsgedanken, keine Vergangenheit, nur hier und jetzt – radikal! Nachmittags machten wir eine ähnliche Bewegungsmeditation wie zuvor am Morgen. Erst eine Weile herumwackeln und den Körper lockern, dann freies Tanzen, still dastehen und zuletzt voll entspannt liegen. Es war eine Wohltat nach all dem Reden. Doch während des Innenschau-Workshops war ohnehin fast alles andere eine Erleichterung – wenn man bloß für eine Zeit nicht sitzen musste und so intensiv mit sich selbst dauerkonfrontiert wurde!
Es gab wieder eineinhalb Stunden Pause und die Leute gingen zum Abendessen. Ich nutzte diese Zeit erneut, um mich ordentlich auszuruhen. Um 19 Uhr war die allgemeine Gemeinschaftsmeditation, und danach wurden die Matratzen auch schon wieder aufgebaut. Erneut zwei Sessions. Wie ein Schleppesel baute ich danach meine Matratze unter den Sternen auf und fand sehr schnell Schlaf. Noch im Halbschlaf berechnete ich: elf Sessions an diesem Tag, das hieß insgesamt 440 Minuten Gespräch, das waren sieben Stunden und 20 Minuten. Also hörte ich drei Stunden und 40 Minuten zu und redete genauso lange! „Wahnsinn", dachte ich, und obwohl sich mein Verstand und Körper etwas zermürbt anfühlten, spürte ich tiefes Vertrauen in mir und wollte mit besten Kräften weitermachen. Dies war also mein Weihnachtsabend, und ich schmückte noch im Traum meinen Seelenbaum mit der Frage „Wer ist im Inneren?"

Noch in der Nacht wachte ich wohlig ausgeschlafen schon kurz vor dem Weckruf auf. Ich fühlte mich sehr mit meiner Seele in Kontakt und spürte eine sanfte und subtile Energie in meinem Körper. Zehn Minuten später ging es auch schon wieder weiter: eine Session, dynamische Meditation, noch eine Session, Frühstücks- und Duschzeit, und vormittags kamen drei weitere Sessions. Ab einem gewissen Punkt traf ich auf eine innere Wand – eine Barriere. Es wollten einfach keine Worte mehr aus mir heraus, ich war todmüde, mein Verstand war quälend gelangweilt und der Rücken schmerzte. Trotzdem fand ich mich innerlich in keiner Opferhaltung wieder, ich machte einfach weiter, denn eine andere Instanz in mir durchdrang mich immer mehr. Es war ein bisschen wie eine Geburt, und ich war nun an der Stelle, wo Kopf und Schultern des Babys durch mussten!

Es tat weh, und ich dachte, dass ich nun alles erzählt hatte. Tiefere Einsichten über mein Wesen wurden mir in den vielen Sessions zuteil, aber der Verstand wollte nun endlich hier weg. Die Zeit wurde zur *stehengebliebenen Ewigkeit!* Du weißt ja, wie wenig eineinhalb Tage sind – schwupps, und schon vorbei. Doch in diesem Moment war die Aussicht auf weitere eineinhalb Tage eine gefühlte Unendlichkeit. Dann eine Erlösung – statt einer vierten Vormittagssession tanzten wir! Oh mein Gott, ließ ich die Energie raus, pure Freude. Dann hatten wir eineinhalb Stunden Mittagspause und befanden uns gleich darauf schon wieder in der nächsten Session. Erst knüpfte ich an den Tiefpunkt des Vormittags an, dann, in der zweiten Nachmittagssession, kam plötzlich, wie aus dem Nichts Energie in mich, ich begann wieder neue und inspirierende Worte zu sprechen, und ein Lächeln kam auf mein Gesicht. Was war passiert?
Ich hatte keine Ahnung – dann die dritte Session, und ich kam in einen Zustand, den man auch als *Bliss* bezeichnet. Meine Augen strahlten, ich war voll und ganz in diesem Moment, keine Zukunft, keine Vergangenheit, mein Körper voller vibrierender Energie und pure Freude durchflutete jede Zelle meines Seins! Es war unglaublich. Ich kannte den Blisszustand bereits von ein paar Situationen in meinem Leben. So viel bedingungslose Fröhlichkeit – ich hätte ewig weiterreden können und lachte teils grundlos vor mich hin, machte Witze und wusste immer noch nicht, wo all die Worte herkamen? Es war, als ob ein anderes Wesen mich durchdrungen hätte, oder sollte ich es lieber so ausdrücken, dass ich die meiste Zeit von einem anderen Wesen durchflutet gewesen war, und nun kam endlich mein *wahres* Wesen zum Vorschein?

Der Verstand war nun ganz klein und der Rücken schmerzte kaum mehr, oder war das irgendwie nicht mehr so wichtig? Ich war voll da! Und das Beste war, dass mein Gegenüber in genau demselben Moment in einen Blisszustand kam und wir wie zwei Buddhas fast nur vor uns hin lachten. Der Blick in ihre Augen war, als ob ich in mich hineinblickte, die Grenzen zwischen mir und allen im Raum verschwammen. Ich nahm nur noch mich wahr und konnte mich auch in allen anderen in der Halle fühlen, es gab keinen Alexandros mehr und auch die Identitäten der anderen waren weg, ich spürte nur unsere Einheitsseele, und musste so sehr lachen! Das war der Zustand, den ich auch bei der Ayahuascazeremonie erlebt hatte.

Die darauffolgende Bewegungsmeditation war gut, um wieder etwas zu landen. Meine bedingungslose innere Freude blieb, doch war ich voll im Körper und sehr wach. Dies erlebten jedoch bei weitem nicht alle in der Gruppe, und manche waren immer noch oder spätestens jetzt fertig mit der Welt! Als ich bei der abendlichen Gemeinschaftsmeditation meine Augen schloss, bekam ich eine der größten Visionen meines Lebens. Oder genauer gesagt eine Art Update meiner Lebensvision, welche ich mit 25 Jahren bekommen hatte. „Vision 2.0“, kam mir in den Sinn, und ich musste freudig lachen. Da war so viel Freude, jetzt brannte pures Lebensfeuer in mir, und ich spürte, dass mein Körper zwar müde war, doch wurde ich von zu viel Energie durchströmt, als dass mich das beeinflusst hätte. So langsam kann ich annäherungsweise nachvollziehen, wie spirituelle Meister, frühere Mystiker oder auch Jesus sogenannte Wunder vollbringen konnten, denn wenn die göttliche Energie so sehr in einen Menschen Einzug nimmt, dann können auch physikalische Erdengesetze außer Kraft gesetzt werden!

Nach der Meditation saß ich vor einer Frau, von der nur negative Emotionen, Gedanken und Worte kamen. Es war eine Begegnung, die ich schwer in Worte fassen kann. Nichts und niemand konnte meinen heiligen Zustand berühren, ich war von Positivität, Freude, Hoffnung und Liebe so sehr durchdrungen, dass nichts von ihr in mich überging. Jedoch meine Präsenz ein klein wenig auf sie! Sie war von so viel Freude meinerseits angestoßen und zugleich auch provoziert. Ich nahm das wahr, auch wenn sie es nicht zeigen wollte. Es war, als ob ich ihr Inneres spüren könnte. Wie aus der Vogelperspektive sah ich das Leid dieser ehemaligen Alkoholikerin und empfand nichts als Hoffnung. Es war ohnehin erstaunlich, dass sie bereits so viele Schritte in ihrem Leben gemacht hatte und nun hier saß und sich weiterhin ihren Themen stellte. Dies war gewiss kein Workshop für schwache Nerven, eher eine Grenzerfahrung.
Später blickten meine Augen glitzernd in die Sterne. In Liebe dankte ich für diesen Lebensweg und sprach eines meiner tiefsten Gebete, damit diese mir gegebene Vision ein Stück Himmel auf Erden schaffen könne. In diesem Zustand überwältigte mich nicht einmal die Größenordnung und das Ausmaß der Vision, doch beim Schreiben dieser Worte fragt mein Verstand sich schon: „Ach du liebe Güte, wie sollen wir das nur wieder umsetzen?“ – kurz darauf folgt ein Lächeln von innen heraus: Vertrauen und Hingabe…

Am letzten Workshoptag erwachte ich bereits um vier Uhr. Keine Müdigkeit, nur die Stille, die Sterne und diese mich durchdringende Präsenz. Gleich in der ersten Morgensession saß ich wieder vor einer Frau, welche zur gleichen Zeit wie ich im Blisszustand war, und unsere Blicke schaukelten sich so sehr in die Höhe, dass wir wieder in der Freude zu fliegen begannen. Freudentränen liefen mir über die Backen, und die Tatsache, dass ich gestern um diese Zeit verstandes- und körpermäßig noch in einem elenden Zustand war, war weit entfernt. Wir lachten so sehr bei dem Gedanken, dass viele Menschen seit Tagen mit vollen Mägen dem Weihnachtsprotokoll folgten und uns das wohl herrlichste Weihnachtsgeschenk zuteil wurde, das ich mir nur vorstellen konnte: wir selbst! Mittlerweile wusste ich auch, dass solch ein Höhenflug irgendwann wieder mit einer Landung enden würde, und trauerte dieser Tatsache keineswegs entgegen. Ich genoss es einfach, so lange es da war. So, wie ich mit Vertrauen durch das Tief ging, ging ich auch mit Vertrauen durch das Hoch. Früher hielt ich nämlich enttäuscht an diesen raren Zuständen fest, heute akzeptiere ich einfach sowohl ihr Kommen als auch ihr Gehen. Ich glaube, das nennt man Reife.
Danach wieder eine dynamische Meditation und eine weitere Session plus Frühstück und Duschen. Am Vormittag hielten wir noch ganze drei weitere *Wer-ist-im-Inneren-Sessions* und ich wurde müder… und schwächer… und wechselte bald alle paar Minuten meine Sitzposition, da nichts mehr für meinen Körper bequem war – ich war durch! Keine neuen Worte wollten mehr aus mir herauskommen, und wie in einem Delirium sprach ich einfach über meine momentane Befindlichkeit und alle in meinem Körper, Verstand und Spirit vorgehenden Ereignisse. Mit halb offenen Augen machte ich einfach weiter, und dann kam die Mittagspause. Danach gab es noch eine weitere Session, und als die Workshopleiterin ankündigte, dass dies unsere letzte werden würde, kam wieder Energie! Das war motivierend, und ich fasste im Spiegel der Augen meiner letzten Austauschpartnerin noch einmal sämtliche Erkenntnisse dieser Tage zusammen. Wir jubelten, lachten und umarmten uns alle gegenseitig. Der Bann war nun gebrochen, und überall waren strahlende Gesichter – wir hatten es geschafft!

Meine tieferen Erkenntnisse aus dieser Zeit fließen im letzten Kapitel dieses Buches mit ein. Das Sein in diesem Seelenzustand eröffnete mir neue Dimensionen und Einblicke, die ich zuvor nicht hatte. Vieles ist

eigentlich gar nicht mit Worten zu beschreiben, denn wie könnte man einem anderen Menschen die Schönheit des Meeres erklären, wenn dieser noch nie selbst die Erfahrung gemacht hat, dort gewesen zu sein? Glaubst du, ihm ein Glas Salzwasser zu reichen, könnte ihm eine Ahnung geben? Und doch können Worte unser verborgenes Bewusstsein berühren – und dies könnte ein entscheidender Anstoß sein, selbst die Weiten und Tiefen des Seelenmeeres zu erforschen.
Am Nachmittag setzte ich mich nackt vor meine Casita neben den Wasserhahn und aß eine dunkelrot-gelbe Mango einfach mit dem Mund und den Händen. Kein Messer, kein Schälen. Wie die Affen – und ich ließ alles einfach an mir heruntertropfen. Das war ein herrliches Esserlebnis, und es schmeckte dadurch sogar doppelt so gut!
Später sah ich im Internet die Spinne als Krafttier nach. Natürlich gibt es viele Seiten und Texte, doch ließ ich mich führen und sah mir keine an, bevor ich nicht Resonanz in mir spürte Dann klickte ich auf eine Seite und fand dort eine kurze Botschaft. Wie ich es erwartet hatte, eine sehr passende Botschaft für mich und meinen Prozess der vergangenen Tage:
Nimm den Faden deines Lebens selbst auf, spinne und leite ihn. Erkenne das Licht in der Dunkelheit und dass du mit allem verbunden bist! Die Spinne bringt dich mit deiner weiblichen Seite in Berührung. Erkenne schicksalhafte Verwebungen und Lösungsmöglichkeiten, sei Mitschöpfer deines Lebens und bringe Träume und Visionen in die Welt.

Unglaublich, solch eine Botschaft, nachdem ich eine deutlichere Lebensvision bekommen hatte! Es kam mir vor, als würde dieses Retreat mich wie einen Akku mit Inspiration vollladen. Wie eine energetische Batterie, welche nur darauf wartete, ihre Ladung für den Betrieb eines Lebenstraumes zu geben.

ERHOLSAME STILLE

Noch am selben Abend des letzten *Wer-ist-im-Inneren-Workshop-Tages* begann die Stillezeit. Ich richtete mich wieder gemütlich in meiner Casita ein und schrieb meine Erfahrungen der letzten Tage in mein Notizbüchlein. Hier ein paar Worte, welche während der ersten *Wer-ist-im-Inneren-Sessions* über meine Lippen kamen:

„…zudem stellte ich noch fest, dass alles paradox ist. Mein ganzes Sein – mal agiere ich so und mal so, mal fühle ich dies und mal das und oft auch beides gleichzeitig! Ich habe gesehen, dass ich verrückt bin und zur gleichen Zeit genial!

Ich kann nachvollziehen, warum Menschen sich von mir oft auf Anhieb wie magisch angezogen fühlen aber auch gleichzeitig nicht wissen, wo sie mich einordnen können, und dadurch abgestoßen werden. Mal ist es super angenehm für andere, mit mir zu sein, und mal unerträglich. Nicht weil ich gar so besondere Dinge mache oder den anderen sehr unangenehme Sachen antue, nein. Einfach nur durch die innere Erfahrung, welche ich den ganzen Tag über habe, diese ständige Paradoxie, welche ich auch ausstrahle! Die meisten Menschen wissen nie so richtig, woran sie bei mir sind, und wenn ich darauf angesprochen werde, dann weiß ich oft nicht, was ich sagen soll, denn ich weiß ja selbst nicht, woran ich bei mir bin! Ich weiß nichts über mich, und doch kenne ich mich besser denn je zuvor. Ich habe keine Ahnung und gleichzeitig weiß ich genau, was ich will! Ich breche meine eigenen Leitsätze, doch empfinde ich immer noch, dass ich sie befolge. Ich kann einfach niemandem erklären, was wirklich in mir vorgeht, doch macht der Unsinn für mich absoluten Sinn! Oftmals bin ich bemüht, mich irgendwie gesellschaftlich „freundlich normal" zu verhalten, sogar in alternativen Kreisen oder in meiner Familie, so dass die Menschen um mich herum noch mit mir umgehen können. Doch im Zuge meiner Entwicklung merke ich auch, dass ich zunehmend ein Stück weniger dazu bereit bin. Dies ist keine Verstandesentscheidung, es passiert einfach mit mir, ich sehe mir in den letzten zwei Jahren dabei zu und es fühlt sich gut und echt an.

Doch eines kann ich mit Gewissheit sagen: Ich mag mich immer mehr und akzeptiere mein paradoxes Wesen!"

Der Ablauf der folgenden sieben Tage sah so aus: Es gab zwei tägliche Satsangs mit dem Gründer der alternativen Gemeinschaft. Man konnte dem spirituellen Lehrer vor Beginn des Satsangs ein kurzes Briefchen auf den Tisch neben seinem Satsangsessel legen, und bevor der Satsang begann, las er erst einmal viele der Briefe, um einen Eindruck zu bekommen, wo die über hundert Stilleworkshop-Teilnehmer innerlich standen und was ihre brennendsten Fragen waren. Dann sprach er über

verschiedenste Lebensthemen und ging auch auf manche Fragen direkt ein. Der Satsang war stets eine Zeit des meditativen Zuhörens und der Inspiration.
Zudem gab es jeden Tag vier Meditationszeiten. Dabei wechselte das Angebot: Stilles Sitzen, Tanzmeditation, Yoga in Stille, Brüllmeditation, Bewegungsmeditationen und noch weitere Meditationsvariationen. Abgesehen davon wurde hier auch von *Essens*meditation, *Dusch*meditation oder *Spazier*meditation gesprochen, denn jede Bewegung des Alltags kann als bewusst ausgeführte beziehungsweise erlebte Handlung zur Meditation werden. Abends nach jedem Satsang gab es dann noch eine halbe Stunde Musikmeditation, und wir lauschten gut zusammengestellten Musikstücken, bevor jeder in die nächtliche Ruhe eintauchte.

Aus meinem Tagebuch vom zweiten Stilletag:
„Ich wache bereits um drei Uhr morgens auf und bin topfit! Ich stelle das mittlerweile nicht mehr in Frage und erforsche einfach, was mit mir passiert, beziehungsweise gebe mich dieser für mich neuen Realität hin. Meine Träume in den letzten Tagen und auch wieder in dieser Nacht waren sehr von Frieden und Harmonie geprägt. Es scheint immer alles gut zu gehen und ich wache erfrischt auf. Doch gleichzeitig war heute auch ein wenig Verwirrung mit beigemischt. Ich werde immer mehr zum Beobachter meines Körpers, meiner Gefühle und meines Verstandes, ohne zu sehr an diesen Dingen anzuhaften."

Der Morgensatsang wühlte mich sehr auf, wie ich das auch aus Indien von dem spirituellen Meister des Ashrams kannte. Für mich fühlte es sich wieder einmal so an, als ob jemand etwas in mir aufbrechen würde, damit Platz für Neues entstehen konnte. Ich genoss es, doch tat es auch weh. Nach dem Satsang nahm ich Aggressivität in mir wahr und beobachtete sie einfach, während ich in sehr langsamem Tempo den Dschungelweg entlanglief. Ich reflektierte viel, fühlte viel, nahm viel wahr und blickte sehr tief in mich. Da war jede Menge Unerforschtes, und es machte mich aufgeregt und neugierig, diese Dimensionen zu erforschen, und gleichzeitig auch ängstlich. Denn jede weitere Schicht, welche ich im Laufe der letzten Jahre und auch nun wieder in diesem speziellen Retreat von mir schälte, war wie ein Tod und brachte eine Wiedergeburt. Hinterher war ich nicht mehr ganz der gleiche.

Die Stilletage waren genauso intensiv wie die Wochen zuvor, doch offenbarten sich nun noch tiefere Dimensionen. Viele Leute, eigentlich

die meisten, kamen durch das Nicht-Sprechen wirklich an ihre Grenzen, doch für mich war es wie eine Heimat: „Endlich keine Worte in der Präsenz anderer Menschen, und trotzdem kann ich einfach bei ihnen sitzen", hörte ich eine zufriedene Stimme in mir sagen. Wenn all das zwanghafte, schuldhafte, verlegene und oberflächliche Alltagsgequassel einmal wegfällt, bleibt so viel blanke Reinheit übrig, dass es schon fast wehtut. Wie ein Entzug, und doch entsteht ein Paradies! Ich sage nicht, dass wir im allgemeinen nicht mehr reden oder uns austauschen sollten, doch ähnlich wie mit dem Essen wird in unserer Gesellschaft für mein Empfinden weit über das Maß geredet. Der Verstand wird schnell verrückt, wenn man in der Präsenz einer anderen Person ist und die unerträgliche Leichtigkeit der Stille den Raum einhüllt.
Der Abendsatsang berührte mich tief, ein Gefühl von großer Wahrheit machte sich in mir breit, und ich kann mit Worten hier gar nicht erklären, was ich dabei empfand. Wie in Indien ging es mir so, dass „…endlich jemand das ausspricht, was ich ganz tief in mir wahrnehme!" Doch glaube ich, wer generell eine Abneigung gegenüber spirituellen Meistern hat, hätte diese Worte wahrscheinlich nicht im entferntesten nachvollziehen können – auch in Ordnung. Ich erfuhr durch die Präsenz solcher Lehrer bislang tiefe Einsicht, welche weit über den Verstand hinausging. Samen wurden gepflanzt und warten darauf, eines Tages zu keimen, dann, wenn ich selbst die entsprechenden Erfahrungen mache, denn dies kann mir der größte Meister nicht abnehmen.

Der vierte Stilletag war ein besonderer Tag für mich. Denn vor exakt 100 Tagen hatte mein Umstellungsprozess auf kosmische Energie begonnen, und auch wenn ich wieder täglich feste Nahrungsmittel zu mir nahm, so war dies nur ein Bruchteil dessen, was ich früher alles verzehrt hatte. Es gab für mich keinen Zweifel, dass ich nach wie vor an eine andere Energiequelle rückverbunden war, welche mich zusätzlich ernährte, beziehungsweise mir Lebensenergie gab. Und die Frage, ob ich weitermachen würde, stellte sich mir gar nicht mehr, denn mittlerweile war dieses *neue Leben*, wie ich es nannte, Normalität für mich. Also ließ ich den Prozess ganz natürlich weiterlaufen, verweigerte mir nicht zu essen, und verweigerte mir aber auch nicht das Nicht-Essen!

Am fünften Morgen der Stilletage genoss ich einen Morgensmoothie unter dem Sternenhimmel. Ich war innerlich etwas aufgewühlt, beobachtete diese nervöse Energie allerdings lediglich in der Art „Ah, ein

neuer Gast, also werde ich auch zu ihm freundlich sein!" Keine Verurteilung meiner selbst, ich betrachtete dieses unangenehme Gefühl nicht mit Abneigung oder tat etwas dagegen, sondern fühlte einfach. Später bei der Vormittagsmeditation überkam mich eine extreme Müdigkeit, und ich dachte „…nun falle ich gleich um!" Doch während der Meditation änderte sich mein Energielevel schlagartig, wie ein wechselnder Wind. Mein Körper wurde warm und positive Kriegerenergie machte sich in mir breit. Ich war sehr verwundert, denn meine inneren Vorgänge entzogen sich jeglicher mir bekannten Logik! „Und wieder ein neuer Gast, sei willkommen…"
Zwei Stunden später war ich einfach nur kraftvoll, wach und innerlich ganz ausgeglichen. Meine Türen waren offen für alle Emotionswinde, die gerade auf Durchreise umherflogen. Ich kam mir vor wie „Emotions-Hostel Alexandros – Bewirtung und Übernachtung frei!" Vertrauen und Sich-hingeben war ein ums andere Mal meine Einstellung dieser Tage…

Nachmittags suchte ich mir täglich eine Tanzmeditation aus. Ich durfte während des Retreats nämlich feststellen, wie heilsam der freie und unkonditionierte Tanz für mich war. Doch an einem Tag kam alles anders: Ich hatte mich schon darauf gefreut, wieder abzutanzen – zumindest hatte mein Verstand das so erwartet – kurz darauf gab ich mich auch schon wieder dem Moment hin, vergaß um die Zukunft und sprach so vor mich hin „Wer weiß, wie es werden wird?" Ich ging ausgeglichen und erwartungsfrei in meditativem Gang zur Tempelhalle, betrachtete die Wolken am Himmel und berührte die sanfte Schönheit der Blumen auf dem Wege. Es war noch etwas Zeit, als ich ankam, also legte ich mich, wie viele andere, auf den Marmor und blickte zur runden Deckenkonstruktion mit kleinem Dachfesterlein. Ich hatte meine Beine über Kreuz ausgestreckt und die Arme zu den Seiten ausgebreitet. Diese Pose erinnerte mich spontan an Jesus und sein Hängen am Kreuz…
…dann begann die Tanzmeditation und alle Leute in der Halle begannen wieder, zur Musik den Körper locker durchzuschütteln. Auf einmal erinnerte ich mich, wie ich während des Emotions-Workshops in die Kindheit meiner Eltern gereist war und dabei teils auch deren Verwundungen gespürt hatte. Die Reise sollte nun weitergehen, und absichtslos kam mir eine andere, nahestehende Person in den Sinn. Ich hatte mir schon nach meinen Reisen in das energetische Feld meiner Eltern vorgestellt, wie es wohl sein würde, das Energiefeld dieser mir

nahestehenden Person zu fühlen, und allein der Gedanke zwickte mich damals unangenehm, so dass ich mich davor scheute. Doch jetzt gab ich mich dem ganz unerwartet hin, während ich meinen Körper weiter wackeln ließ. Ich klinkte mich in das Energiefeld dieser besagten Person ein und reiste in ihrer Kindheit, Jugend und auch späterem Alter umher.

Der plötzliche Stich in meiner Brust und das immense Fühlen großer Verwundungen brachten gleich Tränen in meine Augen. Ich wollte eigentlich wieder aus diesem Feld heraus, doch meine innere Führung hielt mich vertrauensvoll sanft dort. Ich spürte weiter, und der Schmerz und die Misshandlung, welche ich hier berührte, zerrissen mich innerlich. Ich begann, heftig zu weinen und mich zu verkrampfen. Da die Leute um mich herum bei der lauten Musik im *Wackeldelirium* waren und die meisten die Augen geschlossen hielten, nahm mich wahrscheinlich kaum jemand wahr. Doch das spielte in diesem Moment auch keine Rolle, denn ich war sowieso allein auf meiner Geistreise. Die emotionale Wunde, welche ich hier spürte, war größer als aller emotionale Schmerz, den ich aus meinem Leben kannte!
Von der Kindheit angefangen über die Jugend und auch im erwachsenen Alter nahm ich Kälte, Unterdrückung, körperliche und psychische Misshandlung wahr. Ich konnte dadurch nur zu gut all die Verhaltensweisen und Reaktionen dieses Menschen in der heutigen Zeit nachempfinden! Alles machte Sinn, wie eine logische Reihenfolge von Reaktionen auf vergangene Geschehnisse. Dies ließ endgültig auch die letzten Verurteilungen, welche ich ab und zu noch gegenüber diesem Menschen in mir hatte, dahinschwinden. Nach dem Wackeln kam gute Tanzmusik, doch ich konnte meinen Körper nicht mehr als hin- und herschwingen lassen.
Die Reise ging weiter, und mir ging die Frage durch den Kopf: „Wie konnte Jesus sich nur in das emotional verletzte Feld der gesamten Menschheit einklinken?“ Ich sah das Tragen des Kreuzes als Symbol dafür. Der Gedanke allein war so heftig, dass in meinem Inneren sofort eine Sicherung auslöste und sich eine Mauer zwischen mir und diesem übermächtigen Feld bildete. Dies war wie ein Schutz meiner Intuition, denn ich spürte, dass, wenn sich jemand mit einem energetischen Feld verbindet, welches sehr stark durch Angst, Zweifel und Leid geprägt ist, dieses Feld einem schaden, einen im Ernstfall sogar umbringen kann.
Dies geht nun sehr in metaphysische Bereiche, und früher wunderte ich mich stets, in Büchern über solche Dinge zu lesen. Dabei kam ich mir

vor wie ein Hobbit auf Raumschiff Enterprise, doch nun wurde ich im Zuge meiner spirituellen Wachstumsreise langsam in solche Bereiche eingeweiht. Ich erkannte, dass es für mein Leben Sinn machte und ich bereit war, diese jenseitigen Welten langsam und sicheren Schrittes zu erforschen. Und gerade als ich mir vorstellte, welche enorme Lebens- und Liebensenergie Jesus gehabt haben musste, da wurde ich auch schon zur nächsten Szene geführt. Ich erblickte nur ein einziges Bild aus dem zweiten Weltkrieg, sah für den Bruchteil einer Sekunde Leichen und Blut und spürte einen Hauch des Leidens und der Verzweiflung, welche manche Menschen damals erlebt haben mussten. Daraufhin musste mich unweigerlich auf den Boden knien und weinte Rotz und Wasser.
Das war der kälteste Schmerz, den ich je gefühlt hatte, eine Art von Schmerz, welche einen Menschen, der ihn tatsächlich erlebt, sofort innerlich gefrieren lässt, damit die äußeren Umstände – wie in einer Art unwirklichem Drogenzustand – überlebt werden können. Diese inneren Empfindungen waren der Zustand der Hölle, so fühlte ich sie. Die Hölle ist kein Ort, Himmel und Hölle sind Zustände, und die meisten Menschen bewegen sich irgendwo dazwischen. Aufgrund dieser inneren Zustände handeln und sprechen wir. Sie prägen unsere Wahrnehmung und durch sie erfahren und beurteilen wir die Welt. Dies ist auch der Grund, warum jeder Mensch auf seine Art in einer anderen Welt lebt und es zu solch enormen Wahrnehmungsunterschieden kommen kann, obwohl wir auf ein- und dieselbe Sache blicken.

Da lag ich also und atmete immer wieder tief ein und aus. Die Gefühle vergingen bald und ich befand mich innerlich in einem leeren Raum. Ich war im Kosmos und sah Sterne und Planeten sowie Meteoritentrümmer. Doch möchte ich an dieser Stelle einen weiteren Exkurs machen, um für die nachfolgenden Erlebnisse annähernd Verständnis zu schaffen: Jedes Mal, wenn ein Mensch eine Erfahrung macht (*Erfahrung* gleich *Erlebnis* plus eine dazugehörige *Emotion*), wird diese Erfahrung im Körper des Menschen abgespeichert und wirkt sich dort entsprechend aus. Was allerdings noch passiert, ist, dass dieselbe Erfahrung kopiert und im Kosmos abgespeichert wird. Dort steht sie dann der gesamten Menschheit in ihren weiteren Entscheidungen und in ihrer Entwicklung zur Verfügung. Darauf gehe ich nun nicht weiter ein.
Zudem kreieren alle von uns Menschen in den Kosmos hochgeladenen Erfahrungen sowohl die Menschheit, die Vielfalt auf der Erde, das

Schwinden oder Entstehen einer neuen Spezies – als auch neuer Sterne, Planeten, Sonnensysteme. Durch diese Gesetze sind wir Menschen direkte, doch meist unbewusste Mitschöpfer allen Lebens und entscheiden aufgrund von unseren positiven und negativen Erfahrungen über die Manifestationen in der Materie. Viele positive Erfahrungen wie Liebe und Freude erschaffen Schönheit, zum Beispiel eine neue, wundervolle Blumensorte oder einen von Grund auf friedvollen Menschen. Viele negative Erfahrungen, etwa Angst, Terror, Verzweiflung, erschaffen unausgeglichene Energieverhältnisse und wirken sich zerstörerisch auf das Lebensgleichgewicht aus.

Zurück zu meiner Geistreise durch den Kosmos: Als ich dort schwebte, sah ich plötzlich verschiedenste Meteoritentrümmer in wenig harmonischer Anordnung als dunkles, destruktives Geröll durch das All fliegen. Ich spürte ihre leblose Energie und erkannte, dass solche Dinge durch die kollektiven negativen Erfahrungen der Menschheit geschaffen wurden. Dahinter sah ich einen wunderschönen hellorangenen Planeten, welcher ein Beispiel für Schöpfung durch positive Erfahrungen war. „So erschaffen wir also auch den kosmischen Raum!" sah und dachte ich erstaunt. Dann nahm ich das allergrößte Energiefeld wahr, also die Energie, welche bei weitem den größten Raum einnahm: die absolute Leere. Das Nichts. Der unendliche Raum. Hier war es neutral angenehm. Es fühlte sich so an, als würde man einem Kind 20 Kilo Legosteine kaufen. Das wäre jede Menge Spielzeug, und schon bald hätte das Kind damit vielleicht auf zehn Quadratmetern eine riesige Legostadt mit allem Drum und Dran gebaut. Dann erblickt man das Spielzimmer des Kindes und befindet sich in einer gigantisch großen Lagerhalle, und auf einmal wirkt die Legostadt so winzig und man erkennt das Potenzial für viele weitere Tonnen von Lego, welches hier noch verbaut werden könnte. Ungefähr so viel Platz haben wir also noch, um in den kommenden Jahrtausenden – und wer weiß, wie lange – weiter zu kreieren und mit zu schöpfen: also jede Menge!

Dann wurde ich sehr viel weiter in eine andere Galaxie geführt, und was ich dort sehen durfte, war von atemberaubender Schönheit. Die Erfahrungen, welche hier in den Kosmos geladen wurden, schufen die Anordnung vieler wundervoller Sterne und Planeten in einem harmonischen Muster. Es sah ähnlich aus wie eine Blume, und weiße Schweife verbanden die Sternenketten. Die Lebensenergie dieser Galaxie war so hoch, dass die stark überwiegende Erfahrung von Liebe, Leben, göttlicher Energie, Balance der Energien oder wie man es bezeichnen möchte, sich einfach wundervoll anfühlte. Dann wurde ich in die himmlischen Reiche geführt und durfte mich dort noch ein wenig auf einem Blumenfeld in der Abendsonne ausruhen. Mein Körper lag am Boden und auch die Tanzmeditation spielte nun langsame Musik. Alle lagen nun am Boden. Das war ein Ausflug, den ich so nicht erwartet hatte!

Der Abendsatsang berührte mich sehr und ich war in viel Freude getaucht. Meine Augen sahen am Ende des Satsangs die gesamte Halle, all die Leute und den Gemeinschaftsgründer vorne in der Mitte in einem goldenen Schein. Ich liebte diesen Zustand, den ich in den letzten Monaten immer öfter erfahren durfte. Bedingungslose Freude am Sein. Es war etwas gedämpfter als der Blisszustand der *Wer-ist-im-Inneren- Tage.* Als ich unter den Sternenhimmel trat, erblicke ich den Halbmond und seine kreisrunde Regenbogenreflektion auf den Wolken. Die Schönheit dieses Augenblicks fesselte mich noch eine Weile und für kurze Zeit berührte ich den Mond, küsste ihn und zerschmolz in ihm. Dann ging ich mit einem *Schritt, der keine Zukunft kennt,* langsam in Richtung meiner Casita und legte mich schlafen.

Aus meinem Tagebuch kurz vor Mitternacht des Silvestertages:
Ich dachte kurz daran, dass heute Abend auf der ganzen Welt jede Stunde in einer anderen Zeitzone die Korken knallen werden. „Wie schön es doch wäre…“, dachte ich mir „…wenn die kollektive Menschheit dieses Datum nutzen würde, um eine bedingungslose Liebeserfahrung in den Kosmos zu schicken!“, zum Beispiel durch eine Meditation oder etwas Ähnliches. Sozusagen Sekt und Fondue für die göttliche Seele!“

Unzählige Bilder meiner Vision gingen mir durch den Sinn, und ich hatte eine blühende innere Erfahrung beim *Erträumen* dieser Dinge. *Erträumen*, dadurch hatte ich bisher alles erreicht, was ich als sinnig empfand und was mir gut getan hatte. Natürlich mussten danach auch Taten folgen! Ich träumte mich in einen freudig sanften Rausch und war voll energetisiert. Von Schlaf keine Spur, und gerade, als ich aufgestanden war und beschlossen hatte, wach zu bleiben, hörte ich in weiter Entfernung ein paar Silvesterraketen knallen. Das neue Jahr wurde begrüßt und ich feierte in mir! Da ich wach und mir zu feiern zumute war, ging ich zur Gemeinschaftsküche und briet zwei Tomaten an, öffnete zwei junge Kokosnüsse und mischte rot mit weiß. Dann ab in den Mixer, etwas Salz und Honig dazu und fertig war die Neukreation. Außergewöhnlich und lecker, kandiert mit Sternenhimmel und angenehmen T-Shirt Temperaturen, einfach herrlich!

Also blieb ich gleich die ganze Nacht wach und schrieb noch eine Weile am Computer. Als der Morgen graute, ging ich zur Morgenmeditation. Innerhalb von wenigen Sekunden fiel ich in einen tiefen Schlaf, und zwar genau für die eine Stunde der Meditation. Später wieder eine Tanzmeditation, und in diesem sehr speziellen Zustand blieb ich weiterhin wach und beobachtete genau jede Regung meiner Innenwelt. Was tat sich da? Dinge fühlten sich etwas anders an, der Verstand wollte schon beunruhigt sagen „Ich könnte mir Schaden zufügen", doch dann hielt ich inne und fühlte ganz genau… nein, solange ich wachsam blieb und auf die Signale meines Körpers hörte, konnte ich weiterhin den Zustand erforschen, mit wenig Schlaf zu sein. Mal sehen, wie das weitergehen würde…
Ich war halb fit und halb müde. Es war ein interessanter Zustand, wie ich ihn aus intensiven Momenten meines Lebens kannte. Doch einer inneren Instanz in mir war ganz klar, dass ich nun nicht schlafen, sondern durch dieses Gefühl hindurchgehen würde. Es war wie das Durchbrechen einer Mauer. Wie eine Neuprogrammierung in meinen Zellen, eine Art innerer Operation. Beim Tanzen am Nachmittag hatte ich die Augen geschlossen. Mir schossen wie in Trance viele Gedanken zum Thema Schlaf durch den Kopf. Dann hielt ich es nicht mehr aus und fragte in mich „Warum schlafen wir Menschen überhaupt?" Ich erwartete keine Antwort, doch nach ein paar Tanzbewegungen begann eine innere Stimme auch schon zu sprechen: *„Wer im Körper wach ist, schläft in der geistigen Welt. Wer im Körper schläft, ist in der geistigen Welt wach."* Dann kam der Satz, welcher mich wie ein Blitz traf: *„Der Schlaf im Körper wird unnötig, sobald man erwacht ist!"*

Es dauerte eine Weile, bis ich diesen Satz mit dem Verstand begriff, doch musste ich noch vor meinem Begreifen lachen, da mein Sein sofort verstanden hatte, was gemeint war. Das Gefühl einer tiefen Erkenntnis überkam mich und sank tiefer in mich hinein. Danach hörte ich weiter: *„Viele Menschen sind so sehr mit irdischen Dingen beschäftigt, dass ein Ungleichgewicht zwischen dem Sein in der irdischen und dem Sein in der geistigen Welt entsteht. Folglich laden wir unseren Körper und den Verstand so sehr mit Informationen voll,*

dass wir während des nächtlichen Schlafs erst einmal unsere irdischen Dinge verarbeiten müssen, um nicht zu sehr überladen zu sein und Schaden davonzutragen. Je mehr wir jedoch in unserem Wachzustand während unseres irdischen Tuns gleichzeitig bewusst mit der geistigen Welt verbunden sind, desto erholsamer ist der Schlaf, da dann die Tore zur ursprünglichen Quelle offener sind. Wir tanken mehr Energie und erfahren dadurch einen gesünderen körperlichen Zustand, mehr Liebe und seelisches Zuhause-Fühlen, sogar während des Wachseins. Die Illusion des Unterschieds verblasst und dadurch wird der Schlaf auch nicht mehr zwingend notwendig."
Diese Botschaft leuchtete mir ein und ich setzte meinen Wach-Schlaf-Tanz zufrieden fort.

Am allerletzten Retreattag, welcher auch gleichzeitig der letzte Tag der Stille war, gab es eine Riesenschwitzhütte für alle. Über hundert Menschen versammelten sich in vier Reihen um die knapp siebzig heißen Steine in der Mitte. In dieser Natursauna bekamen wir wieder „unser Wort" zurück und feierten kräftig mit Liedern und Gelächter. Frische Ananas und Wassermelonen versüßten uns den Abschluss einer intensiven Zeit, und es war kaum zu glauben, doch das Transformationsretreat war erlebt und ausgekostet. „Ich bin gewiss zur richtigen Zeit am richtigen Ort gewesen!" dachte ich zufrieden.

INSPIRATION – DIE GÖTTLICHE DROGE

Die innere Reise der letzten Wochen arbeitete noch kräftig in mir nach. Mit dem Retreat war längst nicht Schluss mit der Intensität meines Erlebens. Ich war gespannt, was in den nächsten Tagen und Wochen noch so alles in mir auftauchen würde, und beobachtete weiterhin mit Erstaunen mein neues Schlafverhalten.
In den Tagen nach dem Retreat, wenn ich zu Bett ging, konnte ich es bereits kaum erwarten, wieder zu erwachen. Als ob eine innere Energie mich so sehr erfüllte und ich unbedingt wach sein und jede Lebenssekunde voll ausnutzen wollte. Meine Lebenskraft war so aufgeladen, und wie ein freudiges Hundchen lag ich im Bett und wollte eigentlich gar nicht schlafen, sondern an meinen Projekten werken. Immer wieder erwachte ich in der Nacht, sah auf die Uhr „Oh, erst ein Uhr", weiter schlafen… „erst zwei Uhr", weiter schlafen, „halb vier, ok, ich stehe auf!" Sogar der Vier-Uhr-Wecker war nun zu spät! So viel Freude, so viel Motivation und zur gleichen Zeit auch eine meditative Ruhe in mir. Das fühlte sich ganz anders an als Rastlosigkeit. Dieses neue Gefühl hatte so viel Leichtigkeit und Ruhe im Tun. Wohingegen die Rastlosigkeit, wie ich sie vorher kannte, eher ermüdend ist.
Zudem genoss ich es in vollen Zügen, meine Zeit wieder nach Belieben einzuteilen und kreativ meine Projekte zu verwirklichen. Dabei verschwammen allerdings zwei Dinge: was *ich wollte* und was *getan werden wollte*. Ich konnte keine klare Linie mehr fühlen und hatte mehr den Eindruck, dass eine Kraft in mir und durch mich zu wirken begann. Denn obwohl ich nach alten Glaubensmaßstäben absolut über meine Grenzen ging, erfuhr ich kaum Diskomfort. Besonders in den Tagen direkt nach der Stillezeit hatte ich ein ähnliches Gefühl in mir wie während des 8-Tage-Prozesses. Eine Art Umbau meines Inneren fand statt, und ganz erwartungsfrei ließ ich geschehen, was auch immer da mit mir passierte.
In diesen Tagen war ich sehr stark auf der Erde und gleichzeitig in der Geistwelt, und in meinen Begegnungen mit anderen Menschen kam ich mir vor, als ob eine andere Kraft durch mich sprechen und handeln würde. Es war fast so, als ob ich mir selbst wie von außen beim Leben zugesehen hätte. Es fehlte wirklich nur noch das Popcorn! Meine Aussagen waren sehr klar und herzlich, meine Authentizität sehr präsent, und mit am interessantesten war, dass ich kaum noch Schamgefühl empfand. Was ich damit meine? Nein, ich lief nicht überall nackt herum!

So etwas wie Ja-sagen, um jemandem zu gefallen, gab es nicht mehr. Oder die Scheu, ganz direkt unangenehme Dinge anzusprechen oder einfach zu fragen, wenn ich etwas brauchte – wo der Verstand früher vielleicht erst einmal abgewogen hätte. Wie gesagt, war ich sehr erstaunt und vor allem gespannt, wo das hinführen würde?

Nachdem ich die nächste Vollmondnacht komplett durchgemacht hatte, erblickte ich mich am Mittag im Spiegel. Keine Müdigkeit, keine Augenringe oder irgendwelche Anzeichen von Mangel. Das war wie mit der Lichtnahrung, ich war durch eine zusätzliche Quelle gut versorgt. Mein Schlaf-Glaubensmuster bröckelte. Vielleicht war das die Entdeckung des *Lichtschlafes*? Vielleicht würde dies zu einem weiteren Buch führen, eventuell mit dem Titel „Lichtschlaf – Wachst du schon oder schnarchst du noch?". Spaß beiseite, ich beobachtete jedoch auch, wie ich wieder mehr feste Nahrung zu mir nahm und mich damit auch ein wenig pushte. Doch störte mich dies nicht, denn nun stand dieser Prozess im Vordergrund und wollte näher erforscht werden. Ich begann aufzuschreiben, wie lange ich jeden Tag geschlafen hatte, rechnete nach zwei Wochen alles zusammen und teilte es durch die Tage. Es waren im Schnitt nur noch vier Stunden! Natürlich unterschiedlich verteilt, mal sechs Stunden, mal nur drei, mal viereinhalb, mal gar nicht.

Doch eines Abends nach der Gemeinschaftsmeditation war ich schon früh wieder sehr müde. „Jetzt geht es zu Ende…", dachte ich und verabschiedete mich innerlich schon ein wenig wehmütig. Vielleicht war alles bloß eine Phase und nun würde ich wieder beginnen, „normal" zu schlafen. Müde legte ich mich ins Bett und schlummerte meine acht Stunden. Am nächsten Tag war ich noch müder als an den Tagen, an denen ich wesentlich weniger geschlafen hatte. Das erschien mir unlogisch! Am Abend war ich dann bereits vor der Meditation schon so müde, dass ich immer wieder einnickte. Ich fragte mich, was anders war? Und nach einigem Überlegen stellte ich fest, dass ich meine Vision nicht mehr mit gleicher Intensität spürte wie noch die Zeit zuvor. Die Inspiration war etwas schlaffer geworden. Wie von selbst begann ich, als nächstes an die Bilder meiner Vision zu denken. Es war unfassbar, doch langsam aber sicher baute sich in mir wieder Energie auf. Ich wurde wacher und war nicht mehr ganz so sehr in Schlafstimmung. Dann fragte ich mich, was passieren würde, wenn ich abends nach der Meditation einfach nicht gleich schlafen gehen würde? Nun spürte ich eine

Spannung in mir, denn auf der einen Seite meldete sich mein altes Glaubensmuster „He, ich brauch doch den Schlaf, sonst bin ich morgen ganz schwach…“ und mit schulderzeugender Stimme fügte der Plappermann noch hinzu: „…willst du etwa, dass ich Schaden davontrage!?“ Ja, die Angst klopfte kurz an die Türe, doch eine vertrauensvolle Präsenz in mir sagte einfach „Probier's aus!“ Also trank ich nach der Meditation einen Kakao und begann mich den Dingen zu widmen, welche umgesetzt werden wollten. Ich hatte kein Ziel oder eine Uhrzeit, wann ich aufhören wollte, sondern ließ mich einfach auf das Abenteuer ein und werkte am Ende bis vier Uhr morgens, und kurz darauf klingelte auch der Wecker, den ich mir noch acht Stunden zuvor gestellt hatte. Dann legte ich mich schlafen, stand bereits wieder um halb sieben auf, war den ganzen Tag über fit und werkte inspiriert weiter! Das war einfach nicht zu fassen. Was ich zudem so sehr genoss, waren zum einen die Ruhe der Nacht und zum anderen, immer wieder die Sterne und den von Tag zu Tag schwindenden Mond zu beobachten.

In diesen Tagen dachte ich eindringlich über das Phänomen der Inspiration nach. Jeder kennt das doch mehr oder weniger. Man ist müde oder schwach, und kaum tritt ein Ereignis ein, das uns interessiert oder Freude bereitet, oder die Aussicht auf etwas, das wir haben wollen – dann ist urplötzlich alle Kraft wieder da! Die Visionen dieser Tage ließen mich kaum noch an etwas anderes denken. Ich erinnerte mich auch an einen Film über Franz von Assisi, wo genau dieses Phänomen gut dargestellt worden war. Franz von Assisi hatte die Vision, eine alte Kirchenruine wieder als Kirche in voller Pracht aufzubauen. In einer Szene stand ein alter Freund Franz gegenüber und erzählte ihm eine ganze Weile von seinen Problemen und alles, was Franz von Assisi dann von sich gab, war „Der Stein da hinten…“, sein alter Freund drehte sich um und erblickte den großen, natürlich geformten Quader „…er wäre ein wunderbarer Eckstein für die Kirche!“ Schon damals berührte mich diese Szene sehr, doch erst heute kann ich wirklich verstehen, was es heißt, von einem Traum durchdrungen zu sein, wenn auf einmal vieles, was früher noch wichtig oder problematisch war, sich wie ein Schleier hebt und auflöst.
Ich musste auch an den Nachtfalter denken: „Energie folgt Aufmerksamkeit“, an den Gecko: „steht für das Leben der eigenen *Träume und Visionen* und die männliche Schöpferkraft, diese umzusetzen“, die rotorange Spinne im ersten und letzten Satz: „Nimm den Faden deines

Lebens selbst auf, spinne und leite ihn… sei Mitschöpfer deines Lebens und bringe *Träume und Visionen* in die Welt." Und nicht zu vergessen der Adler: „Nun ist die richtige Zeit, mit dem Göttlichen zu kommunizieren, um kreative *Inspiration* zu erhalten. Also achte auf jede Führung, welche dir zuteil wird!", sowie im zweiten Absatz „Also tauche in deine inneren Tiefen und gib gut auf jegliche *Visionen und Inspirationen* acht!" Vorsichtshalber sah ich noch einmal nach, ob eigentlich bei allen Krafttieren erwähnt wurde, dass man gerade jetzt auf seine Inspirationen achten sollte und jetzt die Zeit sei, seine Träume und Visionen zu manifestieren? Aber nein, das stand wahrlich nicht überall. Wie ein Puzzle fügte sich alles und bündelte mein Leben in eine Richtung. Langsam aber sicher verabschiedeten sich die Interessen der Identität *Alexandros,* und neue Prioritäten ersetzten den freien Platz. Dabei hatte ich alles andere als das Gefühl, etwas einzubüßen, im Gegenteil, es war so schön und fühlte sich absolut stimmig an. Wie ein Geisterfahrer, der endlich auf die richtige Straßenseite gefunden hat!
All die Dinge, welche ich hier beschrieben habe, waren natürlich erst der Anfang, eine Art Startschuss. Aus Erfahrung wusste ich, dass nach den *zwei Schritten nach vorne* auch wieder der *eine Schritt nach hinten* folgen würde. „Auch in Ordnung", dachte ich „…wird sich schon alles gut und richtig entwickeln!"

VERRÜCKTES RESUMÉE

Insgesamt werkte ich den ersten Monat des Jahres nahezu ununterbrochen an meinen zahlreichen Projekten, manchmal Tag und Nacht. Ich war gut geführt und bemerkte, dass es bald Zeit wurde, die alternative Gemeinschaft zu verlassen. Eine unbeschreibliche Zeit an diesem Ort ging zu Ende, doch wie in der Vergangenheit trauerte ich dem nicht entgegen, sondern freute mich bloß über das, was kommen würde. Alles Wichtige trug ich ohnehin in mir und würde es überallhin mitnehmen!
Also suchte ich im Internet nach einem günstigen Hostel in der nahegelegenen Kleinstadt. Dort wollte ich noch ein paar Tage am Meer verbringen, bevor ich ins Landesinnere zu einem Nationalpark weiterziehen würde. Alle Hostels waren ausgebucht. Dann fand ich eines in einem nahegelegenen Ort. Dieses lag zwischen der alternativen Gemeinschaft und der ausgebuchten Kleinstadt und sogar von dort aus gab es einen geeigneten Bus für meine spätere Weiterreise. Also buchte ich mich dort erst einmal für drei Tage ein. 50 Gehsekunden zum Ozean, was wollte ich *Meer*...
Und hier noch ein Musterbeispiel für die *Magie des Lebens:* Mit einem Computerprogrammierer, den ich in der alternativen Gemeinschaft kennengelernt hatte, teilte ich eine meiner Inspirationen, für welche ich mehr Fachkenntnisse im Internet benötigte. Er half mir gut weiter, doch hatte er selbst so viel zu tun, dass er mir in Zukunft bei der Ausführung nicht weiterhelfen konnte. Naja, zumindest bekam ich durch ihn entscheidende Anstöße und wurde fähig, meine eigene Homepage zum ersten Mal selbst zu erstellen. Ich überlegte weiter, wer mir computermäßig mit seiner Programmiererfahrung für mein Projekt helfen konnte. Mir fiel ein Mann ein, den ich ein paar Wochen zuvor in Gemeinschaft kennengelernt hatte. Er war aus Deutschland und würde meines Wissens schon bald zurückfliegen, um dort einen Job für eine Firma anzunehmen. So war zumindest der Stand, als wir uns verabschiedet hatten.

Also kontaktierte ich ihn, erzählte kurz von meinen Erlebnissen der letzten Zeit und dass ich bald für ein paar Tage in ein Dörfchen ans Meer fahren würde, bevor es weiterging. Ich fragte ihn auch, ob wir uns in München treffen könnten, sobald ich wieder in Deutschland war. Ich wollte mit ihm über das neue Projekt sprechen, da ich ihn mir sehr gut darin vorstellen konnte. Dann kam seine Antwort – mit einem großen Smiley erzählte er mir, dass er nun einen anderen Auftrag bekommen hätte und daher noch eine Weile länger in Costa Rica bleiben könnte. Er war in einem Hostel in genau jenem Dörfchen, in dem auch ich mich eingebucht hatte! Ich jubelte und konnte es nicht fassen. Also schrieb ich zurück, sagte ihm den Namen meines Hostels und fragte, wie seines hieß, vielleicht könnten wir uns einmal treffen? Und mit einem noch viel größeren Smiley schrieb er mir zurück, dass er in genau dem Hostel gebucht hatte – und dort gab es mehrere – welches ich aufgrund voller Belegung in der Kleinstadt aus der Not heraus auch gebucht hatte! Ohne weitere Worte…

Der erste Abend am Meer, der dunkle Sandstrand, keine Hotels, wenig Touristen, viel Platz, wilde Vögel und friedliche freilaufende Hunde, der Dschungel im Hintergrund und die stetigen Wellen des Meeres – es war ein Traum, dort zu sein! Abends sang ich das Adlerbegrüßungslied *Angowa*. Normalerweise kommt es mir eher zu Tagesanbruch über die Lippen, wenn das Tun losgeht. Doch dieser Tage ging das Tun auch in der Dunkelheit los, und daher lachte ich über diesen Umstand und hatte jede Menge Spaß mit mir.

Dann zog ich ein Resümee meines Transformationsprozesses der vergangenen Wochen und Monate und musste erstaunt lachen: Ich war mit der Absicht zur alternativen Gemeinschaft gekommen, mein weltliches Tun und mein spirituelles Leben näher zusammenzubringen, so dass ich über die Wochen des Tuns und der Geschäftigkeit meine gute Anbindung nicht mehr verlieren würde. Verstandesmäßig hatte ich auch eine Lösung, wie das aussehen sollte: nämlich täglich, morgens und abends, wieder zu meditieren und mir bewusst mehr Auszeiten zu nehmen, um mich mit meiner inneren Göttlichkeit zu verbinden. Immerhin hörte sich das für mich plausibel an.

Doch stellte ich nach meiner Transformation fest, dass ich sogar noch mehr, schneller und intensiver werkte als noch zuvor. Mein Tun wurde zur Meditation, ich fühlte mich nicht mehr unverbunden, nachdem ich stundenlang am Computer gesessen hatte, oder dadurch, dass ich nicht meditiert oder mir eine *ruhige* Auszeit genommen hatte. Mein Wesen war wie von einer neuen Kraft durchdrungen und ich war mehr oder weniger zum bloßen Werkzeug geworden. Dies war die unabhängige Verbundenheit zu Gott, welche sich weder im Tun verlor noch eine spirituelle Praxis brauchte, um existent zu sein. Ich wurde größtenteils frei von den Zwängen des Tun-Müssens und des Nicht-Tun-Wollens. Frei von meinen voreingenommenen Ansichten darüber, wie ein spirituelles Leben mit Gott auszusehen hatte. Frei von den Ideen, welche *ich* für dieses Leben hatte. Es gab nichts Erfüllenderes, als meiner Vision zu dienen und Stein für Stein den Tempel Gottes auf Erden zu manifestieren.

Als ich nach meinen intensiven Erfahrungen dieser Zeit über mein Sein als Pranier nachdachte, fragte ich mich, ob ich auch da gewesen wäre, wo ich nun war, wenn ich nicht den 8-Tage-Prozess gemacht hätte. Meine innere Stimme sagte klar nein und ich erkannte umso deutlicher das Ausmaß des Prozesses und meiner damaligen Entscheidung. Ich erinnere mich noch genau an den Moment, als ich um Unterstützung für diesen Prozess bat und daraufhin in mir die Frage vernahm, ob ich denn bereit sei, diesen Weg mit all seinen Konsequenzen zu gehen? Damals hatte ich schon das Gefühl, dass es „nicht ohne" werden würde, und das waren die vergangenen Wochen auch nicht gewesen! Doch was ich nun erlebte, war das höchste Empfinden von erfülltem Leben, seit ich denken konnte! Nichts aus meinem vergangenen Leben war vergleichbar mit dem, was gerade passierte, und ich durchbrach leise und klammheimlich, fast ohne es selbst zu bemerken, jeden Tag eine neue Illusion meiner Glaubenssätze. Auch wenn sich das ausgesprochen komisch anhört, kam ich doch immer mehr in Seinsbereiche, welche ich als echt und wahrhaftig empfand. Ein Gefühl von Wahrheit, das nicht einfach zu beschreiben ist, denn jeder kann Gott nur für sich selbst ergründen und nur für sich selbst den Glauben zu tiefgehendem Wissen verwandeln!

Am Meer gefiel es mir sogar so gut, dass ich meinen Aufenthalt um weitere zwei Tage verlängerte. Am vierten Tag tat ich dann etwas, was schon eine Weile wartete. Hier eine E-Mail an eine gute Freundin. Sozusagen eine haarige Geschichte:

„Es ist kurz vor vier Uhr. Ich legte mich um ein Uhr schlafen, doch zog es mich in die Dunkelheit, denn seit ein paar Tagen war ich nun in einer familiären Unterkunft direkt am Meer eingenistet. Gemächlich lief ich zum schwarzen Sandstrand und das Rauschen der Wellen begrüßte mich tosend. Die kleine Tüte in meiner Hand stand nun schon seit Wochen in meinem Blickfeld. Nun war es soweit.

Da stand ich. Da es um Neumond herum war, spendeten bloß die unzähligen Sterne ihr Licht und ich konnte die Dinge nur vage sehen. Doch befand ich mich inmitten des Wunders des Universums mit all seinen Sternen, Bahnen und Mustern. Dann bannte mich das Meer und ich rauschte mit den Wellen. So stand ich noch eine ganze Weile, bis endlich im Osten, hinter dem Dschungel, der erste Hauch von Licht den Himmel streichelte. Die Tüte in meiner Hand war bereit, doch war es noch nicht so weit, meine innere Stimme hielt mich dazu an zu warten, bis noch mehr Licht da war. Dann dämmerte es zwischen den Welten, ich zog die Schuhe aus, krempelte die Hose hinauf und lief mehrere Meter in den Pazifischen Ozean hinaus. Mit einem Lachen, wie bei der Begrüßung eines guten Freundes, tätschelte ich das Wasser, öffnete die Tüte und nahm die beiden Haarbündel heraus. Selbst die Haargummis waren noch daran, und ich fummelte sie irgendwie heraus. Ein Gebet kam mir über die Lippen. Erst dachte ich, ich würde für das Wohl dieser beiden Menschen beten, deren Haare ich in den Händen hielt. Doch plötzlich betete ich für das Wohl aller Menschen. Ich spürte kaum noch den Unterschied zwischen den hell- und den dunkelbraunen Haaren. Als ob sie alle von einer Person wären. Strähne für Strähne zog ich aus meiner Hand und ließ sie sanft in die Wellen sinken. Die Vergangenheit durfte nun gehen und die Türe für eine neue Zeit stand offen. Ich lud die Menschheit ein, sie zu betreten, nicht mehr zurückzusehen und das wahre Paradies auf Erden zu erkennen: in uns selbst!“

REAKTION DER FAMILIE

Bei meiner Rückkehr nach Deutschland stand noch eine klassische Lichtnahrungsherausforderung an: der Familie von meinem Weg der inneren Nahrung zu berichten. Ausgenommen meiner Mutter, welche ja schon Bescheid wusste und glücklicherweise gut damit umgehen konnte. Kurz kam mir in den Sinn, die Verwandten einfach zu besuchen und immer wieder neue Ausreden hervorzubringen, warum ich gerade keinen Hunger hatte, oder zu sagen, dass ich schon gegessen hätte. „Für sieben Tage würde das schon irgendwie gehen", überlegte ich. Doch verwarf ich diese Gedanken schnell wieder. Das war Unsinn! Sie würden spüren, dass etwas nicht stimmt, und dies würde sie nur noch unsicherer und ängstlicher machen. Wahrscheinlich würden sie allerlei Theorien aufstellen, wie zum Beispiel, dass ich dem Hungerwahn verfallen wäre oder etwa Bulimie hätte. Es war an der Zeit, meine Wahrheit zu sprechen! Doch wollte ich sie nicht unvorbereitet treffen, also überlegte ich mir folgendes: Ich hatte vor, ihnen den Lichtnahrungsfilm *Am Anfang war das Licht* zu schicken, welcher aus deutscher Produktion stammt. Zudem ein Lichtnahrungsbuch eines Schweizer Wissenschaftlers, welcher den Umstellungsprozess selbst erlebt und darüber geschrieben hatte. Wenn neben dem Wort *Lichtnahrung* wenigstens auch das Wort *Wissenschaftler* stand, war das vielleicht ein psychologischer Vorteil.

Während meiner Zeit in Costa Rica schrieb ich auch wieder Erlebnisberichte und teilte ausführlich meine Erfahrungen mit. Auch diesmal bekamen alle in meinem E-Mail-Verteiler die Berichte zugesandt – auch meine Verwandten. Daraufhin bekam ich noch vor Weihnachten einen Brief meiner Großmutter, in dem sie ihre ernsthaften Bedenken über meinen *von der Spur abgekommenen* Lebensweg äußerte. Sie sprach von Orientierungslosigkeit und fehlendem Sinn. Natürlich machte mich die Energie des Briefes beim Lesen etwas hibbelig und ließ mein Herz schneller schlagen, doch musste ich dann auch urteilsfrei lachen: „Meint sie das ernst?" fragte ich rhetorisch in die Lüfte „…ist es wirklich das, was sie aus meinen Erfahrungsberichten herausliest, oder herauslesen möchte?" Ich erlebte zu diesem Zeitpunkt die bislang höchste Spitze an Inspiration und Sinnerfüllung meines Lebens, doch waren unsere Welten scheinbar so verschieden, dass es ihr schwer fiel, meine Schritte nachzuvollziehen.

Während meiner Zeit bei der alternativen Gemeinschaft hatte ich noch zwei nennenswerte Begegnungen mit anderen Gästen der Gemeinschaft. Zum einen war da eine junge Frau, die verzweifelt versuchte, am Telefon ihrem Vater klarzumachen, dass er sich keine Sorgen zu machen brauchte, und wurde mit seinem steigenden Unverständnis immer frustrierter und wütender. Zum anderen kam ich in der Gästeküche mit einer Frau ins Gespräch. Sie erzählte mir, dass sie bald heiraten würde. Ich fragte sie, was sie geplant hatte und wie die Hochzeit aussehen würde, und sie erzählte mir, dass ein Großteil der Hochzeit von ihren Eltern bestimmt und geplant wurde. Daraufhin fragte ich dann, ob sie alles genauso machen würde wie ihre Eltern, wenn sie selbst die Planung in ihren Händen hätte? Nein, natürlich nicht, gab sie zur Antwort, doch schließlich bezahlten die Eltern den Hauptteil der Hochzeit und würden die Alternativvorschläge der jungen Braut ohnehin nicht annehmen. Und um dem Konflikt aus dem Weg zu gehen, beugte sie sich lieber und fügte sich der *Kompromisshochzeit,* wie sie es nannte. Mir stellte es die Nackenhaare auf! Wobei wir wieder beim Thema sind: Was machen wir nicht alles, um zu gefallen? „Liebt mich, bitte liebt mich, ich mache auch, was ihr sagt…", höre ich die inneren Kinder vieler Menschen schreien. Ich möchte mich gar nicht ausnehmen und weiß genau, wie sich diese inneren Wehklagen anfühlen. Über die Wichtigkeit von Selbstliebe hatten wir ja schon früher in diesem Buch gesprochen.
Auf jeden Fall war ich definitiv nicht zu einem Kompromisslichtnahrungsleben bereit und würde auch nicht meiner Familie „zu Liebe" – mit anderen Worten „zu Abhängigkeit" – wieder beginnen, mehr zu essen. Also setzte ich mich eines Nachts, als ich bereits um halb drei wach war, an den Laptop und verfasste einen Brief. Diesen würde ich dann mitsamt dem Film und dem Buch zu meinen Verwandten senden. Nachfolgend habe ich Teile des Originalbriefaustausches abgeschrieben. Hier die zusammengesetzten Teile sowie ein einleitender Vorbrief:

VORBRIEF

Hallo Großmutter,

ich habe deinen elektronischen Brief erhalten und werde an anderer Stelle auch näher darauf eingehen. Nun habe ich Dir dieses Päckchen zukommen lassen. Es besteht aus drei Dingen, und es ist mir sehr wichtig, dass Du sie in einer bestimmten Reihenfolge ansiehst. Solltest Du das nicht tun, verlieren meine Botschaften und Absichten dieser Zusendung an Energie, und dies könnte zu mehr Verwirrung führen. Also halte Dich bitte an folgende Reihenfolge:

1. Bitte zuerst die DVD *„Am Anfang war das Licht“* ansehen, alleine oder mit der ganzen Familie. Am besten mit allen zusammen, damit auch die anderen meinen neuen Zustand etwas besser verstehen können.

2. Lies das Buch *„Leben von Lichtnahrung“*. Es ist mir sehr wichtig, dass Du dieses Buch vollständig liest, bevor Du zu Punkt drei übergehst!

3. Öffne den beigelegten Briefumschlag. Auf der Grundlage der DVD und des Buches werde ich zum einen auf Deinen Brief vom Dezember 2014 eingehen und zum anderen Dir von meinem momentanen Leben erzählen.

Fühle Dich frei, auch das Buch und meine Botschaft mit der restlichen Familie zu teilen, sofern sie Interesse daran haben. Ich werde nicht zu dir kommen oder mit Dir telefonieren, solange Du nicht DVD, Buch und meine Botschaft angesehen hast. In genau dieser Reihenfolge!
Eine gute Zeit bis dahin und liebe Grüße aus Costa Rica,

Alexandros

NACHBRIEF

Hallo Großmutter,

es ist spannend für mich zu beobachten, wie das Leben zwei Menschen – Dir und mir – mit solch unterschiedlicher Wahrnehmung auf die Welt und ihre Geschehnisse die Möglichkeit gibt, voneinander zu lernen.
Dies ist kein einfacher Kontaktbrief für den Austausch eines Reisenden mit jemandem aus seiner Familie. Mit diesem Brief möchte ich Dir (erneut) die Chance geben, mich wirklich kennenzulernen, Alexandros in seiner Ganzheit zu betrachten und ihm wirklich zuzuhören. Viele Worte fielen bereits in der Vergangenheit zwischen uns, und deine Ansichten über mich, über meine Taten und über mein Er-Leben zeigen mir, dass es dir schwer fällt, nachzuvollziehen, wer ich bin und wohin mein Weg führt. Darum hier noch einmal die Einladung, mir genau zuzuhören, auch dann, wenn du nicht einverstanden bist mit dem, was du liest oder gar anderer Meinung bist. Das ist vollkommen in Ordnung, wir müssen nicht einer Meinung sein. Doch sehe ich die Möglichkeit, voneinander zu lernen, sich gegenseitig durch die Erfahrungen des anderen zu bereichern, ohne sich gegenseitig bekehren zu wollen. Ich möchte auf deinen Brief vom Dezember 2014 eingehen, dazu kopiere ich einige Passagen daraus, damit der direkte Zusammenhang deutlich wird:

„Lieber Alexandros,

vielen Dank für deine ausführlichen Berichte. Es würde mich doch sehr interessieren, wie Costa Rica landschaftlich aussieht, welche Menschen dort leben, wie wohnen die Leute, wie leben die Menschen, was wird dort an landwirtschaftlichen Produkten angebaut, was wird gegessen, sind die Menschen religiös orientiert, ist die Kultur vergleichbar mit der in Europa und hast du schon Leute aus Deutschland angetroffen? Kannst du schon ein bisschen spanisch sprechen? Bitte bringe ein paar schöne Fotos mit nach Hause.
Das Wichtigste ist aber: Wie geht es Dir wirklich? Bist Du immer noch gesund oder muss ich mir Sorgen machen? Weißt du, eine gesunde Neugier ist gut, aber man muss wahrhaft nicht alles an sich selbst ausprobieren. Deine erneute Fasterei hat mich geschockt, dann noch mehr dieser Entgiftungsblödsinn. Ein so junger Körper braucht

so etwas nicht (lies darüber einmal die Ansichten des Naturarztes Dr. Konz). Dementsprechend geschwächt, malträtierst Du Deinen Körper noch mit Pflanzen, die Halluzinationen hervorrufen. Ich hoffe, Du hast ein gesundes Herz und Deine Nervenverbindungen sind noch heil. Es ist ganz sicher nicht göttlich, sich zu besaufen oder mit Drogen zuzudröhnen, um zu wissen, was ein Rausch ist. Ich bitte dich inständig, beobachte die Dinge, die in dieser Organisation bzw. Gemeinschaft gegen Geld angeboten werden und halte dich an konstruktive und gesunde Kursangebote. Lasse es Dir gut gehen, solange Du noch dort bist und erhole Dich. Du hast Dir in letzter Zeit, wie ich hörte, ziemlich viel zugemutet und solltest Dich eigentlich jetzt erholen und die Freuden des Lebens genießen."

Meine Antwort:
„Da du mir in der Vergangenheit ja immer wieder begeistert von deinen Reisen auf dieser Welt erzählt hast und ich dir stets gerne beim Frühstück oder auf der Terrasse in der Hollywoodschaukel zugehört habe, kann ich gut nachvollziehen, dass dich all die Fragen bezüglich Costa Rica und seinen Leuten sehr interessieren.
Als ich den inneren Impuls hatte, erneut zu reisen, war von Anfang an keine Absicht da, eine touristische Reise zu machen. Daran habe ich generell kaum Interesse. Alles, was ich spürte, war, dass ich mich zu Südamerika hingezogen fühlte. Es war dasselbe Gefühl, welches ich auch vor dem Wildnisjahr und vor meiner Indienreise hatte. Ich fühlte, dass auf diesen Reisen beziehungsweise an den dort speziell besuchten Orten die richtigen Leute und Erfahrungen auf mich warten würden, um als Mensch zu wachsen.
Als ich zum Wildnisjahr ging, hatte ich nicht die Absicht, nach Amerika zu gehen. Als ich zum Ashram ging, hatte ich nicht die Absicht, nach Indien zu gehen. Und nachdem ich mich im Internet über Südamerika informiert hatte, fand ich zwar einige „nette Dinge", wie Rundreisen, Mayakultstätten, Wanderungen, Naturschutzprojekte, doch war das alles nicht, wonach ich Ausschau hielt. Ja, wonach hält Alexandros eigentlich Ausschau? Ich werde erneut all meine Worte sammeln, um dir ein Bild zu geben: Ich glaube, dass wir Menschen wesentlich mehr sind als Funktionierende unserer Gesellschaft. Es ist auch nicht mein Verlangen, den weltlichen Freuden hinterherzulaufen. Mir reicht es, diese <u>auch</u> zu genießen, doch bin ich davon überzeugt, dass ein Leben ohne täglichen Bezug zu Gott/dem Universum, welches sich durch die Natur und in uns Menschen spiegelt, ein Leben ohne wirklichen Sinn ist! Ich

spreche nicht von Entsagung weltlicher Freuden, sondern weise mit aller Deutlichkeit darauf hin, dass ich glaube, dass im menschlichen Leben eine andere Sache von erster und größter Bedeutung sein sollte und weltliche Freuden zusätzlich, wie Geschenke, genossen werden dürfen. Meine Beobachtungen der breiteren Masse der Menschen sind die, dass Überleben, Zukunftssicherung und weltliche Freuden an erster Stelle stehen, und das stimmt für mich nicht.

Der Grund, warum ich also reise, ist der, dass meine innere Stimme – manche nennen diese Gott oder innewohnende Wahrheit – mich ganz klar führt und ich an den entsprechenden Orten Dinge erfahre, welche mich nachhaltig tief von innen erfüllen und mein Leben verändern. Wenn ich heute zum Beispiel durch Indien reise, mir all die Kultstätten ansehe, mit ein paar Priestern spreche und bei Einheimischen zu Gast bin und mit ihnen esse, dann sind das wohl schöne Erfahrungen, keine Frage. Sie werden vielleicht etwas prägen, und bringen auch Veränderung in Richtung bewusster Denken und Handeln mit sich, ok. Doch mal ganz ehrlich: Am Ende gehen wir dann doch wieder heim und sind noch ganz die Alten. Wie ein köstliches Eis haben wir dann eine Reise „zu uns genommen", können dies auf unserer gedanklichen „Habe-ich-erlebt-Liste" abhaken und zuhause allen erzählen wie toll es war.

Die Erfahrungen, welche ich mir aussuche oder die mein innerer Navigator für mich aussucht, haben eine andere Absicht. Ich suche nicht nur nach schönen Erfahrungen und etwas Entspannung zwischen dem Arbeiten. Nein, das Wildnisjahr, der Ashram und die intensiven Erfahrungen nun bei der alternativen Gemeinschaft in Costa Rica sind meine Lebensausbildung! Ich kehre als neuer Mensch zurück. Nichts bleibt beim Alten, wie du wahrscheinlich nach jeder meiner Reisen festgestellt hast. Ich möchte auch gar nicht mehr „der Alte" sein! Die Erfahrungen auf meinen Reisen bringen stets mit sich, dass ich meine Komfortzone verlasse, Teile meiner Person betrachte und abschäle, was ausgedient hat. Näher zu meinem wahren Kern komme und damit auch näher zu Gott. Diese Komfortzonenerweiterungen sind nicht immer komfortabel oder angenehm und für einen Außenstehenden ohne ein ähnliches Verständnis bzw. Sicht auf die Dinge im Leben wahrscheinlich sehr schwer nachzuvollziehen. Doch kann ich mit aller Gewissheit sagen, dass es genau diese bewusst ausgesuchten Herausforderungen sind, welche mich nachhaltig haben wachsen lassen. Mir mehr Verständnis über dieses Leben gaben und mehr Erfüllung brachten als alles, was an Arbeiten, Ausbildungen oder Sinnesfreuden in unserer Gesellschaft angeboten wird. Doch wie soll der Adler dem Fuchs im Wald erklären, warum er den anstrengenden Flug über die stürmischen Berge auf sich nimmt? Der Fuchs hätte viel zu viel Angst davor, selbst wenn er Flügel hätte, würde er es nicht tun, denn seine Sehnsüchte und Interessen sind ganz andere! Also geht der Fuchs wieder seinen Freuden nach und jagt Mäuse oder schläft auf einer schönen Wiese. Das ist schon in Ordnung, doch wird er auch nie die Wunder und Schönheit der anderen Welt hinter den Bergen kennenlernen.

Daher zog ich auch diesmal nicht los, um mir Costa Rica anzusehen. Dies ist höchstens ein Nebeneffekt, da ich mich ohnehin im Land befinde und dadurch ganz natürlich immer mal wieder einen Geschmack der Kultur bekomme. Doch galt meine Reise einzig und allein der alternativen Gemeinschaft. Dies ist eine innere Reise. Von solch einer Reise kann man keine Bilder mitbringen. Man kann kaum erzählen, wie etwas geschmeckt hat oder was man erlebt hat, auch wenn ich mir in meinen Reiseberichten alle Mühe gebe. Denn bei einer inneren Reise trifft jeder Mensch auf seine ganz eigenen Themen, Blockaden, Talente, Wunder und die einzigartige, jedem innewohnende Göttlichkeit. Wie soll man das jemandem erklären, der Sicherheit und Freuden auf Erde vor das tägliche Erfahren von Gott stellt? Es ist unmöglich, auch wenn ich noch so viele Worte sprechen oder gar ein ganzes Lexikon darüber schreiben würde. Göttlichkeit kann man nicht beschreiben, man kann sie bloß erforschen und Schicht für Schicht einer unendlichen Quelle unabhängiger Erfüllung näherkommen. Da dieser Prozess nahezu ausschließlich damit verbunden ist, alte Verhaltensweisen, Gewohnheiten, zwanghafte Freuden und einiges mehr hinter sich zu lassen, meiden viele Menschen, diesen Weg bewusst zu gehen. Doch das Leben hat vorgesorgt, und körperliche und geistige, chronische Krankheiten sind die Zeichen und Warnschilder des Universums, um einen Menschen wieder die eigentlichen Prioritäten seines Lebens erinnern zu lassen.

Mein neues Leben:
Nun möchte ich Dir noch von meinem momentanen Leben erzählen und wo ich gerade stehe. Es ist wichtig, dass Du hierfür den Film „Am Anfang war das Licht" und das Buch „Leben durch Lichtnahrung" gesehen und gelesen hast!
Vor einigen Jahren lernte ich einen Mann kennen. Und nach mehreren Wochen Beobachten fiel mir auf, dass er nicht aß. Ich dachte mir, dass er vielleicht Rohköstler sei und für sich zwischendurch seine rohen Früchte und Gemüse isst. Doch aß er nie gemeinsam mit der Gruppe. Eines Tages war ich so neugierig, dass ich ihn direkt darauf ansprach, und mit einem Lächeln im Gesicht erzählte er mir, dass meine Beobachtung richtig sei, er esse nichts mehr! Seit mehreren Jahren lebe er, ohne feste Nahrung zu sich zu nehmen – lediglich Wasser, Kaffee und ab und zu ein Stück Schokolade oder eine Gabel von einem Gericht, um es zu probieren.
Vom ersten Moment an interessierte mich das Thema und ich begann, Bücher darüber zu lesen. Ich erfuhr darin, dass momentan ca. 50 000 Menschen auf dieser Welt auf dem Weg der inneren Nahrung sind. Das heißt, von innen heraus, durch eine Anbindung an die freie Energie des Universums genährt werden. Wie das gehen soll? Wie gesagt, gibt es so viele Dinge auf dieser Welt, über die die breite Masse nicht Bescheid weiß, von denen auch die öffentlichen Medien nicht berichten oder wo sie die Tatsachen verdrehen. Ich werde hier nicht näher auf wissenschaftliche Erklärungen dieses Phänomens eingehen und belasse es einfach dabei. Im Laufe der letzten Jahre lernte ich fünf Menschen persönlich kennen, welche entweder gar nicht mehr essen oder nur noch wenig. Dabei fehlt ihren Körpern nichts, im Gegenteil, die universelle Lebensenergie nährt sie auf beste Weise, so dass kein Hungern passiert und der Körper sehr gesund ist. Natürlich kann das nicht einfach jeder machen und wer dabei nur die Absicht hat, das Essen aufzugeben oder Geld zu sparen, der hat nicht verstanden, worum es dabei geht. Es wäre viel zu schade, auf dieser Welt zu leben und einfach bloß Nicht-Esser zu werden, wo die Natur uns doch solch wundervolle Geschmäcker zuteil werden lässt und wir Menschen mit Lebensmitteln so herrlich kombinieren und kreativ sein können. Nein, das würde keinen Sinn machen!
Doch genauso, wie es beim Yoga nicht um körperlichen Sport geht oder beim Meditieren nicht um Stressabbau, geht es bei der Lichtnahrung auch nicht um das Nicht-Essen. Dies sind bloß Nebeneffekte einer tieferen Erfüllung. Yoga, Meditation, Lichtnahrung oder andere spiri-

tuelle Praktiken und Rituale dienen in erster Linie einer Sache: der göttlichen Quelle näher zu kommen, einer uns Menschen innewohnenden Wahrheit, welche unabhängig von äußeren Umständen Frieden und Freude in uns schafft. Dabei sind wir immer noch fähig, ganz am weltlichen Geschehen teilzunehmen, doch liegt unsere Hauptbefriedigung im Sein in dieser Quelle. Das ist auch der Grund, warum Menschen beten oder meditieren, nicht nur um zu bitten, wenn das Leben gerade nicht einfach ist, sondern vor allem, um in Dankbarkeit für jeden Moment und Atemzug bewusst auf dieser Erde zu gehen und zu handeln.
In diesem Sinne ist der Umstellungsprozess auf Lichtnahrung eine Initiation in neue Bereiche des menschlichen Daseins. Dieser Schritt kann nur freiwillig und aus der Fülle der Freude passieren. Deshalb kann man damit auch kein Welthungerproblem lösen! Der Prozess ist für Menschen, die ihre erste Lebensbefriedigung diesem friedvollen inneren Zustand widmen. Das ist ihr Frühstück, Mittagessen und Abendessen.
Muss man dann aufhören zu essen? Nein. Alles, was passiert, ist die Befreiung oder teilweise Befreiung von der überlebensnotwendigen Abhängigkeit des menschlichen Körpers von fester Nahrung. Wer den Prozess gemacht hat, kann dann frei wählen, ob er/sie noch isst, wann oder wie oft oder wie viel gegessen wird. Mal nichts, mal so viel man möchte. Jeder, der den Prozess durchläuft, entscheidet nach dem Prozess, wie es weitergeht. Und jeden Tag aufs Neue wird eine Entscheidung getroffen. Die meisten beginnen allerdings wieder „normal", also dreimal am Tag zu essen. Andere entscheiden sich, diesen Zustand beizubehalten, um damit ihre spirituelle Verbindung zu ihrem Innersten zu stärken, und essen gar nicht mehr. Und wiederum andere werden zu Gelegenheitsessern beziehungsweise reinen Genießern, welche nur noch wenig zu sich nehmen. Je nachdem, zu wieviel Prozent der Körper beziehungsweise das Bewusstsein eines Menschen auf Lichtnahrung umgestellt ist, so viel oder wenig braucht er noch. Jeder ist auf seinem persönlichen *Weg der inneren Nahrung*.

Da mich das Thema seither nicht mehr losließ und meine innere Stimme mich deutlich rief, diese Erfahrung des Umstellungsprozesses zu machen, durchlief ich den Prozess im September 2014. Mein Körper hatte sich zu zirka 85 Prozent auf Lichtnahrung umgestellt und ich konnte in den folgenden Wochen lediglich von Säften und Geteidemilch leben, welche mir die restlichen 15 Prozent Nahrung gaben. Dabei hatte ich volle Energie, verrichtete teils über Stunden schwerere körperliche Arbeit und war in keinem Fastenzustand mehr. Natürlich verlor ich vor und während des Prozesses an Gewicht. Doch heute habe ich wieder zugenommen, und auch wenn ich kaum esse, verliere ich kein Gewicht mehr. Zudem war ich fünf Wochen nach dem Umstellungsprozess beim Arzt und habe mir Blut abnehmen lassen. Als die Laborwerte kamen, waren 33 von 35 Werten im gesunden Referenzbereich, ich war mit allen Elektrolyten ausreichend versorgt, die beiden fehlenden Werte waren auch bloß an der unteren Grenze des Referenzbereichs und der Arzt versicherte mir, dass dies nicht tragisch sei. Und nebenbei hatte ich eine vorbildliche Cholesterinkurve. Kerngesund, und das nach 26 Tagen ohne feste Nahrung, lediglich mit dickeren Flüssigkeiten. Dann flog ich nach Costa Rica und zum Zeitpunkt des Schreibens dieses Briefes habe ich bereits über 100 Tage in diesem neuen Zustand gelebt. Da mir hier keine Fruchtsäfte zur Verfügung standen – beziehungsweise bloß gezuckerte aus dem normalen Supermarkt – begann ich, mir Smoothies zu machen. Seither mixe ich Bananen, Kakao, Kokosfett, Nüsse, Samen, Honig, ab und zu eine Avocado oder auf was ich sonst noch so Lust habe, zusammen und erfreue mich mit Hochgenuss daran! Durchschnittlich aß ich in den vergangenen drei Monaten pro Tag sechs kleinere Bananen und 150 Gramm Nüsse, Samen oder all die anderen Dinge, welche ich bereits aufzählte. Und nach wie vor geht es mir sehr gut, ich habe seither sogar wieder vier Kilogramm zugenommen und lebe mit der Wahlfreiheit, ob ich etwas esse oder eben nicht. Zumindest nahezu, da mein Körper immer noch ungefähr 15 Prozent Nahrung von außen braucht. Seither habe ich vier ganze Mahlzeiten gegessen, warum? Es war zu besonderen Anlässen, als ich mit anderen zusammen feiern und genießen wollte. Eben wegen der sozialen Komponente, und es war auch mal wieder schön, all die Geschmäcker auf der Zunge zu haben. Doch komme ich an Genuss nicht zu kurz und mache mir jeden Tag meine flüssigen Lieblingskombinationen. Bislang bin ich also sehr zufrieden mit meinem neuen Leben, und wenn ich morgen nicht mehr möchte, dann beginne ich einfach wieder „normal" zu essen. Ich gehe nun nicht näher darauf ein, welche inneren Dimensionen ich im Zuge dieses Prozesses erfahren durfte, das ist ehrlich gesagt unbeschreiblich und wahrscheinlich kaum nachzuvollziehen für jemanden, der den Prozess nicht selbst erfahren hat!

Dies hat natürlich auch zur Folge, dass Du nicht mehr für mich zu kochen brauchst. Ich weiß, dass Du das sehr gerne tust, doch ist mir mein neues Lebensgefühl sehr wichtig. Gerne gehe ich mit Dir beim nächsten Besuch abends schön irgendwo essen und wir genießen zusammen in aller Fülle. Doch das tägliche dreimal Essen gibt es bei mir gerade nicht mehr.

Wenn Du Dir also vorstellen kannst, meinen Lebensweg und den Menschen Alexandros so anzunehmen und zu akzeptieren, wie er gerade ist, wenn er das nächste Mal vor Deiner Haustüre steht, dann komme ich Dich gerne wieder besuchen. Spüre ich Offenheit von Deiner Seite für meine Lebensgestaltung, bin ich gerne bereit, mehr mit Dir zu teilen, wer ich wirklich bin. Ich möchte auch Deine Meinungen dazu anhören und Dir Offenheit entgegenbringen. Für mich ist bei solchen Gesprächen jedoch eine klare Voraussetzung nötig: Ich möchte, dass wir uns respektvoll austauschen und ohne Bekehrungsversuche miteinander sprechen können. Solltest Du Dich nicht in der Lage fühlen, mir einigermaßen unvoreingenommen zu begegnen, werde ich zu einem späteren Zeitpunkt wiederkommen und Dir Zeit geben, mehr über diese Dinge zu reflektieren und sie sacken zu lassen.

Vielleicht fällt es Dir ja leichter, wenn Du Dir vorstellst, dass Alexandros zu einem Klostermönch geworden ist und sich ein völlig anderes Leben ausgesucht hat. Jedoch ein Mönch, der immer noch am weltlichen Leben teilnimmt und nicht in einem Kloster untertaucht. Dieser Mönch wird sehr wahrscheinlich niemals dem entsprechen, was Du für ihn als gut und richtig erachten würdest. Doch lebt er glücklich mit dem, was er tut, und findet eine Art von Befriedigung, die momentan wahrscheinlich den meisten Menschen auf dieser Welt verborgen bleibt.

Du kannst mir gerne einen Brief zurückschreiben oder mich anrufen. Mit Aufrichtigkeit für Deinen und meinen Weg wünsche ich uns beiden ein gesegnetes Leben!“

Alexandros

Es dauerte ungefähr zwei Wochen, da erhielt ich dann auch eine E-Mail von meinem Onkel mit Briefanhang meiner Großmutter. Bevor ich den Brief öffnete, schloss ich die Augen und verband mich gut mit meinem Inneren. Ich liebte mich selbst und wollte dem Schreiben mit Offenheit begegnen, selbst wenn es Ablehnung oder Unverständnis enthalten würde. Ich war auf alles gefasst, erwartete nichts und spürte aber noch vor dem Öffnen der Datei eine angenehme Energie. Und hier der Text, welcher mich überraschte und sehr amüsierte:

„Lieber Alexandros,

dein Päckchen mit der Information über Lichtnahrung habe ich von Deiner Mutter erhalten und mir zu Gemüte geführt. Jetzt ist mir klar geworden, warum Du mich bei Deinem letzten Besuch gefragt hast, ob ein Mensch ohne Nahrung leben kann. Ich habe Dir geantwortet, ja, mit Lichtnahrung. Weder Du noch ich gingen weiter auf dieses Thema ein und Du gingst aus dem Haus. Dass Du Dich aber mit dieser Sache beschäftigst und sie eventuell austesten willst, darüber hast Du nicht mit mir gesprochen. So habe ich mir wegen Deiner unüblichen Essgewohnheiten in letzter Zeit Sorgen um Deine Gesundheit gemacht. Du kannst einer Mutter oder Großmutter niemals abgewöhnen, ihre Kinder oder erst recht ihre Enkelkinder beschützen zu wollen, fühle Dich also nicht von mir gegängelt. Übrigens habe ich schon vor fast 40 Jahren über Lichtnahrung gelesen. Damals waren die Bücher von Rudolf Steiner und einem gewissen Carnegie hoch aktuell.
Es kratzt mich immer mal wieder, wenn junge Leute glauben, sie hätten das Rad neu erfunden und wir Alten sind ein wenig zurückgeblieben. Dabei wiederholt sich doch das meiste, es ist nur weiterentwickelt. Ich kann aber längst darüber lachen, denn wir waren genauso, als wir noch jung waren. Aber man kann so viel voneinander lernen, wenn man einander zuhört.
Also mein Lieber, gehab Dich wohl. Wir wünschen Dir noch ein paar schöne Tage in Costa Rica und vor allem eine glückliche Heimreise,

Herzlichst, Deine Oma und der Rest der Familie."

Ganz ehrlich, ich war so berührt und lachte über ihre letzte Bemerkung bezüglich der Radneuerfindung! Dieser Brief bestärkte mich darin, dass es sich lohnt und wichtig ist, zum eigenen Weg zu stehen. Sich nicht zu verstecken und zur gleichen Zeit seine Umgebung sanft aber direkt über seine persönliche Transformation zu informieren. Gleich darauf schrieb ich ihr folgendes zurück:

„Hallo liebe Großmutter,

vielen Dank für Deine Antwort. Ich muss ehrlich gestehen, dass mir das Herz aufgeht beim Lesen Deiner Zeilen und ich sehr dankbar dafür bin, dass wir beide unsere Wahrheit ausgesprochen haben. Wahrheit ist vielleicht nicht immer angenehm oder romantisch, doch ihre Früchte sind stets aus liebevoller Absicht gemacht.
Danke, dass Du an meinem Leben teilnimmst, bereits so viel für mich und meinen Lebensweg getan hast und mich liebst!
Ich habe mich köstlich darüber amüsiert, dass es dich *kratzt*, wenn die jungen Leute glauben, sie hätten das Rad erfunden. Und ich freue mich schon sehr darauf, irgendwann einmal, vielleicht mit 100 Jahren, meinerseits den jungen Menschen beim Raderfinden zuzusehen und mit einem Schmunzeln auf meine Räder zu blicken.
Danke für diesen Austausch, ich freue mich, bald mehr mit euch über meine Erfahrung zu sprechen und sende euch von Herzen Grüße von einem der wundervollsten Strände am Meer des Pazifischen Ozeans."

Alexandros

Alles in allem ging es mir auch nach meiner Rückkehr nach Deutschland sehr gut in meinem pranischen Dasein. Ich sprach mit den meisten Menschen offen über meine Erfahrungen des Weges der inneren Nahrung und erwähnte dabei auch, dass es dabei weniger um das Essen oder Nicht-Essen geht als vielmehr darum, seinem Innersten näherzukommen. Denn wer bloß die alten Dogmen mit spirituellen Dogmen austauscht, hat aus meiner Sicht die Tiefe dieses Prozesses nicht erfasst und wird nach aller Wahrscheinlichkeit früher oder später wieder beginnen zu essen.
Mit Freude gelebt, bereicherte mich dieser Zustand auch weiterhin und ich verfolgte zielstrebiger und inspirierter denn je zuvor meine Visionen und Träume. Dies zog neue Leute in mein Leben und manch alte entfernten sich. Ab und zu aß ich, doch begnügte ich mich weiterhin zumeist mit Flüssigem, dem Atmen und meinem Tatendrang.

Wenn ich meine Familie besuchte, machten wir meist einen Tag aus, an dem ich mit ihnen essen ging und wir das soziale Miteinander auf diese Art und Weise genossen. Zudem fiel mir auf, dass des Öfteren, wenn ich jemanden besuchte, auch diese Leute weniger aßen oder Dinge sagten wie: „Seit du da bist, habe ich keinen Hunger mehr, ich glaube, heute brauche ich nicht zu Abend essen."
Ich begann auch Vorträge zum Thema des Weges der inneren Nahrung zu geben und war mehr als einmal erstaunt, wie viele Menschen Interesse und Offenheit zeigten. Natürlich wurden einige Menschen durch das Phänomen des Nicht-Essens angezogen, doch am Ende sprach ich überwiegend über eine Sache: Selbstliebe und die Anerkennung, wie schön und wertvoll ein jeder von uns ist!

TEIL IV – Innere Nahrung hinter den Kulissen

NAHRUNG

Neben den Diskussionen über Gott und die *richtige* Religion ist das Thema der Nahrung beziehungsweise Ernährung aus meiner Beobachtung wohl das am heftigsten umstrittene. Nahezu jeder Mensch, den ich treffe, hat seine eigene Ernährungsreligion mit den dazugehörigen Glaubenssätzen, Dogmen und täglichen Praktiken. Nicht, dass das schlimm wäre, jedoch treffen die verschiedenen Ansichten immer wieder aufeinander, und ich wurde schon Zeuge von einigen Ernährungsdiskussionen.
Die einen erfahren Nahrungsmittelknappheit, sind froh über jegliches Essen und kommen erst gar nicht groß in die Bredouille einer Ernährungsverwirrung. Die anderen leben hingegen in der Fülle und sogar Überfülle und essen sich entweder zugrunde oder bekämpfen sich mit Ernährungsdogmen. Irgendwo ist die Menschheit mit dem Essen doch aus dem Gleichgewicht geraten, oder?

Beim Beobachten von Naturvölkern und beim Lauschen ihrer Erzählungen sah ich immer wieder, dass sich für diese Leute in der Vergangenheit die Frage „Was soll ich essen?“ gar nicht stellte. Sie aßen schlichtweg das, was die sie umgebende Natur zur Verfügung stellte. Im Groben sage ich jetzt mal: Pflanzen und Tiere. Doch aufgrund meiner gesellschaftlich geprägten Ernährungsansichten fragte ich mich schon, wieso es auch Naturvölker gab, welche nur Pflanzen, oder andere, die wiederum nur Fleisch aßen und jeweils immer noch gut genährt und gesund waren? Das widersprach allem, was ich bislang über ausgewogene Ernährung gehört hatte. Auch wunderte ich mich über die Erzählungen meines Wildnislehrers, der bei Buschleuten in Afrika zu Besuch war und erzählte, wie diese selbst nach ein paar Tagen erfolgloser Jagd abends trotzdem mit guter Laune am Lagerfeuer saßen und immer noch Energie für den nächsten Tag und Jagdversuch hatten! Solche Dinge waren für mich früher schwer nachvollziehbar, denn ich war bereits träge und müder, wenn ich nur eine Mahlzeit am Tag aussetzte! Natürlich hörte ich manchmal ansatzweise gute Erklärungsversuche, doch so ganz überzeugten mich die halbwissenschaftlichen Argumente nicht. Es scheint mir, dass in unserer Gesellschaft ein ziemlich starkes Ernährungsplan- und Kaloriendenkmuster herrscht, und die Tatsache, dass viele Menschen auf dieser Welt absolut nicht dem entsprechen und trotzdem gut und gesund leben, wird dabei ausgeblendet.

Also wie haben sich Dinge bei uns entwickelt? Ich brauche dir wahrscheinlich nichts über die Jäger/Sammler – Ackerbau – Industriewirtschaftsentwicklung zu erzählen. An irgendeinem Punkt unserer Ernährungsgeschichte kam auf jeden Fall ein Teil der Erdbevölkerung in die Überfülle. Mit Überfülle meine ich, dass so viele Nahrungsmittel zur Verfügung stehen, dass regelmäßig vieles davon weggeworfen wird. Nahrung wurde damit zur Massenware und aus Qualität wurde Quantität. Aus dieser Quantität heraus entstand dann eine Großkonsumgesellschaft, welche spätestens ab diesem Zeitpunkt begann, wesentlich mehr zu essen als der Körper benötigt. Und über die Jahre wurde dieser Zustand dann „normal". Man hat größtenteils vergessen, dass es einmal anders gewesen war oder andernorts immer noch anders is(s)t, und will vielleicht auch gar nicht mehr wissen, was früher einmal war.
Ganz nebenbei ging mit der industriellen Massennahrung auch der Bezug zur Nahrungsgewinnung, zur Regionalität der Nahrung und damit zur Erde größtenteils verloren. Und ich behaupte, dass manchen Nahrungsmitteln auch noch zusätzliche chemische Stoffe zugesetzt wurden, um den Konsum der Gesellschaft zu verstärken. Diese Kombination aus Bezugsverlust zur Natur, Einnahme von zu vielen giftigen Stoffen, Verlust der Wertschätzung gegenüber der Nahrung wegen Überfülle und eines allgemein eher der Menschennatur entfernten Lebensstils der Zivilisation hatte zwangsläufig Folgen.
Viele Leute wurden und werden auch heute noch krank. Also wurden Ernährungspläne und Kalorientabellen eingeführt. Wir sollten die Möglichkeit bekommen, unseren Konsum mit dem Verstand steuern zu können. Diäten wurde erfunden und Fitnessprogramme florierten. Paradoxerweise wurde in diesem Zuge aber auch die Werbung für Nahrungsmittel, interessanterweise überwiegend für die giftigsten, verstärkt und wir wurden immer mehr zu Sklaven unserer Versuchungen und des schlechten Gewissens. „Soll ich? Soll ich nicht? Sie sagen doch, es sei ungesund? Aber sie sagen doch auch, dass ich es kaufen soll?

Bin ich zu dick oder zu dünn? Entspreche ich der Norm?“ Ich denke, auf diesem Stand steht momentan der Großteil unserer Gesellschaft, und wir wurden aus meiner Sicht eine Art moderne Sklaven, welche durch die vielen Auswahlmöglichkeiten in ihrem Gefängnis eine Art von illusionärer Freiheit empfinden.

Nun wollten manche Menschen ernsthaft etwas ändern und führten neue Dinge ein. Dabei beobachte ich, wie ein Teil der Bevölkerung auf dem zuvor beschriebenen Stand der Ernährung stehenblieb und andere einen Schritt weitergingen. Im Zuge des steigenden Bewusstseins hatten also manche erkannt, dass der Mensch doch keinen Mangel leiden muss, wenn er kein Fleisch isst. Spätestens ab jetzt schieden sich die Geister, und der mentale Ernährungskrieg war erfolgreich geboren! Dann wurden Bioläden eingeführt. Jetzt gab es auch noch eine Lebensmittelhierarchie. Und dann der nächste Schock: Veganer. „Ja, die sterben doch nach einem Jahr, oder?“ habe ich ernsthaft schon mal jemanden sagen hören. Dann wurde noch mehr Sprengstoff in die Ernährungsdiskussion gegeben und der Rohköstler wurde „erfunden“ – nichts Gekochtes mehr! Nun gibt es auch noch Fruktarier. Und nicht zu vergessen diejenigen, welche darauf schwören, alle Rohkost nur separat zu essen und nichts zu mischen. Andere gingen zurück und sagen, nur die Naturvölker hätten gewusst, wie es geht, und essen die bereits früher erwähnte Paläoernährung – bloß wenige Kohlehydrate, Fleisch passt! Dazu kamen dann die Laktoseintoleranzier, die Zuckerkranken, die Nur-Regional-Esser, Wasserveredler, Glutenfreianer, Flexitarier, Sonnengucker und und und…

Und so habe ich in der Entwicklung dieser alternativen Ernährungsbewegungen noch viele Menschen kennengelernt, deren Philosophie von den oberen abzweigt oder wo noch irgendetwas Neues hinzugefügt wurde. Und wenn auch ich so manche alternative Ernährungsweise probiert hatte – unbewusste Egal-Ernährung, Gemüselastiger, Vegetarier, Veganer, kurze Rohkostphase, Paläo, bewusste Egal-Ernährung und so weiter – so ganz überzeugte mich das alles nicht! Ich beobachtete mich und auch andere auf dem Schlachtfeld der Vitamine, Mineralien, Fette, Kohlehydrate, Proteine, Ernährungsergänzungen und wie die Soldatenlegionen nicht alle heißen. Besonders auf meinen Reisen zu alternativen Gemeinschaften hörte ich immer wieder den Satz „Hast du dieses Nahrungsmittel schon probiert? Das ist wirklich gesund für dich und den Körper!" oder „Lass dieses oder jenes weg, dann geht es dir gut, so hab auch ich das gemacht!" Zugegebenermaßen habe ich unter diesen sich alternativ ernährenden Menschen tatsächlich einige mehr gesund Aussehende beobachten können.

Doch was ich dabei auch herausfand, war, dass diejenigen, welche nur ihre Ernährung umstellten, eher kränker wurden. Oder einfach nur die Symptome wechselten, oder irgendwie verbitterter wurden in ihrem neuen Verzicht. Wohingegen die, welche nicht nur die Ernährung, sondern auch andere grundlegende Dinge in ihrem Leben änderten, gesünder wurden. Und hierin lag für mich der nächste Hinweis! Irgendwie muss sich wohl mehr ändern als dass man einfach nur im Außen am Symptom schraubt. Und während meines persönlichen Herumprobierens in den letzten Jahren durfte ich an mir selbst erfahren, wie sich durch das Ändern meiner Person aus dem Inneren heraus meine Ernährung und damit auch gleichzeitig meine Verträglichkeiten und Unverträglichkeiten änderten. Widerspricht das nicht jeglichem Vitamin- und Kalorienkrieg? Durch das Transformieren meines Bewusstseins änderten sich auch meine Glaubenssätze, und immer wieder erschloss sich mir eine neue Realität. Bis hin zur Lichtkost, bei der der Glaubenssatz „Ich muss essen, um zu überleben" neu definiert wird. „Doch was hat es eigentlich mit diesem Hunger auf sich…?" fragte ich mich weiter, „…wo kommt der denn eigentlich her?"

HUNGER

Ich fand heraus, dass es mehr Ebenen in mir gibt, welche genährt werden möchten. Was ist mit dem Hunger nach Geborgenheit auf der emotionalen Ebene? Dem Hunger nach Wissen auf der mentalen Ebene? Und vor allem dem Hunger nach bedingungsloser Erfüllung auf spiritueller Ebene?

Bereits während meiner Bewussterwerdung in den Jahren vor dem Weg der inneren Nahrung blickte ich immer wieder kurz auf die Tatsache, dass auch ganz andere Dinge mich nährten als nur die feste Nahrung. Doch war es einfach und bequem, alles Heil oder Unheil auf die richtige oder falsche Ernährung zu schieben. Schließlich ist es leicht, im Außen das Übel zu finden – und vielleicht ist dies sogar eine Art gesellschaftliche Beschäftigungstherapie oder Hobby, die Dinge ins Außen zu verschieben. Dabei kann man nämlich schön der *Alte* bleiben! Ich weiß, es ist nicht immer angenehm, sich selbst gegenüber zu stehen und in den Spiegel zu sehen. Zu reflektieren, an sich zu arbeiten und in neue, unbekannte Bewusstseinsebenen vorzudringen. Doch gerade im Zuge der Lichtnahrung kann dieser Schritt aus meiner Sicht nicht ausbleiben. Lichtnahrung ist weit mehr als bloß eine neue Ernährungsweise! Und wer den Prozess macht und dadurch einfach zum kostensparenden Nicht-Esser werden möchte, der wird sehr wahrscheinlich nach kürzester Zeit wieder zu essen beginnen.

Ich sprach zuvor schon von einer sogenannten Bewusstseinsänderung, doch was bedeutet das überhaupt? Bin ich nicht in Ordnung so wie ich bin? Doch! Jeder ist vollkommen in Ordnung so wie er/sie zu jedem Moment ist. Aus meiner Sicht geht es darum, als Mensch zu wachsen und immer ein Stück mehr den inneren Frieden zu kultivieren. Eine Art von Glück, welche im Außen nicht zu finden ist, sondern als unabhängige Kraft aus dem Inneren heraus geboren wird. Ein Beispiel: Heute ist dieses oder jenes Ereignis noch ein *Problem* für mich, und morgen ist einund dieselbe Tatsache irgendwie ganz gut annehmbar. Was passiert da? Ich wachse insofern, als das Leben dauerhaft ein Stück weit einfacher, erträglicher und sogar freudiger wird. Durch meine Erfahrungen, mein Probieren, mein Reflektieren und mein geduldiges Lernen gelingt es mir, das Leben immer besser zu meistern. Auch dann noch, wenn die äußeren Umstände eher widrig sind und ich früher in solchen Situationen

zum Opfer geworden wäre. Dies erinnert mich an den Satz einer meiner spirituellen Lehrer: *„Frage dich stets: Wer bin ich? Ein umherlaufendes Problem oder die Lösung auf zwei Beinen?“*
Und bei all dem Erfahren, Reflektieren und Lernen ändern sich dann Dinge in mir. Irgendwelche Schalter werden dabei umgelegt – und das ist, bildlich gesagt, was ich als Bewusstwerdung bezeichne. Nicht eine individuelle Veränderung im Außen, sondern eine dauerhafte Transformation in meinem Inneren!

Und wer oder was ist da drinnen? Dazu mag es wohl viele Fragen und Antworten geben. Die meisten nennen es universelle Kraft, Gott oder Prana. Durch unser Bewussterwerden erkennen wir immer mehr diese Kraft in uns und werden langsam, aber sicher wieder zu dieser Kraft. Wir entfalten den eigentlichen Kern unseres höheren Selbst und kommen wieder mehr in Kontakt mit der uns innewohnenden Wahrheit.

ENERGIEQUELLEN

Bevor ich konkret über Nahrungsmittel spreche, möchte ich zuvor noch einmal über die bereits mehrfach erwähnte göttliche Energie/Prana sprechen. Wie und wo kann man sich diese vorstellen?

Davon ausgehend, dass Energie Schwingung ist, kann man sich die göttliche Energie als diejenige Energie mit der allerschnellsten Schwingung vorstellen. Je schneller etwas schwingt, desto feinstofflicher ist es. Feinstoffliche Dinge sind mit unseren Sinnen nicht so leicht wahrnehmbar, wie grobstoffliche Dinge. Je langsamer Energie schwingt, desto grobstofflicher wird sie und wir können sie dadurch auch leichter als Materie wahrnehmen. Alles, was wir mit dem bloßen Auge ganz einfach sehen können auf dieser Welt, ist relativ grobstofflich. Wobei man auch hier unterscheiden kann zwischen stärker und schwächer verdichteter Materie. Ein Stein ist offensichtlich schwerer und stärker verdichtet als dasselbe Volumen an Wasser. Luft wiederum ist noch leichter und weniger dicht als Wasser. Luft schwingt bereits so hoch, dass wir sie kaum noch mit den Augen wahrnehmen können. Die Schwingung von Sonnenstrahlen ist noch höher als die der Luft und hat damit einen noch größeren Energieanteil.

Ich nehme an, dass die Sonnenenergie, also Licht, eine der am höchsten schwingenden Energien ist, welche wir noch messen und in der Materie wahrnehmen können. Daher leitet sich wohl auch der Begriff *Licht-nahrung* ab, welcher aus meiner Sicht nur als Verbildlichung einer sehr hoch schwingenden Energie zutreffend ist, jedoch bei weitem noch nicht verdeutlicht, was uns tatsächlich nährt. Daher kommt auch immer wieder die Frage, ob man als Lichtköstler so und so lange in der Sonne stehen muss? Gewiss nicht! Eine weitere, noch höher schwingende Energie ist Liebe. Nach meinen Erkenntnissen ist Liebe die Schwingung, welche genau den Umschlagpunkt zwischen Materie und Nichtmaterie beschreibt - eine Kraft, die Erde und Kosmos verbindet.

Und so kann man sich vorstellen, dass alles Existierende eine bestimmte Schwingung hat und einen dementsprechenden Energie- oder Prana-anteil. Je feinstofflicher etwas ist, desto höher ist die göttliche Energie, welche darin gespeichert ist. Diese Energie ist es, welche man auch als *Leben* bezeichnen könnte. Je höher die Schwingung, desto mehr *Leben* hat etwas. Hier möchte ich auch die Brücke zum Thema Bewusstsein schlagen. Denn je höher das Bewusstsein eines Menschen, desto höher schwingt dieser und umso mehr Leben steckt in diesem.

Physikalisch ausgedrückt, ist der Weg des Menschen nichts anderes als von der Grobstofflichkeit immer feinstofflicher zu werden, bis wir wieder selbst zur reinsten und am höchsten schwingenden göttlichen Energie werden. Und genau das ist auch der Grund für unsere ständige Suche. Ohne Energie verkümmern wir nämlich auf allen Ebenen – physisch, emotional, mental und spirituell. Wir dürsten regelrecht nach Energie! Genau hier kommen wir an einen kritischen Punkt, da es so viele Möglichkeiten beziehungsweise etliche potenzielle Energiequellen gibt. Um das bildhafte Denken beizubehalten, mache ich nun eine grobe Unterscheidung zwischen:
niedrigeren Energiequellen, die bereits bei einem niedrigen Bewusstsein zur Verfügung stehen und dafür eher kurzweilig versorgen – Sparflamme;
höheren Energiequellen, welche mit einem etwas höheren Bewusstsein zur Verfügung stehen und bereits besser nähren – gutes Feuer;
hohen Energiequellen, welche mit einem noch höheren Bewusstsein zur Verfügung stehen und in Hülle und Fülle versorgen – ewige Flamme;
und zuletzt eine *sehr spezielle Kategorie*, nämlich hohe Energiequellen, welche mit niedrigstem Bewusstsein zur Verfügung stehen, die intensiv, aber nicht anhaltend versorgen – kurzes und heißes Strohfeuer.

Ein paar Beispiele für niedrigere Energiequellen:
• handelsübliche Durchschnittsnahrungsmittel;
• rein körperlicher Sex;
• Überlebenssicherung: Unterkunft, ausreichend finanzielle Mittel, Versicherungen;
• Abhängigkeiten von Menschen oder Tieren;
• einigermaßen ausreichend Bewegung;
• Familiengründung zur Arterhaltung - weil es alle machen.

Um durch diese Energiequellen genährt zu werden, muss man kein allzu hohes Bewusstsein haben – dies ist sozusagen die tierische Überlebensebene, in der sich wohl die meisten Menschen auf der Welt momentan befinden. Wir benötigen quantitativ relativ viel von solchen Dingen, um ausreichend genährt zu sein, und sind daher auch sehr von ihnen abhängig.

Höhere Energiequellen:
• frische und hochwertige Nahrungsmittel;
• sexuelle Begegnung mit mehr Feingefühl für den anderen Menschen;
• etwas mehr Achtsamkeit im Leben und Sein in der Natur;
• bewusste körperliche Aktivität;
• liebevolles familiäres Zusammensein.

Mit steigendem Bewusstsein erschließen sich dann auch feinere Energiequellen. Natürlich sind diese Quellen auch für Menschen mit niedrigerem Bewusstsein nährend, doch aufgrund ihrer langsameren Schwingung fühlen sich solche Menschen von dieser Energie nicht genug genährt und erleben eine Mangelerfahrung. Die Meisten werden sich dann wieder von den höher schwingenden Energien abwenden und sagen, dass ihnen diese nicht gut tun. Manche gehen durch diesen - manchmal unangenehmen - Transformationsprozess und werden danach offen sein für die höher schwingende Energie. Sie werden sie dann sogar genießen können!

Hohe Energiequellen:
• Ernährung durch Sonnenenergie oder Baden in einem Fluss;
• Ernährung durch Flüssigkeiten wie Wasser und Säfte;
• Lichtnahrung;
• Meditation, Yoga, Atemübungen;
• Aufmerksamkeit und präsent Sein;
• der sexuelle Akt als etwas Heiliges und ohne Ziel;
• Beten und Dankbarkeit;
• Schöpferisch-kreativ tätig sein
• Nächstenliebe und gegenseitige Unterstützung, Teilen von Liebe auch über die familiären Grenzen hinaus.

Die eben genannte Auflistung soll Energiequellen aufzeigen, welche schon ziemlich feinstofflich sind und manche sogar ohne Umwege an die göttliche Energie anknüpfen. Das Besondere an diesen Dingen ist, dass sie sich selbst vermehren! Denn wenn ich Liebe mit jemandem teile, verdoppelt sich dadurch die Liebe. Und dadurch auch die Energie! Wie das geht? Ganz einfach: Je grobstofflicher eine Energiequelle ist, desto endlicher ist ihr Energiereservoir. Je feinstofflicher, desto unendlicher ist die Energiemenge, und Liebe ist bereits so fein, dass wir sie nicht aufbrauchen können, sondern durch das Teilen der Liebe genug Prana

aus der unendlichen Energiefülle des Universums holen, um uns und das Leben um uns herum damit zu nähren. Doch es wird noch besser, denn sobald sich eine andere Person genauso gut genährt fühlt, beginnt diese Person automatisch auch wieder, Liebe zu geben, und wir vermehren dadurch den Energiestrom zwischen uns. Es entsteht eine aufsteigende Spirale, welche sich in unendlicher Fülle wechselseitig nährt. Ein geniales, kosmisches Schauspiel!
Provokant könnte man sagen, dass ab diesen Energiequellen das eigentliche Potenzial des *Menschseins* erst beginnt.

Und nun noch zu jener speziellen Energiequellenkategorie: hohen Energiequellen, die sehr intensiv, jedoch nur kurzlebig sind. Diese machen zugleich auch teilweise nachvollziehbarer, was auf der Welt so abläuft, ein wenig zumindest:

- chemische Nahrungsmittel;
- Vergewaltigung jeglicher Art;
- Machtgier und Kontrolle, sowie Eifersucht;
- Besitzgier;
- Missbrauch von Drogen, Alkohol, Zigaretten, Medikamenten, Nahrungsmitteln usw.;
- Manipulation und Lüge für den eigenen Vorteil, schlechte Worte.

Die eben aufgelisteten Energiequellen sind sozusagen das Fastfood der Energie. Schnell und leicht für jeden zu haben, egal welches Bewusstsein dieser Mensch hat. Die Energie dieser Dinge nährt nur kurz, und schnell muss wieder Nachschub her. Es ist die *Einfachheit,* mit der diese Dinge zu nehmen sind, und die Intensität des kurzzeitigen Energieschubs, welche sie so verführerisch macht. Eine Art *Deal mit dem Teufel* – und das Bild des *die Seele Verkaufens* ist wohl zutreffend, da die Seele sich eigentlich nach langanhaltender und hochschwingender Energie sehnt. Diese Verführung erklärt vielleicht, warum es zwischen Menschen immer wieder zu Übergriffen kommt – Energiediebstahl! Je höher ein Mensch schwingt, desto größer könnte auch der Reiz für jemand anderen sein, diesem Menschen schlichtweg Energie abzusaugen. Sexuelle Vergewaltigung ist dafür ein Paradebeispiel. Oder auch durch die Ausübung von Macht, beispielsweise in Form von Krieg, kann man die Energie von Menschenmassen saugen. Ich denke, jeder kennt das Gefühl, wenn ein anderer Mensch versucht, dich zu etwas zu überreden, das du gar nicht möchtest. Sei es Sex oder der Kauf einer Ware. Was auf tieferer Ebene dahintersteckt, ist nichts weiter als das Habenwollen deiner Energie. Kennst du das, ob als Opfer oder als Täter? Dann wirst du vielleicht festgestellt haben, dass am Ende immer beide als Opfer dastehen werden. Es fehlt früher oder später an Energie, und im schlechtesten Fall dreht sich die Spirale immer weiter nach unten – wir sind immer mehr bereit, die absurdesten Dinge zu tun, um irgendwie wieder Energie zu erhalten. Anders als beim Beispiel der Liebe verringern wir unsere Energie und zugleich die der anderen Menschen, Lebewesen oder des Planeten.

Ich bitte dich, die eben genannten Kategorien nur als eine Art Anhaltspunkt zu sehen, um verschiedene Zusammenhänge zu verdeutlichen. Dies sind keine in Stein gemeißelten, klar abgegrenzten Kategorien. Am besten forscht jeder für sich selbst, was als nährend empfunden wird und wie lange anhaltend die gegebene Energie ist. Da ich selbst schon einige Erfahrungen mit der zuletzt geschilderten Energiequellenkategorie gemacht habe, kann ich in bester Absicht empfehlen, nicht zu lange oder zu viel in diesen Bereichen zu forschen. Das macht nur noch hungriger!

Da jetzt eine Grundlage bezüglich der uns zur Verfügung stehenden Energiequellen da ist, möchte ich auch auf folgende sehr beliebte These eingehen: „Wenn man durch Lichtnahrung nicht mehr essen muss, dann kann man damit ja einfach den Welthunger stillen!“ Das sehe ich sehr kritisch! Ja, in der Theorie stimmt das schon, doch wohl nicht von heute auf morgen. Da ein Großteil der Menschheit noch auf einem geringeren Bewusstseinslevel schwingt, kann man ihnen nicht einfach das Essen wegnehmen, einen Lichtnahrungsprozess mit ihnen machen, und alles ist gut. Der Schritt zum Weg der inneren Nahrung entsteht aus meiner Sicht aus der Lebensfülle heraus. In den meisten Fällen ist es so, dass erst dann, wenn die grundlegenden körperlichen Bedürfnisse eines Menschen gedeckt sind – Schutz, Wärme, feste und flüssige Nahrung – sich dieser Mensch mit größeren Fragen des Lebens beschäftigen wird als denen, die mit dem reinen Überleben zu tun haben. Und auf diesem Wachstumsweg wird er bewusster werden und kann an den Punkt kommen, wo er aus freien Stücken, aus aller Fülle und in aller Freude die Umstellung auf Lichtnahrung machen möchte.
Wenn ich von Fülle spreche, meine ich nicht zwingend materielle Fülle.

Fülle ist aus meiner Sicht ein innerer Zustand. Und die materielle Fülle ist eine Art Krücke, um zu lernen, innere Fülle in sich zu erfahren. Fülle ist wieder nur ein weiterer Begriff für die Verbindung zum Göttlichen in uns. Daher kann auch ein in materieller Fülle lebender Mensch noch nicht für die Lichtnahrungsumstellung bereit sein, und ein anderer, welcher in materieller Armut lebt, durch seine innere Fülle und Anbindung ans Göttliche durch diese Kraft genährt sein. Doch aus meinen Reisebeobachtungen heraus sind es tendenziell eher die Menschen der materiell ärmeren Länder, welche sich erst einmal nach der materiellen Fülle und der langfristigen Existenzsicherung sehnen. Und in den Ländern der Fülle und Überfülle fragen sich demnach immer mehr Menschen, ob es nicht etwas gibt, das nährender ist als das, was sie in solcher Überfülle haben. Sie scheinen in der Überfülle geradezu zu ersticken und suchen nach neuen Möglichkeiten, er*füllter* und genährter zu sein. Dadurch entstehen dann Wege der Selbsterkennung und der Bewusstwerdung; und die Reise zur Wahrheit in uns beginnt – Bon Voyage!

ESSEN

Nun, wenn es nicht wirklich die einzelnen Nährstoffe der Lebensmittel sind, welche uns tatsächlich nähren, was ist es dann? Das, was uns wahrhaftig nährt, ist die am höchsten schwingende Energie *Prana.*
Wenn ich mich von festen Lebensmitteln ernähre, warum sollte ich mich überhaupt *gesund* ernähren? Auch wenn es aus pranischer Sicht nicht die Nährstoffe sind, welche wir von den Lebensmitteln brauchen, dann ist eine möglichst gesunde Ernährung zumindest deshalb sinnvoll, damit wir uns damit weniger vergiften! Aus meiner Sicht ist es nicht zwingend der Mangel an bestimmten Nährstoffen, welcher uns krank macht, sondern die Zufuhr zu vieler Stoffe, welche unser Körper nicht braucht. All die künstlichen Zusatzstoffe sind Gifte; sie belasten und verwirren unseren Körper. Ein vergifteter und verwirrter Körper hat eine schlechtere Aufnahmefähigkeit für Prana, vor allem gegenüber subtilen Pranaquellen wie Wasser, Luft, Sonne oder dem direkten, universellen Zugang von Prana. Man sollte sich nämlich vor Augen halten, dass wir ständig inmitten von Pranafülle leben und mehr als genug um uns herum zur Verfügung steht. Das Universum kennt keinen Mangel. Doch versuche einmal, einen Eimer mit Wasser zu füllen, wenn er mehrere Löcher hat, da hilft es auch nichts, den Gartenschlauch den ganzen Tag hineinzuhalten, am Abend wird er trotzdem leer sein.
Diese Löcher sind Energieblockaden in unserem Körper. Werden sie wieder gelöst, wird die angestaute Energie frei und geht dadurch auch verloren. Das ist der Grund, warum es uns manchmal vorerst etwas schlechter geht, wenn wir Energieblockaden in unserem Körper gelöst haben. Trotz der nun freier fließenden Energie und der angenehmen Entspannung dabei kann es sein, dass ein Körper dadurch erst einmal Gewicht verliert, Mangel anzeigt oder kränklich ist. Ist dir bereits aufgefallen, dass bei den meisten intensiven Workshops oder Kursen die Teilnehmer nach den Sessions das Bedürfnis haben, ziemlich viel feste Nahrung zu sich nehmen?

Werden die eben angesprochenen Löcher nicht gefüllt, also die Blockaden auf Dauer nicht gelöst, verhindern sie stetig den freien Prana-fluss in uns, und dadurch erfährt unser Körpersystem chronischen Mangel. Dementsprechend brauchen wir ununterbrochen etwas, das die Energie wenigstens kurzzeitig wieder ordentlich zum Fließen bringt, und konsumieren nicht nur übermäßig feste Nahrung, sondern auch Sex,

Zigaretten, Alkohol und andere Kurzzeitentspanner. Auf Dauer macht das schwach, krank und alt.

Dem möchte ich noch hinzufügen, dass selbst die Gifte, von denen ich kurz zuvor sprach, ein Glaubenssystem sind und sich nur dann destruktiv auf uns auswirken können, wenn wir auch deren Illusion noch nicht durchschaut haben! „Dieses oder jenes wird mir schaden!" ist von derselben Glaubenskategorie wie „Ich brauche feste Nahrung, um zu überleben". Auch hier wäre ich vorsichtig und würde nicht sofort einen Kanister Putzmittel trinken! Doch habe ich selbst schon im Laufe meines Bewussterwerdens erlebt, wie bestimmte Lebensmittelunverträglichkeiten oder Allergien wieder verschwanden. Wenn ich mir heute aus reiner Freude am Genuss ein Lebensmittel mit vielen chemischen Zusätzen gönne und dies in einer bestimmten Haltung mache, nämlich mit Dankbarkeit und einer mir wohlgesinnten Ausrichtung, dann erlebe ich oft keine unangenehmen Auswirkungen auf meinen Körper. Manchmal, wenn ich etwas zu mir nehme, das künstlich ist und mit Zusatzstoffen versehen, werde ich gefragt: „Bist du dir sicher, dass du das deinem Körper geben möchtest, schließlich ist es viel Chemie!". Dann antworte ich gerne halbspaßig: „Keine Sorge, ich bin mittlerweile so natürlich, dass das chemische Nahrungsmittel nicht mich verändert, sondern ich das Lebensmittel wandle, und dadurch wird es natürlicher." Die Reaktion darauf ist zumeist eine Mischung aus Verwunderung und logischer Zustimmung.

Gerade mit der Lichtnahrung wurde mein Empfinden für Lebensmittel noch sensibler und ich spüre schon im Voraus, wie es sich anfühlen wird, wenn ich das, was ich vor mir habe, dann tatsächlich meinem Körper zuführe. Und manchmal sagt mein Körpergefühl einfach „Ja, passt" und andere Male höre ich klar „Geht jetzt nicht!" Letzteres höre ich besonders dann, wenn ich bereits zwei Eiskugeln hatte, die dritte nachgekauft habe, diese auch noch in Ordnung war und ich dann gierig die vierte und fünfte möchte. An manchen Tagen ist das *Nein* schon vor dem ersten Eis da. Das konzeptlose Konzept, *wann* ich mir *was* zuführe, geht über den logischen Verstand hinaus. Der Verstand kann bloß Zahlenspielchen mit Kalorien & Co. verarbeiten. Er hat jedoch nicht die Kapazität und Weitsicht der inneren Stimme, welche den Gesamtzusammenhang überblickt. Wer weiß, vielleicht tut es in manchen Situationen ja gut, das Eis zu essen – dadurch entsteht eventuell Inspiration während der geschmacklichen Freude, und ein guter Einfall kommt! *„Die Wege Gottes sind unergründlich"*, heißt es im Volksmund, und wer in sich hört, wird auf lange Sicht mehr verstehen.

Ich habe gesagt, dass in Lebensmitteln Prana in verdichteter Form vorhanden ist, und je frischer, natürlicher und wilder die Lebensmittel sind, desto höher ist auch ihr Pranaanteil, den wir durch sie aufnehmen können. Nun kommt natürlich auch die Frage auf, welche Nahrungsmittel denn höhere Pranaanteile haben? Besonders im Hinblick auf die Fleischdebatte. Dass Pflanzen, deren Früchte und Gemüse, einen offensichtlich höheren Pranaanteil haben als tierische Produkte, erklärt sich allein durch deren Energieaufnahme. Nämlich die direkte Umwandlung der feinstofflichen Energie der Sonne. Dann gibt es auch noch die Unterscheidung zwischen Gemüsen, welche oberhalb oder unterhalb der Erde wachsen. Die oberhalb haben einen höheren Pranaanteil, und je mehr Verarbeitungsprozesse ein Lebensmittel durchläuft, desto niedriger ist sein Pranaanteil. Diese nachvollziehbare Kette gründet darauf, dass das Lebensmittel am meisten Prana hat, welches den direktesten Zugang zu einer subtileren Energiequelle nutzt. Da Tiere Prana weniger direkt aufnehmen als Pflanzen, ist auch der Pranaanteil durch den Verzehr ihres Fleisches geringer. Und Pflanzenfresser haben wiederum einen höheren Pranaanteil als Fleischfresser, welche noch weiter von den subtilen Energiequellen entfernt sind. Dies sind auch die Gründe, warum bei einer langsamen, sukzessiven Umstellung auf Lichtnahrung oftmals empfohlen wird, vom Fleischesser zum Vegetarier, zum Veganer, zum Rohköstler zu werden.
Nun stehen eventuell die Fragen im Raum, warum denn so viele Naturvölker Fleisch aßen und essen, manche sogar fast ausschließlich, und warum ein Stück Fleisch viele Menschen mehr sättigt als eine Banane oder Wildkräuter von der Wiese?
Die zweite Frage, warum sich viele von uns durch das Stück Fleisch besser genährt fühlen als durch Pflanzliches, wird bereits durch das Beispiel mit dem Eimer und seinen Löchern beantwortet. Wer subtilen Nahrungsquellen gegenüber verschlossen ist oder deren Energie nicht in sich festhalten kann, der braucht langsamer schwingende Energiequellen. Das ist so, als würde man statt des Wassers einfach Stroh in den Eimer legen. Da können ruhig ein paar größere Löcher im Eimer sein und es wird immer noch das meiste Stroh darin bleiben.
Zur ersten Frage bezüglich der Naturvölker möchte ich folgendes sagen: Zum einen essen die meisten Naturvölker wesentlich weniger als wir es in unserer Zivilisation tun. Sie sind durch ihren gesamten, naturnahen Lebensstil zu einem größeren Prozentsatz direkt von Prana genährt als *Unnaturvölker* und haben durch eine geringere Körpervergiftung weniger

Blockaden in ihrem Körper, welche die Pranaaufnahme hindern würden. Wer genau hinsieht, wird erkennen, dass die meisten Naturvölker, vor allem in wärmeren Regionen, gar nicht so große Fleischmengen essen. Der Versuch, den eigenen täglichen Fleischkonsum mit dem Vergleich zu Fleischessern von Naturvölkern zu rechtfertigen, scheitert daher in meinen Augen.
Zum anderen sollte man auch auf die jeweiligen Pranaanteile des Fleisches eines von einem Buschmann gejagten Wildes blicken, verglichen mit dem Pranaanteil eines Supermarktkoteletts. Allein durch die Art und Weise, wie das Tier stirbt, mit welcher Achtung und Wertschätzung es zubereitet, gesegnet und verzehrt wird, erhält die Energie in dem Fleisch, und zusätzlich werden die Menschen durch ihre Dankbarkeit bereits ein Stück weit mit Energie versorgt! In meinen Augen ist das ein himmelweiter Unterschied zu dem Fleisch, welches zumeist gekauft wird.
Die Art, wie die Tiere sterben, die Angsthormone, welche als Gifte zu betrachten sind, die bei deren Haltung, Transport und Schlachtung ausgeschüttet werden – die innere Haltung der Schlächter, welche sehr wahrscheinlich weniger Dankbarkeit als vielmehr Arbeitsstress während des Aktes empfinden – die lange Lagerung, Verpackung in Plastik – und so geht die Kette des Pranaverlustes und der Vergiftung dieses Fleisches immer weiter, bis wir am Ende natürlich nicht das von dem Lebensmittel bekommen, was wir eigentlich wollten. Und da haben wir noch gar nicht darüber gesprochen, was den gehaltenen Tieren oftmals zugefüttert wird. Quantitativ wird das *Un-Super*marktfleisch unseren Körper dann zwar immer noch erhalten, doch steckt nicht mehr viel Leben darin.
Es wurde noch ein wichtiger Punkt bei der Nahrungsaufnahme angesprochen: das Segnen oder Tischgebet. Der eigentliche Grund dafür ist, wie gesagt, dass allein schon die Dankbarkeit und Achtung, dass wir durch das Lebensmittel genährt werden und es uns durch sein Sterben unser Leben erhält, bereits Nahrung an sich ist. Wenn dieser Akt der Danksagung den Menschen im Inneren berührt, dann ernährt er sich dadurch bereits ein Stück weit direkt von der göttlichen Energie und wird sich vielleicht gar nicht so viel feste Materie zuführen müssen.

Noch ein paar Worte zu den Ernährungsebenen, deren Versorgung beziehungsweise Vergiftung: Nicht nur unser physischer Körper möchte gut genährt sein, sondern auch unser emotionaler und mentaler

Körper. Genauso wie unsere Seele nach der Rückverbindung zu unserem göttlichen Sein hungert. Um es kurz zu machen, sehe ich unter anderem Liebe, Wissen und Vertrauen als sättigende Nahrungsmittel für unsere unsichtbaren Körper. Und auch hier gilt es, wie bei den Lebensmitteln, sich lieber nicht zu viele Gifte zuzuführen. Wer zum Beispiel ständig in Streit und Ärger verwickelt ist oder sich in einem Umfeld bewegt, wo diese Dinge häufig präsent sind, der wird auf emotionaler Ebene mehr und mehr aushungern – das sind emotionale Gifte. Oder wer sich allen möglichen unnötigen Informationen aussetzt – viel Werbung, oberflächliches Fernsehen oder andere wenig nährende Unterhaltungsmedien – wird mental bald an chronischem Hunger leiden. Auch hier gibt es eine Art mentales Fastfood, welches uns eher süchtig macht, statt uns wirklich zu nähren.
Deswegen ist das Umfeld, in dem wir uns überwiegend bewegen, in meinen Augen sehr wichtig. Wer es schafft, für sich ein liebevolles und geistreiches Umfeld zu kreieren, in dem auch noch inneres Vertrauen durch eine gute Anbindung an unsere spirituelle Ebene gestärkt wird, der hat schon fast die halbe Miete!
Sollte man also alle Menschen und Orte meiden, welche dem nicht entsprechen? Nein, das habe ich nicht gesagt. Ich weiß aus eigener Erfahrung, wie wichtig es ist, zu lernen, sich unter allen Umständen, mit jeder Art von Mensch und in den mächtigsten Betonstädten bewegen zu können. Immer wieder fordert es mich heraus, piekst mich frech in die Seite und fragt: „Na, bringe ich dich aus dem Gleichgewicht? Ist dein innerer Halt wirklich stark? Oder bist du bloß ein Schönwetter-Spiritueller?" Aus meiner Erfahrung kann man in seinem Inneren einen liebevollen Schutzmantel tragen, welcher die lebensverneinenden Schwingungen nicht zu sehr in sich eindringen lässt. Ich denke, je stärker mein Wesen in seiner eigenen Wahrheit ruht, desto eher hebe ich die Schwingung meiner Außenwelt an, statt mich von ihr herunterziehen zu lassen. Hiermit möchte ich dazu anregen, sich nicht als Opfer der ach-so-schlimmen Welt zu fühlen, sondern immer wieder Orte der Kraft aufzusuchen, aufzutanken und dann mit Freude und Liebe all den Wachstumsmöglichkeiten der „ach-so-schönen-gesamten-Welt" zu begegnen.

Zu guter letzt noch einmal zum Thema des eigenen Pranaanteils. Jeder Mensch wird, wie gesagt, zu jeder Sekunde mit unendlichen Mengen an göttlicher Energie versorgt, welche einfach so, überall, zur Verfügung steht. Doch je weniger wir in der Lage sind, das Prana direkt in uns aufzunehmen – also je mehr Löcher und Blockaden wir haben – desto niedriger ist unser natürlicher Pranafluss und umso mehr müssen wir extra zuführen, um unser Leben zu erhalten. Dies verdeutlicht, dass sogar der Tod ein illusionäres Glaubensmuster ist, da ein Körper, welcher kaum oder keine Blockaden und Energieverluste mehr hat, auch auf ewig erhalten bleibt. Göttliche Energie ist Leben! Tod ist nichts weiter als das Fehlen von Lebensenergie und daher nur in der grobstofflichen Materie möglich. In diesem Sinne: Lebe wohl!

ERDUNGSWERKZEUGE

Bevor ich näher auf den Sinn der Sinnlichkeit eingehe, möchte ich die physische Nahrung einmal als Werkzeug betrachten. Neben der Ernährung können Lebensmittel nämlich auch andere Funktionen haben. Wer ein Werkzeug geschickt benutzt, kann sein Leben dadurch besser im Gleichgewicht halten, wer sich dabei nicht so geschickt anstellt, bringt sich aus dem Gleichgewicht.
Im Folgenden blicke ich auf verschiedene Lebensmittelkategorien aus einer funktionellen Sicht und so, wie ich sie im Laufe meines Lebens wahrgenommen habe. Bitte auch diese Kategorien wieder als Denkanregung betrachten und nicht als absolute Wahrheiten! Du kannst dabei selbst überlegen, welche Erfahrungen du damit gemacht hast und wie Lebensmittel bei dir wirken:

• Proteine, Fette, Zucker = FEUER.
Haben eine Art Boost-Funktion, unterstützen die Schöpferkraft und heben zur Spitze des geschmacklichen Genusses. „Fest der Sinne".
Falle: Nach der Spitze kommt der Fall, Tendenz, sich im Rausch zu verlieren. Folge: zerstörerische Kraft des Feuers.

• Kohlehydrate = ERDE.
Erdungsfunktion, unterstützen dabei, in den Körper zu kommen, Ruhen oder gleichmäßiges Tun.
Falle: Trägheit, Lethargie. Folge: Anbindung an unser göttliches Selbst wird geschwächt oder geht verloren.

• Ballaststoffe, Früchte und Flüssigkeiten = WIND/WASSER.
Funktion der Leichtigkeit. Erinnern uns an unseren natürlichen, leichten Körperzustand und unterstützen die Verbindung zu unserem göttlichen Sein. Die bloße Ernährung durch diese leichten Lebensmittel ist eine Vorstufe zur direkten Aufnahme des Pranas.
Falle: Abheben, Weltflucht. Folge: Anbindung an die Erde wird geschwächt, fehlendes Sein im Körper.

Ich betrachte diese Kategorien auch mit etwas Abstand und sehe darin bloß Tendenzen. Alle Lebensmittel tragen nämlich mehr oder weniger alle Elemente in sich. Je nachdem, wo man mit seiner Ernährung steht, wirken Lebensmittel auch anders. Beispielsweise waren vor dem

Lichtnahrungsprozess Früchte für mich eher etwas Leichtes, und wenn ich nur diese aß, fühlte ich mich auch entsprechend leicht und es wurde einfacher, zum Beispiel bei einer Meditation konzentriert zu bleiben. Nach dem Lichtnahrungsprozess empfand ich sogar Früchte als schwerer und sie hatten auf einmal eine erdende Wirkung auf mich! Das war verblüffend zu beobachten. Genauso verwenden, soweit ich weiß, viele schamanisch tätige Leute Fleisch als Erdungswerkzeug. Und ich denke, Zucker ist allgemein als Pushmittel oder auch als *kleine Droge für zwischendurch* bekannt.
Es gibt aber ganz viele andere Möglichkeiten, um sich zu erden oder etwas Feuer unter dem Hintern zu machen als bloß die physischen Nahrungsmittel. Etwas Ausruhen kann bereits erdend wirken oder Arbeit im Garten, gleichmäßiges Tun. Nach dem Joggen fühle ich mich oft so energetisiert und aufgeladen, als ob ich zwei Tafeln Schokolade gegessen hätte! Oder eine gute Meditation verbindet mich hervorragend mit meinem Innern. Ich denke, es ist die Kunst, die Aspekte aller Elemente in jede Handlung zu integrieren, so dass wir von Anfang an im Gleichgewicht bleiben und nicht ständig eine Handlung durch eine andere ausgleichen müssen, um eine Ausgewogenheit zu erhalten.
In meinen Augen sollten wir Lebensmittel daher auch nicht überbewerten und einmal einen Rundumblick wagen, welche Möglichkeiten es auf dieser Erde und in uns selbst noch gibt, um die Balance zu wahren. Ich denke, dass das ganze Nahrungsthema einen etwas zu großen Stellenwert in unserem Leben hat und wir manchmal vergessen, dass wir so vieles erfahren und erforschen können. „Energie folgt Aufmerksamkeit“, und da wir uns über Jahre hinweg tagtäglich mehrere Stunden mit physischen Nahrungsmitteln beschäftigen, wird das Thema auch so groß. Es ist paradox: Essen ist so wichtig und zur gleichen Zeit überhaupt nicht wichtig!

Ich möchte noch einmal auf die sukzessive Annäherung zur Lichtnahrung kommen, also die Umstellungen zum Vegetarier, dann Veganer, Rohköstler und so weiter. Ich persönlich habe vor meinem Lichtnahrungsprozess prinzipiell alles gegessen. Sogar Fleisch, als ich eine Woche vor dem 8-Tage-Prozess noch einmal bei meiner Großmutter zu Besuch war. Und das beeinflusste meine Umstellung keineswegs. Es geht dabei, wie erwähnt, nicht ums Essen. Es geht beim Weg der inneren Nahrung vor allem um unseren Bewusstseinsstand und wie lebendig wir schwingen. Wer Fleisch isst, schwingt nicht automatisch langsam, und wer nur Früchte zu sich nimmt, nicht automatisch höher. Wie gesagt, Essen ist letztlich nicht so wichtig. Unser Leben besteht aus so vielen Faktoren und Einflüssen, und deshalb rate ich, auf das größere Bild deines Lebens zu blicken und daraus abzuleiten oder zu erspüren, wo du gerade innerlich stehst.

Du glaubst doch nicht im Ernst, dass ein fleischessender Schamane zwischen den Welten reisen kann, aber eine niedrige Schwingung hat, oder? Und nicht jeder Rohköstler ist dem Göttlichen nahe. Deswegen sehe ich die Ernährung eines Menschen bloß als ungefähren Maßstab, wo dieser sich gerade innerlich befindet, und blicke lieber auf den Gesamtkontext, um herauszufinden, wo er im Leben steht.

ABHÄNGIGKEIT UND RAUSCH

Während meiner Erfahrung bei dem Ayahuascaritual, als ich zu einem Großteil außerhalb meines Körpers in einer Ebene schwebte, welche ich als das Paradies bezeichne, stellte ich auch die Frage, warum wir Menschen in unserem Körper überhaupt so etwas wie Hunger empfinden? Ich verstand den Sinn nicht so recht, denn im paradiesisch-körperlosen Zustand machte der Hunger gar keinen Sinn für mich, war ich doch so sehr erfüllt mit Liebe und meiner bloßen Existenz. Also warum bekomme ich dann einen Körper, der diesen Hunger empfindet? Und auch die Antwort auf diese Frage ließ keine Sekunde auf sich warten und ich hatte erneut ein Aha-Erlebnis:
Da unser göttliches, körperloses Sein so sehr voller Glückseligkeit ist, hätten wir ohne den körperlichen Hunger und all die irdischen Sinnesgenüsse gar keinen Anreiz, die körperlich-weltliche Erfahrung zu machen. Unser Hunger nach sinnlichen Erfahrungen ist sozusagen die Startmotivation, überhaupt erst das duale Leben mit dem Körper in der Materie zu erforschen. Natürlich kommen wir bereits völlig perfekt genährt auf die Erde, und in diesem Bewusstsein brauchen wir auch nichts von der Erde. Wir sind unabhängige Selbstversorger – lebendige Freie-Energie-Maschinen! Und gäbe es dann nicht irgendeinen Anreiz, der uns lockt, das Sein in der Materie zu erforschen und erleben, würden wir wohl immerzu an Ort und Stelle bleiben und wie das unschuldig dreinblickende Kind einfach nur *sein.* Und natürlich wäre auch das wunderschön, doch diesen Zustand erfahren wir auch ohne den Körper. Mit dem *Reiz des Wissenwollens* fallen wir – bildlich gesprochen – Stück für Stück aus dem Paradies. Doch blicke nicht so darauf, wie in alten Darstellungen, wo das als etwas Schlechtes gezeigt wird. Nein, es ist ein solches Geschenk! Die Möglichkeit der irdischen Erfahrung trägt das Potenzial der Selbsterkenntnis, die Möglichkeit für das Wiederentdecken des göttlichen Paradieses im Erfahren der Materie in sich. Dies ist nämlich die Bedeutung von „Der Himmel auf Erden“!

Es besteht natürlich die Gefahr, den süßen, sinnlichen Genüssen zu sehr zu verfallen, und damit geht auch deren eigentlicher Zweck verloren. Und der Übergenuss ist es, der uns immer mehr vergessen lässt, wer wir wirklich sind und woher wir eigentlich kommen. Dieses Vergessen lässt uns glauben, wir seien bloß von der Erde, und damit werden die irdischen Genüsse zu Abhängigkeiten für uns. Auch das ist nichts

Schlimmes. Es ist Teil des ganzen Prozesses, sich zu verlieren, neu zu orientieren und wieder den Weg aus dem Labyrinth nach Hause zu finden. Die Abhängigkeit ist das große irdische Geschenk, welches uns das große paradiesische Geschenk der Unabhängigkeit bewusst werden lässt!
Im Laufe dieses sich entfaltenden Weges der Erkenntnis lernen wir, dass unsere wahre Göttlichkeit niemals in den *falschen Göttern der Materie* gefunden werden kann, denn sie sind lediglich die Inspiration für das körperliche Leben! Du würdest doch auch nicht in einen Supermarkt gehen, der komplett leer ist. Nach einem kurzen Rundumblick würdest du dich wieder umdrehen und gehen. Doch der Reiz des Genusses und die abhängige Notwendigkeit, welche wir durchlaufen, lässt uns in einem vollen Markt verweilen. Wir sehen uns um, nehmen Sachen in die Hand, riechen und machen Kostproben. Wir erfahren das herrliche Angebot des göttlichen Erden-Supermarktes. Aber irgendwann erinnern wir uns, dass wir hier nur zu Besuch sind, packen all unsere Erfahrungen in Tüten und kehren nach Hause zurück.
Die weltlichen Sinneserfahrungen sind eine Art genüssliche Stützräder, welche im Laufe der menschlichen Entwicklung langsam, aber sicher wieder abmontiert werden dürfen, während wir immer mehr in den Geschmack des göttlichen Nektars kommen.

Müssen wir uns also zwingen, die irdischen Genüsse aufzugeben? Nein, bitte nicht! Aber stell dir vor, du würdest heute eine null-acht-fünfzehn-Schokolade essen. Und diese schmeckt dir. Aber morgen würdest du einen Ort entdecken, an dem es exquisite Trüffelpralinen gibt. Und diese sind so gut, dass du dich ganz natürlich kaum oder gar nicht mehr für die gewöhnliche Schokolade vom Vortag interessieren würdest, nicht wahr? Diese Praline ist das Erfahren des Göttlichen in dir. Ganz ohne Zwang und aus der reinen Freude heraus entscheiden wir uns dann für Gott – den Höchstgenuss.

Im Folgenden habe ich ein paar Dinge aufgeschrieben, von denen ich einige Mal als Genuss und mal als Rausch erfahren habe. Manches davon habe ich bereits exzessiv durchlebt und anderes bislang nur am Rande berührt. Ich habe festgestellt, dass sie alle unter Umständen zu Abhängigkeiten werden können. Manche der Abhängigkeiten werden in unserem weltlichen oder gesellschaftlichen Bewusstsein als „normal" angesehen und andere eher nicht oder nicht mehr. Alle folgenden

Erfahrungsmöglichkeiten kommen an einer Wurzel, nämlich dem Erfahren der Materie und dem Erkennen in der Materie, zusammen. Um es bildhafter zu gestalten, habe ich ein paar Wurzelstränge gefunden und spreche so darüber, wie ich diese Dinge erfahre und einordne. Dabei überschneiden sich natürlich die Bereiche, und ich lade dich ein, für dich selbst zu reflektieren, wie du diese Erfahrungen oder auch andere, welche nicht aufgeführt sind, wahrnimmst:

• Dinge, die uns daran erinnern, dass wir mehr als Materie und Körper sind. Sie können uns sogar betäuben und im Rausch ein Stück weit oder ganz aus dem Körper bringen:
Drogen, Rauschmittel, Halluzinogene, Alkohol, Zigaretten, Medikamente, Sex/Orgasmus, Sport, Feiern, Musik, Tanz, Schlaf, Rituale, Geistreisen.

Ich durfte bereits erfahren, wie es ist, sich in diesen Dingen zu verlieren, und durch meine Sehnsucht nach meinem eigentlichen, spirituellen Wesen habe ich immer wieder – unbewusst – versucht, den Körper zu betäuben, ein Stück weit zu verlassen und dadurch wieder in einen Zustand zu kommen, der dem des paradiesischen Seins ähnelt. Daher können diese Zustände des Rausches und der Exzesse auch so schön sein! Ein Problem bekommen wir dann, wenn wir ihnen verfallen, wenn wir nur noch zurückwollen und das irdische Leben verweigern, uns zu oft betäuben und vor dem Leben in der Materie flüchten. Dann wird der *Überrausch* zunehmend glückloser und fader. Wir brauchen immer höhere Dosen, um noch exzessivere Zustände zu erreichen, und unsere Seele verliert sich mehr und mehr in der Tiefe anderer, nicht paradiesischer Welten. Dann sind wir weder auf der Erde noch im Paradies, sondern irgendwo, und aus eigener Erfahrung weiß ich, dass dieser Zustand im Extremfall zur Depression oder Manie führt.
Bei meiner ersten Ayahuascazeremonie durfte ich jedoch auch das erste Mal erfahren, wie es ist, solch einen bewusst herbeigeführten Rausch in einem achtsamen und heiligen Rahmen auf gute Weise zu nutzen. Zu nutzen, um sich zu erinnern, wo wir eigentlich herkommen, und sich wieder gut damit zu verbinden. Das Allerwichtigste ist dabei beziehungsweise danach, dass wir dieses Kraftschöpfen, Erinnern und Auftanken nutzen, um noch bewusster das Leben auf dieser Erde in vollen Zügen zu leben. Dann wird nämlich der Rausch zum Kompass und nicht zum Irrweg. Und jeder, der schon einmal wandern war, weiß, dass wir dabei nicht alle zwei Meter stehen bleiben, um auf den Kompass zu

blicken, oder? Wir erinnern uns an den Weg, richten uns neu aus und gehen weiter. Weiter ans Ende des Regenbogens…

• Dinge, die uns unsere göttliche Schöpferkraft spüren lassen:
Werken, Arbeiten, Tun, Kreieren, Kunst hervorbringen, Beschäftigtsein, Hobbys.

Sich in diesen Dingen zu verlieren ist ein bisschen die Kehrseite von der Erdenflucht. Nämlich das Vergessen unserer eigentlichen Herkunft, die Neigung, sich immer tiefer in die irdischen Geschäftigkeiten zu verlieren, ohne die jenseitige Anbindung zu wahren. Dann machen wir zwar eine sehr erdige Erfahrung, doch rennen wir im Beschäftigungsrausch wie wild von einem zum anderen. Unruhe und Ungeduld sind bald unsere ständigen Begleiter und wir nehmen die Erdengeschäfte vielleicht viel zu ernst. Dadurch wird die Bühnenkomödie zum Drama und wir versinken immer mehr in illusionären Sorgen. Körperlich, emotional und mental verbrauchen wir uns immer mehr, schneiden uns spirituell ab und brennen aus. Dann wurde aus der sinnvollen Beschäftigung ein Rennen in der Sinnlosigkeit der künstlichen Systeme und Gedankenkonstrukte. Natürlich male ich hier extreme Bilder, um Sachverhalte zu verdeutlichen, doch bei einem genaueren Blick auf unsere Gesellschaft kann jeder, der mal einen Schritt zurücktritt oder der mal „langsamer macht“, ein unsichtbares Hamsterrad erkennen.
Ich hätte nicht erwartet, dass mein Leben sich auf solch erfüllende Weise ändern würde, als ich den Schritt aus der Tretmühle unseres Systems gewagt habe. Ich erfuhr die Sinnlosigkeit des täglichen Tuns und hatte zumeist das Gefühl, dass *das nicht alles sein konnte.* Dann nahm ich mir eine gehörige Auszeit und widmete mich meinem tieferen Selbst. In der Ruhe und dem Nicht-Tun verband ich mich wieder mit meiner wahren Quelle, erkannte mein inneres schöpferisches Potenzial und dann…
…ja, dann kam ein schwere Entscheidung. Meine neu gefundene innere Verbindung wies mich an, wieder in das Rad einzusteigen! Erst dachte ich, dass das doch nicht wahr sein könne, doch mit der Zeit verstand ich diesen inneren Ruf. Mit meinem neuen Bewusstsein sollte ich zurück und mein schöpferisches Potenzial im Rad so entfalten, dass es sich insgesamt für alle langsamer und rhythmischer dreht! Mit der Selbstfindung kam also auch neue Verantwortung. Alleine glücklich zu werden ist bloß der erste Schritt, doch dann in den Wald abzuhauen wäre purer

Egoismus, so erkannte ich für mich.
Das Buch vor dir ist beispielsweise eine meiner Schöpfungen, welche mich etliche Stunden vor dem Computer haben verbringen lassen, auch bei Sonnenschein und Vogelgezwitscher. Mein Rücken beschwerte sich dutzende Male, ewig an der Flimmerkiste zu sitzen und herum zu tippen, und immer wieder streckte ich ihn und bat ihn liebevoll, mich weiter zu unterstützen. Denn mein innerer Ruf ist zu stark und erfüllend, als dass ich aufhören würde, mein Potenzial zu meinem und dem Nutzen anderer zu entfalten. Und dabei spreche ich nicht einmal nur von Selbstlosigkeit, sondern bekomme durch meine bewusste, bewusstseinsschaffende Geschäftigkeit innere Zufriedenheit und Erfüllung in Form von innerer und äußerer Fülle, sowie Sinn für mein Dasein. Dabei wachse ich spirituell und nehme bewusst am großen Bühnenspiel teil, um wieder mehr Freude ins Drehbuch der einstigen Komödie zu schreiben. Fällt dir noch ein guter Witz ein, den wir in irgendeiner Szene einbringen könnten? Eine Permakultur-Oase oder ein Meditationszentrum vielleicht?
Was natürlich im Laufe dieser unerwarteten Entwicklung meines Lebensweges umso wichtiger wurde, ist, Wege zu finden, mich auch nicht in meinem erfüllten schöpferischen Tun zu verlieren und immer wieder die Ruhe und Verbindung zur Wahrheit in mir zu stärken. Dies erinnert mich an das keltische Symbol der doppelschneidigen Axt: *„Arbeite stets nach außen…“*, dabei macht die Axt eine Geste vom Menschen weg *„…und nach Innen!“*, dabei macht die Axt eine Bewegung zum Menschen hin. Eigentlich ist es ganz einfach: Aussteigen, zur Ruhe kommen, wieder einsteigen. Dazu braucht es jedoch zweimal großen Mut zum Überwinden von Ängsten. Einmal beim Ausstieg und dann wieder beim Einstieg.

• Dinge, die uns vor Augen halten, dass wir nicht von dieser begrenzten Welt sind, sondern machtvolle göttliche Helden mit unbegrenztem Potenzial:
Jegliche Fantasiewelten, Theaterrollen, Rollenspiele, heldenhafte Computerspiele, Spiele mit Machtzuwachs, Reisen und Abenteuer, Risikoerfahrungen, berufliche Aufstiegsbestrebung, einflussreiche Machtpositionen, jegliche Art von Kontrolle über Menschen, Tiere, Natur oder Gesellschaftssysteme, Sportwettbewerbe, Manipulation, Koketterie, Eifersucht, jegliche Form von Gewalt, spirituelle Techniken, Lichtnahrung.

Mal sind es neue Spielwelten, die wir erschaffen, um endlich der machtvolle und unbegrenzte Held zu sein, und mal ist es die Spielwelt unserer Gesellschaft, in der wir beim großen Monopoly die Macht spüren wollen. Ich denke, dass die Sehnsucht, grenzenlos machtvoll wirken zu können, nicht von ungefähr kommt und wir auch an dieser Stelle aus der Begrenztheit der materiellen Welt flüchten wollen. Also suchen wir uns Spielflächen, auf denen wir uns messen und aufsteigen können. Die Ahnung, in uns außergewöhnlich zu sein, mehr als nur menschlich, kann ein großer Ansporn werden, sich und der Welt das auch beweisen zu wollen. Das Gefühl von *Ich bin etwas Besonderes* steckt in uns und möchte manifestiert und greifbar gemacht werden. Dazu gibt es unzählige Wege, doch um wirklich sichtbar zu machen, dass wir so besonders sind, suchen wir uns meist Wege im Außen, um uns von den anderen klar abzuheben. Wir entwickeln Methoden, die uns stärker und überlegener wirken lassen und gleichzeitig die anderen kleiner und schwächer.

Ich selbst habe mich schon seit meiner späten Kindheit für jegliche Art von Fantasie- und Rollenspielen interessiert, für alle Spiele, bei denen ich in eine andere Rolle schlüpfen konnte. In dieser Rolle hatte ich dann heldenhafte und überdurchschnittliche Fähigkeiten und sogar die Möglichkeit „aufzusteigen“, um noch machtvoller zu werden. Damit war auch immer der Kampf und das Niederstrecken von anderen ein Teil meiner Glorie. Denn um das ganze Spektakel moralisch auch vertretbar zu machen, wird einfach ein Feindbild geschaffen! Man urteilt einfach darüber, was richtig und was falsch ist, und damit kann man sich im Lichte des Guten sonnen und mit Rechtfertigung dem Kampf des Bösen widmen, wobei insgeheim der Hunger nach Macht gestillt wird. Ich habe das jahrelang in Fantasiewelten betrieben und dort auch den Rausch beziehungsweise die Besessenheit gespürt, immer stärker werden zu wollen. Teilweise war mir das Spiel gar nicht mehr wichtig, ich wollte einfach nur schnell weiter aufsteigen. Nun übertrage ich dieses Gefühl und Verhalten auf die Machenschaften in unserer Welt und kann auf einmal nachvollziehen, was manche Menschen so sehr antreibt.

Selbst der spirituelle Weg eines Menschen kann vom Wachstumsweg in eine Falle geraten. Diese Pseudospiritualität wird dann genutzt, um machtvoller zu werden und durch besondere Fähigkeiten zu brillieren. Doch ist das bloß der Glanz von Katzengold und hat nichts mit dem wundervollen Schein des wahren, göttlichen Glanzes zu tun! Gerade beim Thema der Lichtnahrung empfehle ich an dieser Stelle, ganz genau

zu ergründen, welche Energien und Absichten ich in mir finde, wenn ich daran denke, frei zu werden von der Notwendigkeit des Essens.
Wenn ich zurückdenke, fällt mir auf, dass ich, als ich von der Lichtnahrungsmöglichkeit erfuhr, verschiedene Intentionen auf einmal in mir trug. Und genau das macht es nicht immer ganz leicht im Leben, denn kaum bekommen wir ein neues Werkzeug in die Hand, haben wir verschiedene Möglichkeiten, es zu nutzen. Ich denke, hier kommen wir auch in den Bereich der weißen und schwarzen Magie. Das Werkzeug an sich kann nie gut oder schlecht sein, es ist einfach da. Man kann mit einer Axt ein Haus bauen und Freunde dorthin einladen – oder einen Menschen erschlagen. Bezüglich der Lichtnahrungsmöglichkeit vernahm ich in mir zum einen die zu Beginn dieses Buches erwähnte innerste Sehnsucht, also einen wahren Traum, diesen Prozess und Zustand zu erfahren. Und ich würde lügen, wenn ich behaupten würde, dass nicht auch ich die Verlockung spürte, nur wegen der Vorteile des Nicht-Essens und Geldsparens sowie der Anerkennung halber diese Stufe zu erklimmen.

Unabhängig davon, über welches der oben aufgelisteten Dinge wir sprechen, glaube ich, dass man all diese magischen Fähigkeiten und machtvollen Möglichkeiten auch lichtvoll über die eigenen Interessengrenzen hinaus verwenden kann. Während des Schreibens dieses Buchmanuskripts wurde ich von einem Leser meines ersten Buches per Email angeschrieben. Er interessierte sich auch dafür, das Wildnisjahr zu machen, und wollte mehr darüber erfahren. Also teilte ich ihm alle möglichen und nützlichen Informationen mit und fragte ihn in meinem letzten Satz der Antwortmail, warum er das Jahr machen wolle? Ein paar Tage später kam die Antwort, und er teilte mir mit, dass er fähig werden wollte, ganz unabhängig von allem durch Europa reisen zu können, lediglich sich selbst versorgend und auf niemanden mehr angewiesen.
Daran ist prinzipiell nichts verkehrt, doch an der Art, wie er schrieb, fiel mir auf, dass auch er nach mehr Macht strebte. Denn meine Erklärungen, dass es beim Wildnisjahr nur oberflächlich um diese Fähigkeiten ging, vielmehr im Tieferen um Kommunikation und darum, wieder zu lernen, friedvoll miteinander zu leben, wollte er nicht gerne hören. Er bohrte weiter bezüglich der Überlebensfähigkeiten, welche er aus dem Wildnisprogramm gewinnen könnte. Ich konnte seine Empfindungen gut nachvollziehen, denn auch ich hatte einst den Drang in mir gespürt, zu einer Art überlegenem, unabhängigem Superwaldläufer zu werden,

ähnlich wie es in Kinofilmen präsentiert wird.
Nach der Rückkehr aus einem ganzen Jahr in der Wildnis musste ich dann aber demütig feststellen, wie viel ich noch zu lernen hatte. Egal, ob es sich um Überlebensfähigkeiten oder das Leben handelte.

• Dinge, die uns Sicherheit und Geborgenheit geben:
Essen, Heimat, ein Zuhause, Familie, Freunde, Partnerschaft, Kinder, Sexualität und Körperkontakt, Geld, Besitz ansammeln, Einkaufen und Luxus, Versicherungen, Haustiere, Arztbesuche, Medikamente.

Natürlich sind in dieser Liste viele Dinge zu finden, welche auch schön und wichtig für unsere irdische Erfahrung sind. Da wir gerade von Rausch und Abhängigkeiten sprechen, möchte ich einmal aus der Sicht meiner körperlosen Seele auf diese Liste blicken. Dabei bekomme ich schnell das Gefühl, wie kindlich all diese Bedürfnisse sind und wie häufig sie dazu missbraucht werden, nicht erwachsen werden zu wollen. Was bedeutet Erwachsenwerden? Selbst Verantwortung zu übernehmen. Wir stricken jedoch oftmals zu anderen Lebewesen oder materiellen Gütern dieser Welt ein unsichtbares emotionales Band und weigern uns, sie irgendwann wieder loszulassen. Dieses Band hält uns klein und macht uns zu weniger fähig, als wir es sein könnten. Wir weigern uns, unser göttliches Potenzial zu erforschen und zu entfalten, und laufen lieber anderen Menschen hinterher, überversorgen andere, oder heften uns ängstlich an materielle Güter. Wir laufen regelrecht vor unserer Göttlichkeit weg, um in falscher Bescheidenheit „Menschlein“ zu bleiben.
Ich glaube, dass gerade Partnerschaften und eigene Kinder die Verlockung in sich tragen, nicht den Schritt zu machen, in die eigene Kraft zu kommen und unabhängig von anderen, äußeren Umständen oder Besitzängsten zu sein. Lieber geben wir Verantwortung ab oder verstecken uns hinter einer längst abgelaufenen Verantwortung und lassen sie nicht los.

Wer wäre ich, hätte nicht auch ich die Erfahrung gemacht, mich in so mancher Partnerschaft völlig zu verlieren. Mich selbst so sehr in den anderen hineinzuweben, dass mein Gemütszustand und meine ganze Kraft mit den Handlungen, mit Abwesenheit oder Präsenz dieses anderen zusammenhing. Emotionale Abhängigkeiten sind genauso fatal

wie die Aktienbörse: heute stabil, morgen Inflation, übermorgen Depression und dann der Crash!
Ich fand heraus, dass ich an den Dingen aus der Auflistung dieses Absatzes die größte Freude habe, wenn ich in meiner Kraft bin und unabhängig von diesen Dingen auf meinem Weg bin. Dann verwandeln sie sich nämlich von Energieräubern in Energievervielfältiger. Plötzlich wird mein Weg dadurch gestärkt. Doch wenn ich nicht den ersten Schritt mache und gesunde Stärke an den Tag lege, werde ich wahrscheinlich eher versuchen, mich wie ein hilfloses Kind an irgendetwas zu heften. Dabei ist es aus meiner Erfahrung schön, in der eigenen, erwachsenen Kraft zu sein – und darüber hinaus auch ein wichtiger Aspekt unseres wahren Selbst.

• Dinge, die uns an das einfache, unabhängig glückliche Sein des Paradieses und den göttlichen Genuss erinnern:
Ruhen, Relaxen, Schlafen, Essen, Musik, Tanz, Sexualität, Körperkontakt, Spielen, in der Natur verweilen, Reisen, Feiern, spirituelle Praktiken, Fernsehen, Lesen, Internetsurfen.

Mit den Dingen dieser Auflistung verhält es sich ähnlich wie bei der vorherigen. Es sind alles gewiss wunderschöne Erfahrungen des irdischen Daseins, doch tragen auch sie alle das Potenzial in sich, vor dem Leben auf der Erde zu flüchten. Kennst du den Unterschied, wie wohltuend es ist, wenn du wirklich aktiv warst, und im Vergleich dazu, wie unbefriedigend es sich anfühlt, wenn man seit Tagen oder vielleicht Wochen nichts anderes gemacht hat als herumzuliegen, zu essen und zu schlafen? Wie das auf einmal noch müder und energieloser macht? Genau von dieser Art Abhängigkeit spreche ich hier. Je länger wir uns der aktiven Teilnahme am lebendigen Leben entziehen, desto kraftloser und unmotivierter werden wir. Die Spirale dreht sich dann immer weiter nach unten und das Leben wird immer sinnloser. Wir verschlafen den Ruf in uns, am Leben teilzunehmen, Erfahrungen zu machen und uns bewusst weiterzuentwickeln und zu wachsen. Unser Körper wird träge und unsere Körperpräsenz schwach.
Auch hier habe ich mich in der Vergangenheit all der oben aufgelisteten Mittel bedient, um zwar auf der einen Seite, um die Stille aufzusuchen und dem zu lauschen, was meine innere Stimme zu sagen hat – doch wenn es nur beim Zuhören bleibt und keine Taten folgen, bleibe ich entweder Faulenzer oder ein spiritueller Theoretiker.

In diesem Zustand neigen wir auch dazu, unsere angelesenen und gehörten Theorien und Philosophien anderen aufzudrängen. Ich denke, das rührt daher, dass wir zu sehr in unserer Komfortzone verweilen wollen, ohne den Schritt in die Tat zu machen. Denn das würde Mut, Energie und auch das Verlassen der Komfortzone bedeuten. „Was? Mal einen Tag nicht ausschlafen?" oder „Ach nö, das ist mir jetzt echt zu stressig" sind typische Aussagen dieses Abhängigkeitszustandes.

Ich bin davon überzeugt, dass der wahre spirituelle Weg eines Menschen einen immer ein Stück weit aus der Komfortzone lockt, so dass diese ganz natürlich wachsen darf und im Zuge dessen auch unser Bewusstsein sich erweitert. Nicht umsonst gibt es den klassischen spirituellen Spruch *„Wer versteht, ist wissend, und wer handelt, ist weise!"*
Gerade in der Jugend in unserer Gesellschaft ist oftmals diese träge Sinnlosigkeit vorzufinden, welche zu chronischen Weltfluchtmanövern führt. Was ich persönlich sehr gut nachvollziehen kann, denn die Perspektiven Schule-Lernen-Buckeln und später dann Arbeiten-Essen-Schlafen-wieder-Arbeiten, zwischendurch als kurzen Lichtblick Familie gründen und dann noch mehr Arbeiten-Essen-Schlafen-Versorgen… haben auch mich nicht zu Höchstengagement inspiriert. Ich behaupte, wenn unserem Leben eine höhere Komponente fehlt als die der bloßen weltlichen Erfahrung, verblassen wir. Da hilft auch das Lesen spiritueller Bücher nichts, das Göttliche in uns möchte mit neuen Erfahrungen herausgekitzelt werden und kann es gar nicht erwarten, sich durch uns in dieser materiellen Welt zu manifestieren.

Du erinnerst dich, dass ich im Laufe des Buches immer wieder von der *Leere des Seins* sprach? Ich durfte in meinem bisherigen Leben viele irdische Süchte und Rauschzustände erforschen. Die *Leere des Seins* quälte mich immer wieder, und ich wusste nicht besser damit umzugehen als im Außen nach einer Lösung zu suchen. Letzten Endes sehe ich heute in der *Leere des Seins* eine Erinnerung des Universums daran, dass es noch mehr gibt als meinen Körper, mein Ego und die physische Welt. Es ist eine Art *Anklopfen unserer innewohnenden Wahrheit*, die uns erst ganz sanft und dann immer dringlicher darauf aufmerksam machen möchte, dass wir mehr sind als Körper und Verstand. Die *Leere des Seins* empfinde ich vor allem als Energiemangel, und sie wirkt sich bei mir besonders auf emotionaler Ebene aus. Viele körperliche Krankheiten, vor allem

chronische, sind in meinen Augen eine andere Form des *göttlichen Anklopfens*, so wie psychische Störungen ein Anklopfen auf der mentalen Ebene sind. Meist erfahren wir das Anklopfen auf allen Ebenen, und je mehr wir es verdrängen, desto stärker und quälender wird es. Eine Raupe kann sich nicht ewig davor drücken, den Transformationsprozess zum Schmetterling zu durchlaufen. Auch wenn sie noch so viel Freude daran hat, mit ihren vielen Beinen auf der *Oberfläche* zu gehen.
Kurz nachdem ich diese Zeilen geschrieben habe, kam tatsächlich ein wundervoller schwarz-gelber Schmetterling in mein Zimmer geflogen.

GENUSSVOLLES LEBEN

Wie gesagt suchen wir den Rausch und verschiedenste Abhängigkeiten meist deshalb, da wir entweder vor dem Sein im Körper oder vor unserem spirituellen Kern flüchten. Dadurch mangelt es uns an Energie, also an Leben, und wir bleiben auf längere Sicht nicht gesund. Ich denke, die Auffassung, dass das höhere Menschenalter automatisch mit Krankheit, körperlichem und geistigen Verfall verbunden ist, ist eine weitere Illusion und ein allgemeingültiges Glaubensmuster unserer Gesellschaft. Hast du schon mal die leuchtenden Augen eines älteren Menschen erlebt, welcher von innen heraus absolut mit Sinn erfüllt ist? Und vielleicht sogar bis ins höhere Alter noch recht fit bleibt? Bei vielen Naturvölkern war das gang und gäbe. Ich bin heute davon überzeugt, dass dies unser Normalzustand ist und wir beim Leben im Einklang mit unserer göttlichen Entfaltung nicht Opfer des Alters sein müssen. Im Gegenteil, wenn ich heute die Augen schließe und mich selbst als gealterten Mann erblicke, dann sehe ich Jugend, Freude und sprühendes Leben! Dafür habe ich mich in den letzten Jahren ganz bewusst entschieden und mich auf den Weg gemacht, dies durch mein tägliches Leben auch zu verinnerlichen.

Doch im Energiemangel suchen wir zumeist den weltlichen Übergenuss statt der universellen Energiequelle Prana. Je mehr die *Leere des Seins* durch Anbindung an die kosmische Energie genährt wird, desto gesünder bleiben wir. Aus diesem erfüllten Zustand heraus können wir dann die wundervollen Geschenke der Erde mit all unseren Sinnen genießen, ohne dem Rausch zu verfallen! Dieser Genuss dient uns dann als Inspiration für das Erfahren des Körpers beziehungsweise Menschseins und kann uns als eine Art guter Freund auf unserem Entwicklungsweg und bei unserer Bewusstwerdung dienen.
Ich hatte bereits sehr tiefe und herrliche Momente, während ich den sinnlichen Genuss erfuhr. Gerade zu der Zeit, als ich allein lebte, liebte ich es, in aller Ruhe und Geduld im Supermarkt einkaufen zu gehen. Der Genuss begann bereits hier, meine Augen genossen die farbenfrohen Erdengeschenke und meine innere Kreativität stellte den Essensplan zusammen. Dann zuhause das entspannte Kochen, ganz ohne Zeitdruck, jeder Schnitt des Gemüses war bereits Meditation. Danach im Garten in der Abendsonne das mit Liebe zubereitete Gericht duftend vor mir. Die Vögel zwitscherten und ich atmete noch einmal tief ein und

dankte für die Gnade, dass ich solch eine Fülle erfahren durfte. Dann aß ich lange, Bissen für Bissen, und genoss meine herrliche Komposition. Dabei hatte ich innerlich solch einen freudigen Frieden, und mir kamen beste Ideen oder aufschlussreiche Gedanken.
Doch auch heute muss ich darauf nicht verzichten. Denn das Essen ist bloß ein Beispiel oder eine Projektionsfläche für einen meditativ genährten Zustand während meines Genießens. Alle Genüsse dieser Welt, welche ich als etwas Besonderes zelebriere, verbinden mich ein Stück weiter mit der ursprünglichen Quelle. Selbst das Putzen meines Badezimmers empfand ich als energieraubend, wenn ich unmotiviert und ungeduldig dabei war, oder aber als freudig und energiegebend, wenn ich etwas Besonderes daraus machte! Ich erinnere mich immer wieder daran, wie wichtig es ist, bewusst und liebevoll im Außen zu agieren. Sogar dann, wenn mir eine Tätigkeit nicht sonderlich gefällt. Und vor allem unter Zeitdruck falle auch ich immer wieder vom freudvollen Tun ins monotone Arbeiten. Zeit und Druck: Welch große Lehrer!

Ich glaube, niemand, der die Umstellung auf Lichtnahrung macht, muss deshalb auf Genuss verzichten. Ich behaupte sogar, dass wir meistens durch unser unbewusstes Verzehren und Missbrauchen von sinnlichen Erfahrungen auf wahren Genuss verzichten. Der Weg der inneren Nahrung kann ein wundervolles Werkzeug sein, sich das Wunder der Erdengenüsse wieder vor Augen zu halten. Und welch Geschenk es ist, daran teilhaben zu dürfen! Gerade dann, wenn die Notwendigkeit der festen Nahrungsaufnahme schwindet und die Wahlfreiheit, zu genießen, als Essenz überbleibt, können wir eine neue, tiefgreifende Erfahrung für unser Leben machen, welche sich auch auf andere Lebensbereiche erfüllend auswirken kann.

Darum möchte ich an dieser Stelle des Buches auch dazu einladen, spielerisch mit Lichtnahrung umzugehen. Oftmals denken Leute, welche den Umstellungsprozess machen wollen, dass dies zwangsläufig bedeutet, auch weiterhin nichts mehr zu essen. Sonst hat man ja nicht all die Vorteile, oder? Das Leben ist nicht schwarz-weiß, wie wir oft glauben, denn zwischen den Extremen liegt die volle Vielfalt des Regenbogens! Wir haben nun mehr Möglichkeiten und sind weniger beschränkt. Vorausgesetzt, wir beschränken uns dann nicht wieder von Neuem und ersetzen bloß die Ideologie des *Ich-muss-essen* mit der neuen Ideologie des *Ich-darf-nicht-mehr-essen.*

Wen es nach dem Prozess interessiert, eine Zeitlang nur vom Trinken zu leben, dem sei das gegönnt, mit all seinen Herausforderungen und Geschenken. Wer sogar erfahren möchte, wie es ist, ohne Flüssigkeiten zu leben, der soll sich ruhig auch dieser Möglichkeit annähern. Am besten immer in Absprache mit der inneren Stimme, so dass es sanft und mit Freude passiert. Kein Erfolgsdruck oder Machtanspruch. „Bei Risiken und Nebenwirkungen fragen sie ihr höheres Selbst oder den Kosmos."

Wer danach wieder ganz normal weiteressen möchte, der soll auch dies mit Gelassenheit tun. Vielleicht bringt der erlebte Lichtnahrungsprozess ja etwas mehr Bewusstheit in dein Essverhalten und du fühlst dich dadurch freudiger und besser genährt. Das sind aus meiner Sicht die Geschenke des Prozesses. Ich genieße es zum Beispiel sehr, Tage oder Wochen einfach nur Flüssigkeiten oder Halbflüssigkeiten wie Smoothies zu mir zu nehmen. Dann bin ich plötzlich bei jemandem als Gast eingeladen, und ohne zu zögern genieße ich mit allen zusammen eine ganze Portion feste Nahrung und nehme mir sogar eine Nachspeise. Und am nächsten Tag lebe ich wieder flüssig weiter.
Wenn ich dann häufig hintereinander feste Nahrung esse, spüre ich wieder etwas mehr Gelüste darauf. Dadurch aktiviert sich dann mein alter Glaubenssatz zeitweilig und mein Magen grummelt wieder etwas. Doch das macht nichts, ich halte mir einfach wieder vor Augen, was mich wirklich nährt, und gehe dann joggen, sitze in der Sonne, gehe einfach weiter meinen Tätigkeiten nach oder esse zwei Löffel Honig. Nach dem 8-Tage-Umstellungsprozess durfte ich lernen, immer wieder das Vertrauen in mir zu wecken. Mein Verstand möchte zwar auch immer wieder Ängste hervorbringen, doch dann halte ich inne, und wenn ich tatsächlich körperliche Schwäche fühle, bin ich mir auch nicht zu schade, etwas mehr Flüssigkeit zuzuführen oder eine Kleinigkeit zu essen. Wenn meine innere Stimme aber deutlich signalisiert, dass es mir an nichts fehlt, ich gerade lediglich einen emotionalen oder mentalen „Wind" erfahre, dann trinke ich am besten einen Schluck Wasser und setze mich in die Natur oder an einen ruhigen Platz. Ich kann nur noch einmal verdeutlichen: Spiele mit deinem neuen Zustand und lasse dich von deiner inneren Stimme an der Hand nehmen. „Hunger hört da auf, wo Genuss beginnt!"

VERSTANDEN ODER VERINNERLICHT

Da ich weiter oben auch öfters davon gesprochen habe, wie Glaubensmuster sich direkt auf unseren Körper auswirken, möchte ich hier noch den Unterschied zwischen *Verstehen* und *Verinnerlichen* verdeutlichen.

Immer wieder treffe ich Leute, welche vor einem emotionalen Problem stehen, einen guten Rat bekommen und dann sagen „Mensch, das weiß ich doch schon längst, das habe ich doch schon hundert Mal gelesen!" Meine Antwort dazu ist: „Ja, und auch das tausendste Mal darüber lesen wird dir nicht weiterhelfen!" Damit möchte ich aufzeigen, dass nicht einfach durch eine rationale Entscheidung von jetzt auf gleich auf Lichtnahrung umgestellt werden kann. Im Prinzip wäre das sogar möglich, da die universelle Energie ja immer um uns herum ist und ein tiefer Moment des Erkennens entsprechende Kanäle freischalten kann. Doch ist es bei den meisten eher unwahrscheinlich, dass dies passiert. Die Falle besteht wohl darin, zu sagen: „Ist ja alles da, ich stelle einfach um und höre ab jetzt auf zu essen!" Es ist eine Sache, von Lichtnahrung zu hören oder zu lesen, das nachvollziehen zu können und damit als Gedankenkonstrukt zu *verstehen*. Und eine ganz andere Sache ist es, die Lichtnahrung zu *verinnerlichen*.

Verinnerlichen bedeutet, dass durch eine tiefgreifende Erfahrung eine Bewusstseinserweiterung passiert. Solche neuen Erfahrungen rutschen dann in das Zellgedächtnis unseres Körpers und bewirken dort sozusagen einen Paradigmenwechsel! Alle Erfahrungen, welche wir im Laufe unseres Lebens machen, werden als Informationen in unserem Körper gespeichert, all die angenehmen und nicht so angenehmen Erlebnisse. Diese Erlebnisse erzeugen wiederum bestimmte Glaubensmuster, durch deren Brille wir dann auf die Welt blicken. Oder sie bewirken noch viel mehr – durch sie erfahren wir nämlich dann die Welt, und somit erschafft sich jeder durch sein persönliches Set an Glaubensmustern seine ganz eigene, individuelle Realität. Darum kann man sagen, dass wir alle in verschiedenen Welten leben! Der eine beschwert sich über den Regen, weil er es so von der Gesellschaft kennt und verinnerlicht hat, oder weil seine unangenehmen Erfahrungen, nass geworden zu sein, ihn geprägt haben, und die andere freut sich, weil sie die Frische der Luft sehr mag und den Pflanzen das Wasser gönnt. Ein und dieselbe Sache, durch zwei völlig unterschiedliche Glaubensmuster betrachtet, erschafft somit verschiedene Welten.

Bewusstwerdung ist am Ende nichts anderes als mehr und mehr die Illusionen der grobstofflichen Materie zu durchschauen. Je höher das Bewusstsein, desto größer auch der Weitblick über alle weltlichen Geschehnisse und umso geringer unser Leiden.
Wer zum Beispiel seit dreißig Jahren Fleisch isst, wird eventuell tatsächlich Mangelerscheinungen haben, wenn er dies auf einmal nicht mehr tut, da innerhalb dieser dreißig Jahre tagtäglich dieses Glaubensmuster trainiert wurde. Das muss man sich vorstellen: Wer so viel „trainiert", der muss es irgendwann verinnerlichen! So verhält es sich mit allen Ernährungsumstellungen, aber auch in anderen Lebensbereichen. Ich denke, es ist wichtig, einen Schritt nach dem anderen zu machen, Stück für Stück etwas Neues zu verinnerlichen und alte, abgelaufene und unnütze Glaubenssätze sanft, aber sicher hinter sich zu lassen. Dabei am besten niemals die innere Stimme außer Acht lassen, denn sie weiß immer ganz genau, wie viel wir uns gerade zumuten können und welcher Schritt in unserem Fall gerade zu extrem wäre. „Das ist doch extrem!" heißt es oft in unserer Gesellschaft, wenn jemand etwas tut, das außerhalb der Norm ist. Es kommt wohl immer darauf an, wo man gerade im Leben steht. Alles ist relativ und daher gibt es „das Extrem" gar nicht, sondern lediglich individuelle Extreme. Und des einen Extrem ist des anderen täglich Brot! Verstanden? Gut, dann lass uns jetzt verinnerlichen…

ZUSAMMENHÄNGE DER MENSCHLICHEN EBENEN

Ich möchte einige in diesem Buch beschriebene Erfahrungen und Erkenntnisse durch die Zusammenhänge zwischen Körper – Gefühlen – Verstand – göttlichem Selbst verdeutlichen:

Das göttliche Selbst ist eine Quelle unendlicher Liebe, Kraft und Weisheit. Diese Qualitäten werden jedem Menschen ununterbrochen in unbegrenzten Mengen vom Universum zur Verfügung gestellt.

Kraft: Ein Jungbrunnen für absolute Gesundheit, Regenerationsfähigkeit und Lebensenergie; Kraft bedeutet das vollkommene und leidlose Wohlbefinden unseres äußeren Körpers.
Liebe: Die bedingungslose und unabhängige Freude am bloßen Sein. Liebe bedeutet das vollkommene und leidlose Wohlbefinden unseres inneren Körpers, also der totale Friede unserer Gefühle und des Verstandes.
Weisheit: Die innere Führung. Sie ist die Inspiration, Vision und der Lebenstraum eines Menschen. Weisheit gibt unserem Leben den Sinn. Die innere Führung weist uns im wesentlichen nur zu drei Dingen: Dort, wo die Balance der Energien – Yin und Yang – herrscht, diese zu erhalten, und dort, wo ein Ungleichgewicht herrscht, wieder Balance zu schaffen. Zudem, aktiv als Schöpfer, im Sinne der universellen Gesetzmäßigkeiten mit zu kreieren. Einfach, oder? Ununterbrochen kommuniziert unser göttliches Selbst mit uns bezüglich dieser Aufgaben.

Wie passiert das? Durch unsere Gefühle! Die Gefühle sind das Sprachrohr der innewohnenden Weisheit. Angenehme Gefühle wie Liebe, Freude oder Glückseligkeit bedeuten einen offenen Kanal zur Seele. Unangenehme Gefühle wie Angst, Neid oder Verzweiflung bedeuten einen blockierten Kanal zur Seele.

Wie entstehen emotionale Reaktionsmuster? Unser natürlicher Grundzustand ist bedingungslose Liebe. Dieser Zustand kann auf zwei Arten gestört werden:

Erfahrung von körperlichem Leid: Schmerz erzeugt unangenehme

Gefühle, diese werden mit dem Verstand verarbeitet und durch einen uns eingebauten Überlebensmechanismus wird ein Glaubensmuster erzeugt. Eine Art Sicherheitsvorkehrung, so dass die unangenehme Erfahrung in Zukunft möglichst vermieden beziehungsweise unbeschadet überstanden wird. Die Sicherheitsvorkehrung verknüpft das schmerzhafte Gefühl mit der erlebten Erfahrung.
Was ist eine Erfahrung? Eine bestimmte Konstellation von Sinneserfahrungen – Sehen, Riechen, Hören, Schmecken, Fühlen – in einer Situation. Die Verknüpfung aus unangenehmem Gefühl durch eine äußere Erfahrung wird als Überleben-sicherndes, destruktives Emotionsmuster in unserem Körper gespeichert und blockiert den freien Energiefluss. Je stärker der Energiefluss gestört ist, desto intensiver können die Folgen von Krankheit, Alterung und körperlichem Verfall sein.

Erfahrung von mentalem Leid: Hierbei wird unserem feinstofflichen Körper Schmerz zugefügt. Auch dadurch entstehen unangenehme Gefühle, welche mit dem Verstand verarbeitet werden, und aus Überlebensgründen wird ein Glaubensmuster erzeugt, um auch hier das Leid in Zukunft zu vermeiden. Wie zuvor wird die Verknüpfung von unangenehmem Gefühl durch eine äußere Erfahrung im Körper gespeichert und hat entsprechende Folgen.

Die Akkumulation vieler destruktiver Emotionsmuster in unserem Körper sorgt dafür, dass wir fast ständig durch die momentan erlebte Erfahrung an irgendeine frühere Erfahrung erinnert werden. Was passiert hierbei? Wenn die präsent erlebte Erfahrung oder Konstellation von Sinneseindrücken der früheren Konstellation ähnelt, wird automatisch das im Körper abgespeicherte Emotionsmuster als Überlebensschutz aktiviert. Und da dieses Muster auch das früher erfahrene, unangenehme Gefühl in sich trägt, erfahren wir dieses dann erneut!
Folge: Der Grundzustand der Liebe wird gestört und nur noch teilweise oder auch gar nicht mehr erfahren. Dadurch wird der Kanal zur Seele blockiert und die göttliche Führung wird unklarer oder gar nicht mehr wahrnehmbar.

Das Spiel geht wie folgt weiter: Chronische, destruktive Emotionsmuster versetzen uns in einen Dauerüberlebensmodus. Das Leben wird zum Überleben – oder treffender ausgedrückt zum *Unter-Leben*! In diesem Zustand reagieren wir im Groben auf zwei Arten: Kampf oder Flucht. Das Leben wird zu einem ständigen Fressen oder Gefressen-Werden. Doch so lange wir noch fähig sind, die unangenehmen Gefühle zu fühlen, sind wir auch noch in der Lage, angenehme Gefühle zu empfinden.

Wenn unsere leidvollen Erfahrungen jedoch an Intensität zu hoch sind, also innerhalb kurzer Zeit ein zu großer Schmerz in uns erzeugt wird, entstehen sehr heftige, unangenehme Gefühle. Diese können unser Körpersystem zu sehr überfordern und uns erhebliche Schäden zufügen. Deshalb legt sich in solchen Situationen in uns eine Art Schutzschalter um, so dass wir schlagartig keine Gefühle mehr haben. Das Nicht-Fühlen ist danach das abgespeicherte Emotionsmuster.
Das ist gut für den Moment und rettet uns vielleicht sogar das Leben, doch die Folgen dessen können verheerend sein! Denn nun befinden wir uns in einem Zustand der Gefühllosigkeit, sind zwar vor unangenehmen Gefühlen geschützt, doch auch nicht mehr in der Lage, angenehme Gefühle zu empfinden. Somit ist der Kanal zur Seele vollkommen blockiert und wir sind von unserer inneren Führung nahezu vollständig abgeschnitten.
Ist dieser Zustand chronisch, dann spricht man von Depression oder Hölle auf Erden. Denn ohne unsere Gefühle werden wir Menschen zu kalten, roboterartigen Zombies. Entweder wir funktionieren dann nur noch wie eine Maschine oder wir nehmen erst gar nicht mehr am Leben teil.
Wie wirkt sich unser innerer Zustand auf die Außenwelt aus? Wir erschaffen stets das im Außen, was wir als inneren Zustand erfahren. Wer im Zustand des inneren Friedens lebt, hat eine offene Seelentüre und wird dementsprechend durch seine innere Führung Dinge tun, die die Balance erhalten, die Balance wieder herstellen und neue, bereichernde Schöpfungen hervorbringen.
Wer jedoch im Zustand des chronischen Mangels, also in Gefühllosigkeit lebt, der wird auch im Außen Dinge tun, welche Ungleichgewicht bis hin zu Zerstörung schaffen. Sein Verhalten wird selbstzerstörerisch sein – Abhängigkeiten und Selbstmisshandlung – und auch auf andere destruktiv wirken – Misshandlung, Krieg und ähnliches.
Warum ist das so? Zerstörerische Energie ist wie ein extrem heißes Feuer, welches für kurze Zeit einen Energieschub liefert. Zudem überdeckt und betäubt es die Konfrontation mit den zu heftigen un-

angenehmen Gefühlen aus der Vergangenheit. Dadurch bleiben wir weiterhin in diesem quälenden Zustand und verhindern die natürliche Rückkehr zu unserem ursprünglichen Grundzustand der Ausgeglichenheit.
Wie können wir also Heilung finden? Erster Schritt: „Die Nadel aus dem Arm nehmen!“ Als erstes die Zerstörung stoppen. Die Folge wird sein, dass die Betäubung stückchenweise nachlässt und unsere Gefühle langsam wieder spürbar werden. Doch stehen da immer noch die intensiven leidvollen Errinnerungen vor uns und wollen nun gefühlt werden. Dies tut meist weh – und man könnte dies als Entzug bezeichnen.
Der zweite Schritt ist also, diese Gefühle zuzulassen und sie bewusst zu fühlen. Hier durchzugehen, ist wahrscheinlich die größte Hürde! Wer durch diesen dunklen Tunnel bis zum Ende geht, wird auch wieder fähig werden, wohltuende Gefühle zu empfinden!
Der dritte Schritt ist Achtsamkeit: nicht in eine Falle zu tappen. Welche? Die, in den destruktiven Emotionsmustern steckenzubleiben und sie in einem Dauerzustand immer und immer wieder zu durchleben. Wie dies? Man kann die Vergangenheit nicht ungeschehen machen und auch nicht mehr ändern, doch kann man die Zukunft neu gestalten: durch das Erzeugen von neuen, angenehmen äußeren Erfahrungen. Diese Erfahrungen speichern dann wieder angenehme Gefühle im Körper, und alte, blockierende Emotionsmuster werden dadurch überdeckt. Wir ändern somit unsere Glaubensmuster, und das Tor zur Seele öffnet sich wieder Stück für Stück. Liebe, Kraft und Weisheit kommen in unser Leben zurück, sowie auch der Sinn! Das ist, was man wieder als Leben bezeichnen kann oder auch das Paradies auf Erden.

Was genau sind Emotionsmuster beziehungsweise Glaubensmuster? *Überlebenssicherungskonstrukte*, welche wir im Laufe der Zeit auf Erden anhäufen. Da die göttliche Energie jedoch kein Glaube, sondern die einzige Gewissheit ist, ist auch jedes Glaubensmuster eine Illusion – eine mentale Barriere. Unser natürlicher Grundzustand ist nämlich *glaubensmusterlos* und *göttlichkeitsgewiss*! Angehäufte Glaubensmuster bilden unsere Identität, das Ego.
Wenn der Verstand diese unvorteilhaften Glaubensmuster erschafft, warum haben wir ihn dann überhaupt? Um Erfahrungen für den Moment zu verarbeiten. Erst, wenn wir die verarbeiteten Erfahrungen plus das dazugehörige unangenehme Gefühl als Glaubensmuster in unserem

Körper speichern, bilden wir ein Ego. Ein Beispiel: Wenn ein wildes Tier, zum Beispiel ein Reh, von einem Wolf überrascht wird und nach einer Hetzjagd erfolgreich entwischen konnte, dann schüttelt es sich kräftig und stellt zuallererst wieder den natürlichen Grundzustand her. Es speichert die erlebte Erfahrung nicht im Körper. Hauptsächlich Menschen und halbwilde oder domestizierte Tiere speichern ihre Ängste als Überlebensstrategie für die Zukunft.

Warum spricht man auch von der *Macht des Verstandes*? Weil wir mit dem bewussten Einsatz unseres Verstandes die illusionären Glaubensmuster durchschauen können. Wir werden dadurch wieder grenzenloser und kehren zu unserem göttlichen Ursprungszustand zurück.

Woran liegt es, dass die meisten Menschen so viele unkontrollierte Gedanken haben? Dies sind die blockierenden, destruktiven Emotionsmuster, welche in unserem Körper gespeichert sind. Unsere selbstkreierten Glaubensmuster bilden ein Netz aus Gedankeninformationen. Hier kommt die Meditation ins Spiel: Durch das bewusste Anhalten der Gedanken und Informationsströme oder auch dadurch, dass wir sie einfach weiterziehen lassen, ohne an ihnen anzuhaften, werden unsere Gefühle wieder fühlbarer!

Warum ist Bewegung gut für den Körper? Dadurch bewegen wir auch die im Körper gespeicherten Emotionsmuster und machen Gefühle wieder spürbar. Besonders bewusstes Bewegen und sich an den Grenzen der eigenen Beweglichkeit aufzuhalten, kann Gefühle spürbar machen. Tanzen, Yoga oder eine Massage können unangenehme Stellen im Körper anstoßen und Gefühle spürbar machen. Auch jegliche Form der Therapie bewirkt durch das Erinnern bestimmter Emotionsmuster eine Bewegung in uns und macht Gefühle wieder spürbar.

Was sind spirituelle Affirmationen? Das bewusste Neuschaffen von heilsamen Glaubensmustern, die dazu dienen, durch die Affirmationsbotschaft ein angenehmes Gefühl zu spüren, welches dann in unserem Körper gespeichert wird. Diese wohltuenden Gefühle bringen Balance und lösen Blockaden. Die neuen Emotionsmuster ersetzen dann die alten, und somit verblassen auch alte Glaubensmuster langsam aber sicher. Sie sind eine Art Krücke, um wieder neu laufen zu lernen. Darum sind unbewusste Affirmationen wie „Ich bin nicht gut genug“, welche wir ständig und immer wieder über Jahre hinweg mit dem Verstand wiederholen, so fatal! Damit erhalten wir eine uns quälende, illusionäre Realität, welche dann tatsächlich reale Folgen für uns hat.

Doch sind auch positive Affirmationen mit Vorsicht zu genießen, da sie dazu verlocken, alles im strahlenden Glanze zu sehen und dadurch ignorant und blind für das weltliche Geschehen zu werden. Ich empfehle, innerlich zu glänzen und äußerlich realistisch zu handeln! Allgemein sagt man auch, dass der Glaube (positive Affirmation) der Weg zu Gott ist. Und irgendwann lässt man dann auch diese Krücke fallen, denn selbst eine positive Affirmation ist ein irrreales Glaubensmuster – und somit erfahren wir Gott jenseits des Glaubens wieder als Gewissheit!

Wo steht nun die Lichtnahrung in diesen Zusammenhängen? Lichtnahrung ist deshalb ein solch kraftvolles Werkzeug, da es eines unserer urältesten und tiefsitzendsten Überlebensglaubensmuster ins Licht rückt und verblassen lässt: den Glauben „Ich muss essen, um zu überleben!“ Durch das Durchschauen dieser Illusion ersetzen wir viele Urängste unseres Körpers wieder mit Friede, bringen also die Energien zurück ins Gleichgewicht und öffnen dadurch die Tore zur Seele/göttlichen Quelle ein ganzes Stück weiter. Dies ist sozusagen der *gute Geschmack* der Lichtnahrung.

VOM ESSEN ZUR ESSENZ

Die göttliche Einheit manifestiert sich in der Materie durch zwei sich gegenseitig ergänzende Energien – Yin und Yang oder auch männlich und weiblich – als Polarität. Früher dachte ich, dass Liebe und Hass solch ein Gegenteilpaar sind. Dann erkannte ich, dass nicht Hass, sondern Angst der Liebe gegenübersteht. Nun war es für mich immer noch schwer zu sehen, wie Angst ein Teil oder Pol des göttlichen Universums sein sollte? Ich konnte nicht nachvollziehen, wie sich Angst und Liebe zu einer Einheit ergänzen sollten? Doch in einem Moment der Klarheit bekam ich eine neue Sicht auf die beiden Wörter:
Ich erkannte, dass Liebe und Angst keine Gegensätze sind! Damit sind sie auch keine Pole. Beide beschreiben lediglich einen Zustand. *Liebe* beschreibt den Zustand, wenn die göttlichen Energien ausgeglichen sind, und kennt gar keine Polarität. *Angst* beschreibt den Zustand, wenn die Energien im Ungleichgewicht sind, und *ist* Polarität! Ist der männliche/aktive Pol zu mächtig, äußert sich dies durch zerstörerische Wut, Kampf, Ungeduld und so weiter, welche allesamt in der Angst wurzeln. Ist der weibliche/passive Pol zu mächtig, äußert sich dies in uns durch Flucht, Panik, Neid und ähnliche Regungen, welche auch alle in der Angst wurzeln. Dadurch verstand ich auch die Aussage, dass nur Liebe real ist und Angst in Wirklichkeit bloß eine Illusion.

Und warum hat Gott nicht einfach eine Welt erschaffen, in der auch die Materie immer in der Einheit ist? Wir erfahren diesen Zustand bereits ständig jenseits der Materie, in den paradiesischen Reichen. Dadurch sind wir uns über diesen friedvollen Zustand nicht bewusst. So wie sich ein Fisch wahrscheinlich nicht dessen bewusst ist, dass er im Wasser schwimmt. Schließlich kennt er nichts anderes! Erst durch das Verlassen des Wassers und die dadurch entstehende Ausgesetztheit – Fall aus dem Paradies – lernt er einen anderen Seinszustand kennen. Durch diesen Unterschied kann er nun das Wasser – also sein Paradies – erkennen und sich darüber bewusst werden, wie wundervoll es eigentlich ist!

Die Erde bietet daher gerade durch ihre Polarität eine perfekte Plattform für die menschliche Bewusstseinserweiterung. Wir werden auf ihr ständig herausgefordert, die Pole in uns im Gleichgewicht zu halten. Und durch dieses Intensivtraining, bei dem wir immer wieder das göttliche Maß ausloten sollen, werden wir uns immer bewusster über die Kostbarkeit und Schönheit des ursprünglichen Zustandes – des Para-

dieses. Nun fühlen wir nicht nur Liebe, Freude, Dankbarkeit und Vertrauen, sondern sind uns auch noch dessen bewusst! In diesem Zustand erkennt die Schöpfung sich selbst. Das ist das Höchste – und die Frage nach dem Sinn des Ganzen, welche dir nun wahrscheinlich in der linken Gehirnhälfte brennt, nimm einfach mal mit auf deinen Entwicklungsweg. Denn dies ist bereits ein Bereich, der wohl weit jenseits erklärbarer Worte liegt. Du wirst es dann fühlen und verstehen.
Der Sinn beziehungsweise Weg des menschlichen Lebens ist es demnach, wieder in den absoluten Zustand der ausgeglichenen Energien zu kommen. Das ist, wo wir herkommen, und unser Weg führt auch wieder dorthin zurück, ganz bewusst. Die Erde ist, wie gesagt, mit all ihren Erfahrungsmöglichkeiten eine Art *shortcut*. Spaßig ausgedrückt „die Abkürzung zur göttlichen Bewusstheit."

Im Zuge unserer eigenen Bewusstwerdung beinhaltet der Lebenssinn auch, Dinge zu manifestieren, welche dem Leben dienlich sind und andere Menschen dabei unterstützen, ihrerseits bewusster zu werden. An diesem Punkt kommt das Thema der persönlichen Gaben/Talente/Geschenke eines jeden Menschen auf den Tisch. Jeder Mensch ist eine einzigartige Manifestation und hat daher auch einzigartige Gaben mitbekommen. Viele Menschen spüren in sich, dass sie besondere Geschenke in sich tragen, wissen bloß nicht, wie sie herausfinden können, welche dies sind? Die Antwort darauf ist aus meiner Sicht eigentlich ziemlich einfach und wird wahrscheinlich doch sehr gerne übersehen, da sie nicht unbedingt romantisch oder komfortabel ist! Bei Menschen, welche heute ein erfülltes Leben in ihrer Kraft leben, fiel mir ein roter Faden auf: Fast alle sind durch mehr oder weniger schwere Zeiten und Herausforderungen in ihrem Leben gegangen und haben es geschafft, anstatt vor ihren Ängsten davonzulaufen, sich ihnen zu stellen und über sie hinauszuwachsen. Der Clou ist also, den Fluch zum Segen zu machen!
Denn durch diesen Prozess werden wir fähig, auch anderen Menschen mit ähnlichen, herausfordernden Lebensthemen unter die Arme zu greifen. Durch das Nutzen unserer Gaben für das Allgemeinwohl erheben wir uns über unsere persönlichen Ansprüche und übernehmen dem Universum gegenüber Ver-Antwortung. Wir antworten damit nämlich auf die Frage „Bist du bereit, deine Gaben so zu nutzen, dass sie sowohl deinem Wohl als auch dem der anderen, dem Planeten sowie der ganzen Existenz zum Besten dienen?" Das Universum hält sozusagen

stets nach „Servicekräften“ im Bereich Selbsterwachen und Massenerkenntnis Ausschau. Keine Sorge, du brauchst keine Bewerbung abzugeben, und deinen Lebenslauf haben sie auch schon…

EMPFEHLUNGEN FÜR DEINEN PROZESS

Man könnte die folgenden Ausführungen als Empfehlungen für den Lichtnahrungsprozess betrachten. Genauso gut könnte man den Lichtnahrungsprozess aber auch als Stütze für die aufgelisteten Empfehlungen ansehen!

In meinen Augen trifft es das Wort *Vorbereitung* nicht so ganz, da man sich auf den Lichtnahrungsprozess nicht wie auf einen Schultest vorbereiten kann. Doch, glaube ich, kann man mit einer bestimmten inneren Einstellung den Weg bis zum ersten Prozesstag beschreiten. Hier ein paar Dinge, welche im Voraus aus meiner Erfahrung ganz nützlich sein können:

• Der Prozess beginnt mit der Anmeldung, beziehungsweise der klaren inneren Entscheidung dafür. Es ist gut, nun erst recht mit geschärfter Aufmerksamkeit auf die innere Stimme zu achten.

• Es ist hilfreich, sich zuerst einmal nur auf den bevorstehenden Umstellungsprozess zu konzentrieren und noch nicht über die Zeit danach nachzudenken. Wer weiß, wer du bis dahin bist und was dann sein wird. Für jetzt ist eine klare Entscheidung für den Prozess wichtig, und danach folgt dann eine neue Entscheidung, wie es weitergehen soll.

• Sich einer natürlich geschehenden Ernährungsumstellung hingeben, falls der Impuls dazu kommt. Freier werden mit dem Nahrungsthema und weniger Verzichte, Dogmen oder strikte Philosophien verfolgen. Gleichzeitig jetzt schon einmal achtsam die Verbindung zum Körper beobachten und aufbauen. Immer wieder fragen, was der Körper gerade braucht, und es ihm gut gehen lassen.

• Schaffe dir sowohl zeitliche Freiräume als auch schöne und angenehm gestaltete Räume, in denen du gut auftanken und entspannen kannst. Es ist Zeit, spätestens jetzt mehr Vertrauen ins Leben aufzubauen.

• Die Absicht: Ich denke, dies ist der wichtigste Punkt! Am besten sind keine Egoabsichten mit der Entscheidung für den Lichtnahrungsprozess verbunden. Wer sich dadurch nämlich bestimmte Vorteile ausrechnet, sich oder anderen etwas beweisen möchte oder etwas damit

erreichen will, der wird wahrscheinlich im Laufe des Initiationsprozesses bald vom hohen Ross geholt oder beginnt relativ schnell nach dem Prozess wieder zu essen, ohne eine tiefere Dimension als das bloße Nicht-Essen erfahren zu haben.
Bewusst die Verbindung mit der innewohnenden Wahrheit zu suchen und zu stärken, und zwar unabhängig vom Essen oder Nicht-Essen, ist aus meiner Sicht essenziell für einen Prozess mit solch einem Potenzial, für das Erfahren von tieferen Dimensionen des Seins.

Hier noch ein paar weitere Beobachtungen im Zuge meines Weges der inneren Nahrung beziehungsweise Lebensweges:

• Achte auf deine Worte.
Sobald die Leute um einen herum wissen, dass man auf innere Nahrung umgestellt hat, sehen sie auf einmal nicht mehr, wann man nicht isst, sondern nur noch, wann man isst! Es ist gut, achtsam zu sein, wem man wann was erzählt. Ich finde mich immer wieder auf dem Grat zwischen dem Sprühen der Inspiration durch meine Erfahrungen und der Vorsicht, mit meinem Input die Leute nicht zu überfordern, so dass diese Energie unkontrolliert zu mir zurückkommen könnte.

• Erfinde deine Pausen neu.
Essen lässt mich eher Pausen machen. Eine Gewohnheit, die umprogrammiert werden kann – und statt des Essens können Spaziergänge, Meditation, Sonnenuntergänge bewusst miterlebt werden, oder etwas Ähnliches kann als ruhender Pol dienen.

• Essen stört den Umstellungsprozess nicht!
Bislang konnte ich problemlos bei einem vollen Mahl teilnehmen und im Nachhinein wieder ohne oder mit weniger Essen auskommen.

• Deine innerste Stimme führt.
Auch wenn ich nach dem Prozess noch geringere Mengen zu mir nehme und vielleicht auch brauche, um vollkommen genährt zu sein, bringt es nichts, sich ständig mit anderen zu vergleichen. Der Verstand wird, egal wo man steht, seine Ängste hervorbringen. Esse ich wenig oder kaum noch, wird er mich vielleicht dazu bringen, mich zu dünn fühlen und ständig mit der Statur der anderen zu vergleichen. Und wenn ich dann

mehr esse, wird er besserwisserisch Vergleiche anstellen und bemerken, dass ich ja gar kein Lichtköstler bin, wenn ich so und so viel esse! Bleib bei dir, sieh dich in deinem Prozess und achte gut auf deine innere Stimme!

• Es ist wichtig, klare Entscheidungen zu treffen.
.....nachdem man eine Weile gut auf einem anstehenden Thema herumgekaut hat. Wer jedoch ewig kaut, verpasst es, den Weg zu gehen. Das kann frustrierend sein, da es in Wirklichkeit „den richtigen Weg" nicht gibt. Und doch können wir uns richtig entscheiden. Das ist ein paradoxer Witz des Universums!

• Halte Ordnung.
Sowohl in deinem äußeren Umfeld als auch in dir. Sie wird dir eine gute Grundlage für deinen Entwicklungsprozess sein. Ich denke, dieser Punkt wird stark unterschätzt – oder im Namen der Kreativität und Freiheit gerne vernachlässigt. Jedes Bild hat einen Rahmen!

• Was bedeutet eigentlich wahre Freiheit?
Zum einen – und das sehen noch die meisten – bedeutet Freiheit, eine große Wahlvielfalt zu haben. Das ist schön und die natürliche Fülle des Lebens. Ein Problem haben wir erst dann, wenn wir ohne die Wahlfreiheit nicht mehr glücklich und zufrieden sein können. Wenn äußere Einschränkungen uns auch innerlich einschränken und wir zum Sklaven unserer Abhängigkeit von der Wahlfreiheit wurden. Es ist sehr erstrebenswert, einen inneren Zustand zu erforschen, sich weiterhin frei zu fühlen – auch dann noch, wenn man *keine* Wahl hat! Wahre Freiheit ist in meinen Augen spontan und agiert bewusst im Moment. Absichtlich sage ich *bewusst*, da dies ein Unterschied ist zu einer unbewussten Re-aktion.

Schlussworte

Beim Schreiben dieses Buches wusste ich ehrlich gesagt nicht immer, woher die Worte kamen. Besonders beim letzten Kapitel hatte ich eigentlich keine Ahnung, was ich schreiben würde. Schließlich konnte ich mich nicht mehr an den Leitfaden meiner persönlichen Erlebnisse und Erfahrungen anlehnen. Doch immer dann, wenn ich mich an den Computer setzte, begann es mit einer zündenden Idee und ich ließ meine Finger einfach lostippen. Wie von Geisterhand entstanden dabei stets mehrere Seiten Text, und oftmals war ich selbst über dessen Inhalt verblüfft! Ich dachte mir diese Dinge nicht vorher aus oder hatte einen Plan, sondern ließ alles einfach geschehen. Manchmal las ich das Niedergeschriebene noch ein paar Mal, da darin selbst für mich interessante und aufschlussreiche Informationen waren. „Woher kommt das?" fragte ich mich ab einem gewissen Zeitpunkt, und von Wort zu Wort verschwommen die Grenzen zwischen der Identität eines Buchautors und der einer innersten Führung.
In der Tat war es ein Hochgenuss, dieses Buch zu schreiben – ich konnte es oft gar nicht erwarten, die nächsten Zeilen zu tippen, und hatte ständig neue Einfälle, Empfindungen und Gedanken. Das Aufschreiben war bereits ein eigenständiger Lernprozess für mich, bei dem die Themen und Inhalte auch in mir ein Stück tiefer gehen konnten, und ich blieb oft mit großer Verbundenheit und Erfüllung zurück! Dafür bin ich mehr als dankbar und freue mich, dass ich meine Reise mit dir teilen durfte. Möge davon in dir wirken, was zu deinem besten Wohle ist!

Vielleicht hast du immer noch offene Fragen oder bereits einige Zusammenhänge schon wieder vergessen. Das macht nichts, denn ich habe das Buch auf der nächsten Seite noch einmal in einem Satz zusammengefasst:

Liebe Dich selbst

bedingungslos!

Zuallerletzt habe ich noch ein ganz persönliches Geschenk für dich: eines meiner selbstgeschriebenen Gedichte. Ich war 21 Jahre alt, als ich es verfasste, und hatte ein sehr intensives Gefühl beim Niederschreiben. Irgendwie spürte ich damals schon um die Tiefe der Bedeutung, doch war ich mir dieser noch nicht voll bewusst. Eigentlich wurde ich erst im Laufe meines spirituellen Wachstums fähig, die Dimension der gereimten Worte tiefer zu begreifen. Hier, für dich:

Der Weg der Schönheit

Er beginnt außen und führt nach innen
Äußeres ist leicht zu sehen und lieb zu gewinnen
Inneres im Schatten und sehr tief drinnen
Doch wollen wir mal von vorne beginnen

Die Maske so schön und gar nicht schwer
Täuscht nur hinweg, denn dahinter wird´s leer
Erst sieht man ein Engel und erhofft sich den Segen
Doch was man bekommt sind Kälte und Regen
Willst Du das, auf Deinen Wegen?

Also lerne zu sehen und nicht nur ebene Wege zu gehen
Denn der so steinige Pfad, und das schon am Start
Birgt hinter den Hängen ein Tal von Fülle und Längen
Welche bis zum Himmel reichen und der Regen wird der Sonne weichen

Am Ende ist klar, dass außen nur Fassade war
Und Lug und Trug zu ihren Zwecken hinter jener Hülle stecken
So bleibt das Innen, was es auch erleidet
Das über Wahrheit, Liebe und Vertrauen entscheidet
Welches sich nicht an Macht und Ego weidet

Letzten Endes war gemeint der Kern
Besitzt Du einen hat man Dich gern
Den Weg der Schönheit, den ich wähle
Führt garantiert zu Deiner Seele!

Alexandros Tagaras

ÜBER DEN AUTOR

Alexandros lebte einst ein sogenanntes „normales“ Leben und folgte den gängigen Ängsten und Sehnsüchten unserer westlichen Gesellschaft. Darin fand er jedoch keine Erfüllung und fragte sich ein ums andere Mal *„Gibt es noch mehr in diesem Leben zu erfahren, als dem täglichen, modernen Überleben unserer Gesellschaft: Arbeiten, Essen, Schlafen, Familie gründen, Haus bauen, Arbeiten, Essen, Schlafen.....?“*

Seine Frage führte ihn dazu, für ein Jahr in der nordamerikanischen Wildnis zu leben. Dort verbrachte er gemeinsam mit 24 Erwachsenen und 17 Kindern eine einzigartig-transformative Zeit, welche ihn nachhaltig prägte.

"Es gibt doch mehr zu erfahren!" fand Alexandros heraus und ging daraufhin für fast ein halbes Jahr in einen modernen Ashram in Indien. Nach dieser zweiten Intensiverfahrung erlebte er im September 2014 den Umstellungsprozess auf innere Nahrung und isst seither wesentlich weniger oder trinkt oft nur Flüssigkeiten.

Um diesen neuen Seinszustand zu erforschen ging er dann für drei Monate nach Costa Rica und erlebte dort ein einmonatiges Transformations-Retreat. Während dieser Zeit erkannte er, dass es bei dem Thema der Lichtnahrung um weit mehr geht als dem Essen oder Nicht-Essen:

„Der Weg der inneren Nahrung ist eine Möglichkeit, unserer innersten Wahrheit näher zu kommen und jenseits der persönlichen Begrenzung Lebenssinn zu erfahren."

Heute bietet Alexandros unter anderem selbst Seminare für den Umstellungsprozess auf innere Nahrung an und möchte das teilen, was sein Leben bereicherte.

SEMINAR „WEG DER INNEREN NAHRUNG“

Der Fokus des Seminars „Weg der inneren Nahrung“ ist es, sich selbst, seiner inneren Wahrheit, näher zu kommen. Dafür wird ein geschützter und kontemplativer Raum geschaffen, in den die Teilnehmer sich begeben können, um ihren persönlichen Transformationsprozess zu erleben. Jeder steht woanders im Leben und kann dabei eine andere Erfahrung machen. Nebeneffekte des Seminars können sein, dass weniger oder keine feste Nahrung mehr zugeführt werden muss, weniger Schlaf benötigt wird, die Konzentration steigt und das Wesen des Menschen feinfühliger wird.

Dieses Seminar ist vergleichbar mit einer Reise, die jeden Teilnehmer in seine unbekannte Mitte führt – einen Raum unendlicher Weite und Möglichkeiten. Während der Transformationstage bemerken wir, dass wir stets genährt sind. Mit Leichtigkeit erweitert sich unser Bewusstsein zu einem Zustand, der dem Körper erlaubt, sich neu zu orientieren und seiner eigentlichen Natur näher zu kommen:

Ein sich selbst versorgender Organismus!

Für detaillierte Informationen zu den Seminaren, besuche gerne die Homepage:

www.innere-nahrung.jetzt

Immer wieder antworten Seminarteilnehmer nach den gemeinsamen Tagen:
„Ich hätte nicht gedacht, dass es auch mit so viel Leichtigkeit gehen kann!“

WAS IST LICHTNAHRUNG UND WAS DER WEG DER INNEREN NAHRUNG?

ESSER
...ist jemand, der davon überzeugt ist, dass man eine bestimmte Menge an festen Nahrungsmitteln zu sich nehmen muss, um zu überleben - für gewöhnlich drei Mahlzeiten am Tag - und dadurch die Kraft und Energie für das Leben bekommt.

FASTEN
...ist ein Zustand, bei dem ein Mensch, der davon überzeugt ist, essen zu müssen um zu überleben, keine feste Nahrung zuführt und früher oder später einen Mangelzustand erfährt.

LICHTNAHRUNG
...ist ein Zustand, bei dem ein Mensch voll und ganz durch subtilere Energiequellen genährt wird, als der feststofflichen Nahrung. Es bedarf keiner festen Nahrung mehr, um zu überleben und bei manchen sogar keine Flüssigkeiten mehr.
Manche Menschen kommen in diesem Zustand bereits auf die Welt und entdecken im Laufe ihres Lebens ihre eigentliche Natur. Andere durchlaufen gezielt einen Transformationsprozess und erweitern ihr Bewusstsein so, dass auch sie in diesem Zustand leben können. Darüber hinaus hat solch ein Mensch sein menschliches Potenzial erkannt und lebt mit Inspiration seinen schönsten Traum. Das Nichtessen ist dabei bloß eine Begleiterscheinung und aus dem Überleben wird Leben!

NICHT-ESSER
...ist jemand, der einen Transformationsprozess durchlaufen hat, der ihm erlaubt ohne feste Nahrung zu überleben. Dieser Mensch kultiviert den Verzicht und nutzt seine Energie nicht, um seinen Traum zu leben und in dieser Erfüllung zu erblühen. Die meisten in diesem Zustand kehren früher oder später wieder zurück zum „Esser“.

WEG DER INNEREN NAHRUNG

...ist ein Weg, bei dem ein Mensch einen Transformationsprozess durchlaufen hat, bei dem er tief erkannt hat, dass nicht nur die feste Nahrung ihn nährt. Solch ein Mensch lebt, wie im Zustand der „Lichtnahrung" beschrieben, ohne Fokus auf das Essen oder auf das Nicht-Essen.

Er benötigt noch kleine Mengen an fester Nahrung, von dem, was er als „Esser" benötigte und nutzt diesen Weg, um stetig seiner inneren Wahrheit näher zu kommen. Der Weg der inneren Nahrung ist für jene, die zwischen „Esser" und „Lichtnahrung" ehrlich und achtsam ihre Grenzen ausloten und diese Stück für Stück erweitern. Wahlfreiheit, Genuss am Leben und erfülltes Wirken sind seine Freuden.

SCHÖN-SHIRTS

Als Alexandros begann, T-Shirts drucken zu lassen, um neue und schöne Botschaften auf Kleidung sichtbar zu machen, überlegte er auch, die Kernaussage dieses Buches abzubilden...
...doch kam ihm der Spruch „Ich liebe mich“ für unsere Gesellschaft zu unpassend vor. Doch eines Tages wies ihn eine Freundin auf eine Postkarte hin und sagte „Sieh mal, das wäre doch ein guter Spruch für ein Shirt!“ Und dies war genau wonach Alexandros gesucht hatte:

PREIS 19,90€

Bestellung verschieden-farbiger Shirts unter

www.innere-nahrung.jetzt

BUCH LICHTNAHRUNG
„Grenzen ausdehnen - Lichtvoll leben"

Lichtnahrung, was ist das? Kann man Licht essen? Wenn wir unsere Beschränkungen überwinden, öffnen sich neue Türen, neue Wege werden sichtbar, die wir achtsam beschreiten können. Dieses Buch zeigt, dass wir zu viel mehr fähig sind, als wir glauben.

Die Erfahrungsberichte, Interviews und Beiträge machen deutlich, wie unterschiedlich der Umstellungsprozess auf Lichtnahrung, der kosmischen Energiequelle, sein kann.

Jeder wird an seine Grenzen geführt, die er Schritt für Schritt ausdehnen kann. Diese Erfahrungen übersteigen alles, was wir durch unseren menschlichen Verstand begreifen können. Sie machen frei, sie verändern unser Leben.

Dieses Buch möchte anregen, seinen eigenen Weg zu gehen, Schritt für Schritt im eigenen Tempo, um so seine Talente und Fähigkeiten zu entdecken und zu leben.

Der Autor und Journalist Dirk Schröder hat im Januar 2007 den Lichtnahrungsprozess selber erfahren und ist seit dem von fester Nahrung unabhängig.

AUTOR Dirk Schröder

PREIS 17,95€

IBAN 978-3-8423-6383-4

BUCH ESSEN ADE NASCHEN OKAY
„Leben von Lichtnahrung“

Stellen sie sich vor, sie müssen nicht mehr essen, nicht mehr einkaufen, nicht mehr abspülen. Sie haben keine Angst mehr, ohne Essen zu verhungern. Stattdessen können sie von all dem probieren, worauf sie gerade Lust haben! Sie können alles genießen, brauchen es aber nicht zum Leben! Und von all dem reichen ihnen winzige Portionen, um in den Genuss der vielen Geschmacksvariationen zu kommen, die es auf dieser Erde gibt. Wie wäre das?
Stellen sie sich vor, Sie sind dabei noch in ihrer vollen Kraft, ja Sie brauchen vielleicht noch weniger Schlaf als sonst und sind leistungsfähiger. „Das ist unmöglich!“, werden sie jetzt vielleicht denken.
Sie erfahren auf diesen Seiten wie es möglich ist, dauerhaft von kosmischer Energie zu leben, und sie lesen von den Schwierigkeiten, dies im Alltag zu verwirklichen.
Aus Naturwissenschaft, Medizin und anderen Bereichen erhalten sie viele Hinweise darauf, wovon wir wirklich ernährt werden.

AUTOR Dirk Schröder
PREIS 17,95€
IBAN 978-3-8482-0396-6